한림신서 일본학총서 88

학생과 교양

학생과 교양

가와이 에이지로 엮음 · 양일모 옮김

小花

| 간행에 즈음하여 |

가와이 에이지로(河合榮治郞) 교수가 편집한 『학생과 교양』이 젊은이를 위한 따뜻한 지침이며, 친절한 선물이라는 점은 이미 정평이 나 있다. 얼마나 많은 청년들이 그리고 여성들이 이 책을 통해 용기를 얻고 생활에 대한 희망을 찾았던가? 가와이 교수가 학생들의 교양을 위해 이 책을 편집한 의도는 간행 이후 엄청난 반향을 불러일으킨 것만 보더라도 실로 정당했다. 이 책은 분명 오늘날에도, 아니 앞으로도 학생들의 생활 속에서 마음의 벗으로 커다란 역할을 담당할 것이다.

이 책을 문고판으로 간행함에 일본평론사의 호의에 힘입은 바가 적지 않아 감사의 뜻을 표하고자 한다. 이전에 수록된 쓰루미 유스케(鶴見祐輔), 미노베 다쓰키치(美濃部達吉), 다카다 다다시(高田正), 노가미 야에코(野上彌生子) 선생 등의 글은 지면 관계상 수록하지 못했음을 밝혀 두고자 한다.

사회사상연구회

| 추천사 |

21세기 지금, 새삼스럽게 1930년대 대학 생활을 시작하려는 젊은이들을 대상으로 가와이 에이지로 교수가 편찬한 『학생과 교양』이냐고 할 사람이 있을지도 모르겠다.

도쿄대학의 경제학부 교수였던 가와이 교수는 1930년대 일본의 대학가에 마르크스 · 엥겔스의 유물사관이 풍미하는 상황에서 서양사상에는 마르크스와 엥겔스의 유물사관 외에도 그리스 플라톤 이래의 정신세계가 있음을 알리고 학문하는 방법을 깨우치기 위하여, 1930년대 신진 기예 학자들을 동원하여 대학생을 위하여 인문 서적 글들을 모은 것이 『학생과 교양』, 『학생과 독서』 등의 '학생총서'였다.

1970년대와 1980년대에 우리나라 대학가에서 『해방 전후사의 인식』이 넓게 읽히면서 좌익사상이 풍미하여 아직도 NL(민족해방 민중민주주의)파가 어떻고, PD(인민민주주의)파가 어떻다고 운위되는 상황에서 『학생과 교양』의 세계는 우리 대학가에서 편향된 사유 세계를 바로잡는 데 필요한 필독서의 하나가 된다고 해서 우습지 않을 것이다.

글을 통해서 알 수 있듯이 가와이 교수는 자유주의자였다. 결국 일본 군국주의자들은 그를 도쿄대학에서 추방하고 투옥했고, 그는 옥사했다.

이 책의 첫머리에 나오는 저자 아베 요시시게(阿部能成) 교수는 젊은 시절 서울대학의 전신인 일제 시대 경성제국대학 철학과 교수로 한국에서 산 적이 있다. 제2차 세계대전 후에는 학습원대학 총장으로 있으면서 현 일본 천황이 황태자일 때 사부(師傅) 역할을 했다. 그는 이 글을 제2차 세계대전 이후에 다시 읽고, 여기에서 언급된 줄거리와 원칙은 전후의 민주주의 일본 사회에서도 마찬가지로 적용될 수 있다고 후기에 남기고 있다.

아베 교수는 서울 생활을 바탕으로 『청구잡기(靑丘雜記)』라는 수필집을 제2차 세계대전 전에 펴냈는데, 내 기억에는 그의 수필 속에서 서울을 그리스의 아테네에 비유하여 서울의 남산은 아테네의 아크로폴리스와 비슷하고 또 반도라는 지리적 특성과 기후가 유사하다고 했다.

이번에 한림대학 인문대학 철학과의 양일모 교수가 번역하여 한국의 젊은 독자들이 읽게 된 것을 기쁘게 생각하면서 학문의 입문서로 널리 읽히기를 바란다.

공로명

차례

3. 학교 생활의 회고

| 서문 |

오늘날 청년 특히 학생들의 기풍이 침체해 있다고 한다. 과연 마르크스주의가 성행하던 시절에 비해 실제로 여러 측면에서 차이점이 보인다. 자기가 가야 할 방향이 정해지지 않은 데에서 오는 불안감, 주변에 대한 무력감에서 오는 될 대로 되라는 식의 의식, 남을 비웃고 자신도 비웃는 냉소적이고 허무적인 경향은 불건전하고 결코 정상적이지 않다. 그렇지만 나는 이러한 경향이 계속될 것이라고 생각하지 않는다. 언제나 사상의 전환기에 나타나는 비정상적인 경향이라고 생각한다.

일찍이 청년들을 지배해 온 사상은 주로 자신이 직면한 객관적 현상을 해부하고 분석하는 것이었다. 그래서 이러한 객관에 대응하여 객관을 변혁하는 일에 애를 태우곤 했다. 해부와 변혁은 원래 청년들에게 바람직한 일이다. 그러나 객관을 해부하면서 객관에 직면하는 주관 그 자체, 객관을 변혁하고자 하는 주관 그 자체가 너무나 뒷전으로 밀려나 경시되거나 무시되고 있다. 세상의 흐름이 어떻게 변하든 지난날의 사상적 경향은 그 안에 수정되고 보완되어야 할 요소를 내포하고 있다. 이러한 연약성을 백일하에 폭로하는 하나의 계기가 최근 수년 이래로 나타난 시대적 추세의 변화이다.

객관에서 주관으로, 이것이야말로 어둠 속에서 더듬고 있던 청년들을 모르는 사이에 끌어 주는 관점의 변화였다. 주관 그 자체는 어떠해야 하는가, 이 문제가 점차 청년들의 관심이 되어 왔다. 오랫동안 잊고 있던 이 문제야말로 우리 인간에게 가장 근본적인 문제이며, 객관을 분석하고 객관을 변혁함에서도 필수의 전제이다. 청년들의 관심이 이렇게 전환된 것은 마침내 가야 할 곳에 도달한 것이며, 나는 여기에서 미래의 희망을 찾고자 한다.

과제를 인식했다는 것은 하나의 진보이다. 하지만 과제에 대한 해답이 주어지지 않으면, 결국 과제를 다루면서 고민하다가 다시 과제에서 멀어질 것이다. 오늘날 교육자가 해야 할 임무는 청년들이 이 과제의 해답을 찾아가는 데 뭔가 도움을 제공하는 것이다. 우리는 뜻을 모아 이러한 요구에 부응하기 위해 1년 동안 하나의 저작을 기획했다. 고심 끝에 완성된 것이 바로 독자의 책상 위에 놓인 이 책이다.

가와이 에이지로

1장

학생을 위하여

학생을 위한 조언　아베 요시시게

학생을 위한 조언

1

나이 쉰을 넘긴 나는 스무 살 전후의 젊은 학생들과 30년 정도 차이가 난다. 급변하는 오늘날의 추세에서는 5년 차이에도 서로 이해할 수 없다고 한다. 30년의 세월은 젊은 학생들에게 일반적인 조언을 할 수 있는 자격을 내게서 빼앗아 갔는지도 모르겠다.

그러나 돌이켜 생각해 보면, 세상이 어지러울 정도로 변했을지라도 인간의 본질 또한 마찬가지로 변했을까? 아니 시대의 변화가 과연 겉으로 드러난 만큼 근본적인 성질일까? "인간은 같은 강물에 두 번 들어갈 수 없다"라고 한 헤라클레이토스의 말이나 "눈앞에 새로운 것은 없다"라는 성서의 문구는 진리의 양면을 말하는 것이 아닐까? 3천 년 전 옛 성인의 말이 배울 만하다면 평범하고 어리석은 나 같은 사람에게도 30년 정도는 용납될 수 있을 것이다.

어쨌든 나는 여러분과 거의 같은 나이의 자녀를 두고 있다. 눈앞에 그 얼굴을 떠올리면서 여러분에게 잠시나마 자유롭게 말하고 싶다.

2

여러분 중 대다수는 현대 일본이 줄 수 있는 최고의 교육을 실제로 받고 있든지 혹은 그것을 바라고 있을 것이다. 여러분은 누가 뭐라 하더라도 틀림없이 지식인(인텔리겐치아)에 속한다. 먼저 그 점을 분명히 자각할 필요가 있다. 지난날 마르크시즘에 의거한 '노동자의 천하'라는 주장이 강하게 제기되고 지식인의 무력함이 자주 거론되면서 다수의 지식인은 지금까지의 무의식적인 자신감과 만족감에서 벗어나 갑자기 몰락해 가는 자신들의 운명을 한탄하며 앞날에 대한 희망을 잃은 채 비애감에 빠져 들어갔다.

그런데 조용히 생각해 보면, 지식인은 자본가의 주구가 되거나 노동운동의 추종자가 되거나 혹은 그 가운데서 어쩌지도 못하면서 주저하거나 방황할 수밖에 없는 운명을 필연적이고 본질적으로 짊어지고 있는 것은 아니다. 만일 지식인이 지식만 소유하고 의지와 실행력을 전혀 갖고 있지 않다면, 어떤 시대든지 그들은 운명적으로 권력자에게 이용되거나 권력자들 사이에서 우두커니 서 있을 수밖에 없다. 때로는 그것이 사실이었던 점도 부정할 수 없다. 그러나 지식인의 본래 사명이 자각된, 맹목적이지 않은 의지에 의해 자각된 올바른 행동의 길로 나아가는 데 있다면 바로 그 점에서 지식인은 어느 시대에나 중요한 역할을 짊어져야 한다.

특히 지식 문화가 보급되고 일상생활의 전반에 걸쳐 지식의 힘이 요구되는 오늘날 지식인의 임무는 더욱 중요하다. 지식인의 지지 없이는 어떠한 세력도 일을 완수할 수 없다. 다만 의지의 힘이 없다면 지식은 통일되고 집중된 힘으로 실현되기 어렵다. 지식인은 때때로 의지의 힘이 결여되어 있기 때문에 그들은 각 시대의 권력, 즉 많은 경우 유력한 정치가와 자본가의 포괄적이고 일관된 힘 속으로 흡수되어 그들의 좋은 사업에 공헌하거나 그들의 해악을 조장하는 결과를 낳기도 한다. 이는 과거에 있었던 사실이며 현재에도 있는 사실이다. 그렇지만 어떤 시대나 어떤 사회나 중심 세력을 축으로 해서 전개된다는 것이 역사적 발전의 필연성이며, 사회의 전개에는 개인의 순수한 의지에서와 같이 추상적이고 순수한 선(善)과 미(美)만이 아니라 어떠한 악과 추함도 내포되어 있다는 점은 알아 두어야 한다.

어느 시대에나 일반인보다 지식이 뛰어난 사람이 있고, 그들이 유력자 또는 유력자의 조언자가 되는 것은 사실이다. 그렇지만 현대같이 지식인이 다수는 아니다. 현대는 보통교육이 널리 행해지고 있을 뿐만 아니라 고등교육의 수혜자가 갑자기 증가했기 때문에 지식인의 숫자가 계급으로 불릴 정도로 많아졌다. 특히 일본에서는 메이지 시대 이래 급격하게 서양 문화를 수입했다. 또한 서양 문화를 배운 자가 거의 고등교육을 받은 자로 제한되었으며 그것은 시대의 형세가 요구하는 재능이었으므로 그들, 즉 지식을 갖고 고등교육을 받은 자는 가장 쉽게 세상에 나가 좋은 자리를 차지했다. 그들 중 유력한 자는 정치에 참여하여 천하를 움직이고, 또 어떤 자는 자본가 또는 대자본가의 간부가 되어 점차 천하를 움직이는 자를 움직이는 힘을 얻었다.

메이지 이래 70여 년의 세월은 이렇게 그들의 세력을 고정했으며 또한 인간 입신의 길을 대학 입학에서 찾는 것이 천하의 대세가 되었다. 국공립과 사립을 합쳐 세계에 드물 정도로 대학이 많은 나라가 여기에 출현했다. 그 졸업생은 천하에 넘쳐서 지금은 지식을 갖고도 직업을 얻지 못한 자 혹은 실업자가 도시의 거리에 넘쳐 나는 형세가 되었다.

한편 지식인의 숫자가 늘어나면서 그중에는 당연히 수준이 낮은 자가 많아졌다. 또한 본래 학교교육이 만능은 아니므로 고등교육을 받았다고 해서 신뢰할 수 있는 지식의 소유자가 만들어지는 것도 아니다. 하여간 고등교육을 받은 자 대부분이 안이한 처세의 길을 학교에서 찾다가 기대와는 달리 힘 있는 조직에서 직장을 얻기가 어렵다는 것을 느끼게 되면서, 자신의 무력함을 한탄하며 한편으로는 자신을 받아 주지 않는 사회의 불합리에 분개하고 다른 한편으로는 자기 자신을 반성하며 자신을 위해 새로운 활로를 찾아야 할 필요를 통감한다는 것도 감출 수 없는 사실이다.

어쨌든 지금 시대의 전환기에서 여러분은 옛날처럼 좋은 시절에 지식인이 지녔던 자부심을 유지할 수 없는 처지라는 것을 깨달아야 한다. 여러분은 많은 지식을 흡수하여 많은 것을 알고 풍부한 지식을 꿰뚫는 식견의 소유자가 되겠다는 마음가짐을 가져 주기 바란다. 지식인의 무기력과 무능은 의지의 힘이 부족했기 때문만이 아니라 실은 이러한 식견이 부족했기 때문이다. 아니 사실대로 말하자면, 식견으로 통일된 지식은 당연히 그것을 실현하려는 의지가 되고 행동이 된다. 식견을 갖춘 의지와 행동은 곧 세상에 가장 좋은 의지요 실행이며, 지식인이 지향하는 바는 실로 여기에 있어야 한다. 현대적 지식을 가진 젊은이에게 부족한 것은 식견이다.

그렇지만 현대에서 식견을 기르는 일은 어느 시대보다 어렵다. 식견을 확립하는 것은 좋지만 폭이 좁고 완고한 식견은 마음의 문을 닫게 할 뿐, 살아 있는 세계에 자신의 식견을 활용하는 데 도움이 되지 않는다. 여러분은 자신의 식견을 기르고자 노력하는 동시에 젊은이다운 유연한 감수성으로 모든 좋은 것, 아름다운 것, 올바른 것을 받아들이고 그 속에서 식견의 영양분을 흡수해야 한다. 강력하게 통일된 지식이 필요하지만 이상적으로는 그 통일이 미치는 범위가 넓고 깊어야 한다. 그래서 이것은 특히 지식과 교양을 갖춘 자에게 요구되는 조건이다.

자신의 식견을 갖고 자신의 눈으로 보고 자신의 귀로 듣고 자신의 언어로 말하는 것은 정말 어려운 일이다. 에머슨[1]도 '자신의

1) 에머슨 : Ralph Waldo Emerson, 1803~1882. 미국의 사상가이자 시인. 개인주의적 사상을 주장하고, 자연과 신과 인간은 하나로 돌아간다는 범신론적 초월주의 철학의 입장을 견지했다.

이야기를 말하는 사람'이 세상에 드물다고 개탄했다. 남의 식견, 남의 눈, 남의 귀, 남의 말을 배척하고 자신만의 세계로 빠지는 것이 아니라 타인과 사회의 식견, 눈, 귀, 말을 자신의 세계로 통일하는 것이기 때문에 그것은 한층 어려운 일이다. 특히 일본 같은 신흥 문화권에서는 학문과 교양을 쌓아 가고, 배워야 할 것이 매우 다양하다는 점이 식견을 통일하는 데 오히려 어려움을 가중시키고 있다는 사정도 여러분이 잘 알고 있다. 그러나 그것이 어렵다는 것은 동시에 중요하다는 뜻이므로 우리는 그것을 피할 수 없다.

지식을 가진 자가 빠지기 쉬운 것은 자신의 지식과 식견에 대한 자만이다. 지식인, 특히 학자는 자칫하면 자신의 식견을 무비판적으로 긍정하면서 남을 비판하고 사회를 비판하며, 타인 혹은 사회에 지도 원리를 제공해야 한다고 생각하여 자신 역시 비판을 받을 수 있다는 점을 잊어버린다. 그들은 타인 혹은 사회에 대한 비판이 결국 자기비판에 입각해야 하며 모든 비판의 근저가 자기비판에 있다는 것을 잊기 쉽다. 그들의 비판은 의외로 취약하여 처음에는 기세등등하다가 주위의 압박에 부딪히면 금방 기세가 꺾이는데, 그 중대한 원인이 여기에 있다는 것을 잊지 말아야 한다.

앞으로 지식인이 될, 현재 고등교육을 받고 있는 여러분은 자신이 처한 상황에 주목하라는 점을 덧붙여 말하고 싶다. 여러분 대부분은 지금 부모형제나 가까운 친척으로부터, 어떤 경우에는 타인으로부터 학자금을 받아 학문을 닦고 청춘을 즐기고 있을 것이다. 그중에는 학교를 졸업하고 운 좋게 얻은 직장에서 받을 보수보다 많은 돈을 학자금으로 쓰는 자도 적지 않을 것이다. 이같이 여러분의 생활은 자신의 힘에 의존하고 있지 않을 뿐만 아니라 국가와 사회, 그 밖의 기관이 여러분을 교육하기 위한 시설에 투자하는 자금 역시 실로 막대하다.

특권 계급에 대한 공적인 분노는 쉽게 청년의 피를 끓게 한다. 그러나 여러분이 자신을 반성해 볼 때, 여러분 같은 혜택을 누릴 수 있는 자가 6천만 동포 가운데 과연 몇 사람이 될 것인지 생각하고, 여러분 또한 특권 계급의 일원을 충분히 부끄럽게 할 수 있다는 점을 깨달아야 한다. 이같이 여러분의 행복이 과연 무엇에 의해 그리고 누구에 의해 만들어지는가를 생각한다면 여러분 마음속에 은혜에 감사하는 마음, 겸손한 생각, 참회의 기분, 분기(奮起)의 감정이 저절로 왕성하게 떠오를 것이다. 이러한 깊은 반성에서 여러분의 마음가짐과 행동 방식이 솟아나올 때 아마도 과오를 줄일 수 있을 것이다.

3

여러분은 학생이므로 학문에 관해 조금 이야기하고자 한다. 본래 학문은 그 자체로서 만능이 아니다. 그렇지만 여러분 중 단지 직업으로 학문을 선택할 자, 즉 학자가 되고 싶은 사람뿐만 아니라 세상을 살면서 확실한 기초가 있는 일을 하고 싶은 사람에게도 학문은 당연히 중요하다. 학문은 그 자체만으로 이미 앎이라는 즐거움을 제공한다. 순수한 지식의 즐거움, 지식에 대한 사랑은 인간의 즐거움 가운데 가장 높은 것이다. 이러한 즐거움에 참여할 수 있는 소질 또는 이러한 즐거움을 추구하는 마음이 그 사람의 품위를 높여 준다. 여러분이 이 고상한 즐거움을 맛볼 수 있는 경우에 놓여 있다는 것을 행복으로 여기고 이러한 즐거움에 참여할 수 있는 바탕을 기르는 것은 매우 바람직하다.

그러나 학문에는 이처럼 순수한 즐거움이라는 무용의 용도만 있는 것이 아니라 실로 다양한 용도가 있다. 학문은 자연과 인간의 진실한 모습을 밝히고자 한다. 혼돈한 것을 분석하여 그 가운데 일관된 원리를 찾아내고, 비본질적 · 우연적 요소와 본질적 · 필연적 요소를 구분하여 각각 그것이 있어야 할 곳에 배치하고 배열함으로써 사물의 전체적 · 통일적 모습, 현상의 원인과 근거를 보여 주고자 한다. 학문 없이 사물의 전체상을 파악하고 그 근저를 꿰뚫어 볼 수 있는 것은 그 사람이 천재적이고 뛰어난 인물임을 보여 준다. 이를 무학의 공덕이라고 말할 수는 없다. 원래 복잡한 세상과 인간사에서는 배운 학문의 틀을 간단히 적용만 한다고 해서 제대로 알 수 있는 것은 없다. 이러한 경우, 세상일에 통달한 사람의 천재적 직관과 노력에 의한 통찰을 존경하는 것은 좋다. 이를 근거로 학문이 쓸모없다고 단정하는 것은 천박한 일이다.

학문이 사물을 있는 그대로 보는 눈을 왜곡시키거나 우회하도록 만드는 폐단이 있을 수 있지만, 이는 결국 학문을 중도에 그만두었기 때문이다. 중도에 그만두는 단계를 넘어선 경우, 학문은 농축된 단순함에서 교양 없는 소박한 견해와 비슷해 보일지라도 필연적 확실성에서는 후자가 미칠 수 없다. 여러분은 학문을 닦으면서 동시에 기회 있을 때마다 배우고 있는 학문을 각 대상과 실제에 적용해서 고찰하며, 가능한 경우에는 이 학문이 보여 주는 방법을 대상에 시험해 보고 자신의 두뇌와 사고로 그러한 훈련을 스스로 하는 것이 좋다. 결국 학문의 쓰임은 각 대상에 대한 통일적 원리를 파악하고, 이를 기초로 모든 현상의 전체적 모습을 분명히 관찰하고 이해하는 것에 있으며, 이를 실제 생활의 현상에 시험해 보는 것은 곧 학문을 활용하는 방법이기도 하다.

최근 일본에서는 지식 편중의 폐단이 역설되고 있지만 진실하고 확실한 지식은 아무리 많아도 과다하다고 할 수 없다. 세상 사람들은 때때로 전문적 학문이 인격 도야에 보탬이 되는 경우가 적다고 말하나 이는 결코 사실이 아니다. 중학교까지는 비슷비슷하던 사람들이 고등학교에서 문과와 이과로 나뉘고 대학에 들어가 세밀하게 나뉜 학과를 전공하기 시작하면, 성격과 사고방식 그리고 생활 태도에까지 현저한 차이가 발생한다. 이는 실제로 우리가 주변에서 인정할 수 있는 사실이다. 여기에는 전문 학문이 그 사람의 직업과 생활을 결정하고 평생 그 사람에게 붙어 다닌다는 사실, 또한 그것이 그 사람의 소질을 계발하여 드러나게 했기 때문이겠지만, 어쨌든 전문적 학문이 다루고 있는 각각의 대상 · 방법 · 사고방식이 전공자에게 미치는 영향은 의외로 크다. 예를 들면 문학부와 이학부같이 학부를 달리함에 따라 그 사람의 틀이 달라지고, 같은 문학부에서도 문학과 사학 그리고 철학은 또 다르고, 같은 철학과에서도 철학과 윤리학이 또 다르다는 현상은 학생 생활을 경험한 사람이라면 누구나 수긍한다. 이러한 점에서 전문 학부의 훌륭한 교수의 감화력은 단지 그 학문의 지식을 전수하는 데 그치지 않고 학풍의 전승에서부터 생활 태도, 마음가짐에까지 미치며 인격에 미치는 영향은 놀랄 정도로 크다.

굳이 이 말을 하는 것은 학문 혹은 지식이 전문적인 경우에도 인간 또는 성격의 훈련과 밀접한 관계가 있다는 점을 강조하기 위해서이다. 학자가 학문의 진리에 충실하다는 것은 도덕적으로 매우 중요한 순수성과 성실성의 표현이다. 그러한 학자는 설령 그 밖의 결점이 있더라도 인간으로서 본질적인 도덕적 가치를 지니고 있는 사람이다. 현재 여러분이 적어도 학생으로서 연구와 배움의 길에 들어선 이상, 장래 전문 학자가 되고자 하든 혹은 학문적 교양을 바탕으로 세상의 실무에 나아가고자 하든 간에 학문의 진리에 충실하게 임하는 것이 인간 교양의 가장 근본적인 길의 하나라는 점을 생각하고, 그런 각오로 날마다 연구와 배움에 임하기를 바란다.

현대 학문의 진보는 실로 여러 방면의 전문적 분화를 재촉했다. 이는 학문의 연구가 차츰 미세한 영역을 파고들어 가면서 지금까지 문제로 여기지 않던 곳에서 문제를 찾아내고 작은 부문에서도 연구 사항이 크게 증대했기 때문이다. 그러나 자연이든 인간계이든 부분이란 전체 속의 부분이며, 지금까지 독립적으로 존재한 적은 없다. 부분을 알기 위해서는 적어도 전체 속의 위치를 알아야 한다. 학문에서 전문화의 추세가 심하면 심할수록 전체적 전망이 더욱 필요한 이유는 학문 본래의 성질이 요구하는 것일 뿐만 아니라 원래부터 우리 생활의 근본적 요구에서 비롯된다. 이는 전문 연구에 들어선 이후에도 주의해야 하며 전문 연구에 들어가기 전 준비 단계에서는 더욱 필요하다.

대학은 학부에 따라 전문 연구의 구분 방식에 정도의 차이가 있다. 예를 들면 법학부와 의학부의 경우에는 법학과 의학 일반을 가르치고, 문학부와 이학부와 공학부의 경우에는 더욱 많은 전공의 분과 학문을 가르친다. 그런데 어떤 학부나 대학에서 배우는 전공 연구는 입문 수준에 그치며 깊이 있는 전문 연구에 들어가기 위한 준비 단계에 불과하다. 그러한 시기에는 좁고 특수한 천부적 자질을 가진 사람은 별도로 치더라도, 일반적으로 말해 너무 좁은 전공에 매달리는 것은 앞으로 오랫동안 학문적으로 발전하기 위해서도 장래 충분히 성장하기 위해서도 피해야 한다. 예를 들면 일본문학을 공부하는 자가 서양의 문학사상에 관해 전혀 알려고 하지 않고, 처음부터 어떠어떠한 판본의 고서에 관한 지식을 자랑하는 것은 일본문학에 대한 식견을 기르는 데 결코 좋지 않다. 그렇지만 넓은 시야를 천박한 박식함으로 착각하지 않으려는 의도와 작은 문제에도 깊이 천착함으로써 특수를 통해 학문의 보편적 원천을 길어 올리려는 기획은 역시 필요하다.

지금까지 말한 것은 대체로 독서에도 적용할 수 있는 이야기이다. 독서는 인간으로서 필요로 하는 일반교양을 제공하는 가장 저렴하고 편리한 수단이다. 나는 우선 여러분이 전공 연구에 시간을 빼앗기는 일이 적고 세상 사람을 만나는 데 쫓기는 일이 적은 학생 시절 동서의 고전 읽기를 열망한다. 우리의 정신적 선배들이 남긴 불후의 업적 중에서 정선된 책은 정서와 사상의 근저를 배양하는 데 반드시 도움이 된다. 현대사회에 살고 있는 여러분 앞에 펼쳐진 서적, 신문, 잡지 등의 인쇄물은 매우 많다. 이런 것들은 현대에 태어나, 특히 현대를 민감하게 받아들이는 여러분이 집어먹을 수밖에 없는 음식임이 틀림없다. 닥치는 대로 아무 책이나 마구 읽어 여러분의 튼튼한 위장을 시험해 보는 것도 때로는 나쁘지 않지만, 현명하게 선택해서 좋은 자극과 좋은 영양분을 얻고자 심혈을 기울이는 것이 훨씬 중요하다. 어떤 책을 읽을 것인가에 대해서는 스승과 선배의 가르침을 받는 것이 기본적으로 필요하지만, 자신에게 적절한 서적의 선택과 독서법을 스스로 찾아내야 한다. 일반교양이나 전문 연구 영역에서 만인이 반드시 읽어야 하는 소수의 고전이 있다. 이러한 소수의 고전을 열독하고 정독하는 일은 여러분의 생활과 학문에 기본적인 지침을 제공할 것이며 매우 유익할 것이다. "책의 내용을 그대로 다 믿는다면 책이 없느니만 못하다(盡信書則不如無書)"[2)]라는 맹자의 말은 『서경』을 보고 한 말이지만, 지금은 거의 모든 책을 가리키는 의미로 사용되고

2) 『맹자』의 「진심 하」에서 맹자가 『서경(書經)』을 전부 다 믿을 수 없다고 한 말이다.

있다. 이는 독서에서 식견과 비판의 필요성을 말하는 것으로서 원래 중요한 일임이 틀림없지만, 책에 빠져 드는 것을 괜히 두려워하는 것은 정말 중요한 서적으로부터 받을 수 있는 선물을 거절하는 것이다.

어떤 경우에는 책에 이끌려 푹 빠져 보는 것도 좋다. 그 뒤에 천천히 몸을 바로 세워 비판의 눈으로 바라보는 것 또한 독서를 자신의 영양분으로 삼기에 필요한 것이다. 생동하는 인생에 대처하는 방법을 움직이지 않는 틀로 가르치는 것이 어렵듯이 독서같이 비교적 단순하게 보이는 일도 사람마다 시기마다 그 방법이 반드시 일정한 것은 아니다. 어떤 경우에는 난독이 유익하며 어떤 경우에는 모든 유혹을 뿌리치고 책 한 권에 빠져 드는 것도 필요하다. 경우에 따라서 스스로 생각해야 한다.

독서에 관해서 한마디 하고 싶은 것은 문장 혹은 글쓰기이다. 독서는 정신생활을 기르기 위해 받아들이는 음식이지만, 모든 생활이 그렇듯이 정신생활 역시 받아들이기만 할 수는 없고 반드시 그것을 드러내는 것이 중요하다. 여러분은 학생 시절부터 마음속의 생각을 적절하게 표현해야 한다. 표출 혹은 표현하는 방법은 여러 가지이지만 문장이 가장 중요하다. 이는 일상의 감상, 자연의 인상, 여행의 기억 등을 자유롭게 스케치한 것이라도 좋다. 오래된 일기에서 그러한 것을 찾아내 자신이 완전히 잊었던 모습을 떠올려 보는 마음가짐이 귀중하다. 여러분이 장래 다양한 전공 학문으로 진출하더라도 학문의 진보가 점점 정확한 기록을 필요로 한다는 점에서 보자면 유치하더라도 자신의 경험과 생각을 기록하는 습관을 기르는 것은 바람직하다. 학문적인 일에 뛰어난 학자는 힘써 노력하는 연구자이자 충실한 기록자이다. 자신이 느낀 것, 생각한 것, 경험한 것을 표현하고 기록할 때 사람들은 자신이 느끼고 생각하고 경험하는 방법이 명확하지 않다는 것을 알게 된다. 쓰기 전에는 알고 있다고 생각한 것이 의외로 애매모호하게 느껴진다. 이러한 의미에서 표현과 기록은 자신의 혼란스러운 세계를 정리하여 그 결말을 짓게 해주고 다시 새로운 단계로 나아가기 위한 수단으로서 역시 필요하다. 자신을 알기 위해서는 자신을 객관화해야 한다. 그러기 위해서는 자신의 속마음을 표현하고 기록하는 것만큼 좋은 일은 없다. 이러한 표현과 기록이 때로는 자연스럽고 편안한 기분에 따른 것도 좋지만 노력하고 애쓰면서 마음속에 있는 것을 통일한 고심의 결과이어야 한다. 이렇게 함으로써 여러분은 뱀이 허물을 벗듯이 자신의 낡은 허물을 벗을 수 있다.

여러분은 표현과 기록을 가능한 한 필연적이고 정확한 것으로 만들어야 하며, 함부로 서둘러 발표하지 않는 사람들의 태도는 충분히 존경할 만하다. 작품이 없는 것은 정신적 빈약을 의미하며, 작품을 남발하는 것은 정신생활을 서둘러 고갈시키는 데 가장 유효한 수단이다.

여러분 중 학자가 되고 싶은 사람은 학생 시절에 외국어를 잘하는 것이 바람직하며, 결핵 시대라고도 할 수 있는 시대에 특히 입학시험에 많이 시달린 여러분의 건강을 유지하기 위해서 개성에 맞는 양생법과 단련법을 생각하는 것도 필요하다는 등 노파심에서 친절하게 많은 말을 하고 싶지만 지금은 그만두기로 한다.

4

인쇄물뿐만 아니라 우리 주위에는 조상의 시대와는 비교할 수 없을 정도로 자극을 주는 것이 넘쳐흐른다. 이는 말할 필요도 없이 세계 문화가 진보함에 따라 일본 문화도 진보했기 때문이다. 특히 과학적이고 기계적인 문화의 진보, 일상생활에서 과학의 응용이 놀랄 만큼 발달했음에 연유하는 것이 많다. 항공기의 실용 시대는 지금까지 접근할 수 없었던 극지 혹은 사막과 높은 산악을 넘어 순식간에 멀리 있는 국토를 밟고, 그 나라 사람들과 악수하고 원탁에 둘러앉아 회의하는 일도 용이하게 해주었다. 이처럼 멀리 떨어져 있는 것을 시간적으로 가깝게 해주고, 그것을 감각적 · 구체적으로 우리 눈앞에 나타나게 해주는 설비는 점점 세계를 좁히고 만국을 이웃처럼 가깝게 만들었다. 그렇지만 이로 인해 세계가 결합할 기회가 늘어남과 동시에 충돌할 기회도 그 이상으로 늘어났다. 이러한 형세의 진보가 과연 우리를 행복하게 할 것인가 불행하게 할 것인가, 또 이처럼 화려하기도 하고 불안하기도 한 자극이 겉으로 보이는 것처럼 우리의 삶을 풍요롭게 해줄 것인가 하는 근본적 반성이 필요하며 우리가 이러한 현상에 직면하고 있다는 사실도 결코 부정할 수 없다. 여하튼 세계는 압도하듯이 다감한 청년 학생을 둘러싸고 있으며 지나칠 만큼 번잡한 자극을 끊임없이 쏟아 내고 있다. 이러한 세상 가운데서 그러한 자극에 압도당하지 않고 그 아래 눌려 질식하지 않으면서 과민하게 대하지 않고 마비되지 않으며, 건강한 신경과 확고한 비판으로 그 자극을 취사선택하고 수천 갈래의 어지러운 실타래를 하나로 꿰는 방법을 찾아내 자신을 성장시키는 영양분으로서 자극을 들이마시는 것이 여러분 앞에 놓인 하나의 어려운 과제일 수밖에 없다.

일본은 지금 전에 없는 대전환기를 맞고 있다. 이는 원래 세계대전의 결과에 의한 것이지만 그보다는 세계의 대세에 의한 것이다. 침착하게 생각해 보면 지금처럼 일본이 세계와 절박하게 직면한 때는 없었다. 위기의 목소리는 무언가 일을 하고자 하는 사람만이 외치는 구호가 아니다. 일본뿐만 아니라 세계가 전에 없이 참혹한 세계대전의 영향을 받아 국내적으로도 국제적으로도 불안정하고 위기에 처해 있다는 것은 누구나 인정하는 바이다. 이러한 국제적 · 국내적 · 사회적 정세에 과연 여러분은 어떠한 태도를 취할 것인가. 아마도 주변에서 여러분에게 해주는 권고는 매우 다양할 것이다. 부모형제나 선배 대부분은 여러분이 정석대로 무사히 학업을 수행하기를 바라며 다른 생각하지 않고 학교 수업에 충실하기를 바랄 것이다. 또 좌·우익의 실천운동가는 지식인의 무기력함을 매도하고, 지금의 청년들이 사회와 국가에 대해 기개가 없음을 질타하고, 여러분을 지하로 숨게 하거나 대낮에 장관의 목을 자르라고 부추길지도 모르겠다. 그래서 메이지유신의 대업이 스무 살 전후의 청년들에 의해 이루어졌다고 말할 것이다. 그렇지만 여러분이 스스로 사회 활동을 준비하는 시기인 학생 생활을 버리고 이러한 실천운동에 참여하지 않을 수 없다고 인정할 그런 시기는, 세상의 선동자들이 말하는 것처럼 그렇게 쉽게 오지 않으며 또한 오게 해서도 안 된다. 이러한 일에 괜스레 여러분의 손을 빌리는 것은 선배들의 태만과 무기력함을 보여 주는 것에 불과하다. 정상적이고 원칙적인 입장에서 볼 때 여러분의 정치운동과 사회운동은 찬성할 수 없다.

여러분의 취향은 얼굴이 다른 만큼이나 다양하겠지만 훗날 사회에 나가 일할 사람으로서 여러분이 학생 시절부터 세계의 대세, 국가의 형세, 사회의 실상에 대한 관찰을 게을리 하지 않고 자신의 이익과 행복만이 아니라 사회와 국가의 이익과 행복에 관심을 지녀야 한다. 또 혼자서 존립할 수 없으므로 전체와 이루는 크고 작은 수많은 관계(단체 관계) 속에서 살고 있음을 알고 사회에 대한 관심과 그에 대한 비판을 준비해야 한다. 또 이기적이고 자기중심적이고 독선적인 입장에서 침묵과 무위로 숨어 지내지 않을 정도의 용기를 키우는 것이 반드시 필요하다. 실제로 거창하게 국가적 · 사회적 입장이라고 말하지 않더라도 작은 단체 생활에서 단체의 세력을 이용하거나 단체의 이익에 반해 자신의 이익을 주장하는 자는 많지만, 자신의 태도를 단체의 입장에서 반성하고 소아를 버리고 단체를 따르고자 하는 마음을 가진 사람은 의외로 드물다. 그것도 지식인과 학자에게는 더욱 드물다는 것이 개탄스럽다. 이는 과거의 국민 생활상에 배어 있는 인습에서도 유래하지만, 역시 이러한 단체 생활에 대한 훈련과 반성이 학생 시절부터 부족했다는 점도 중대한 원인이라고 할 수 있다. 전체에 대한 관심과 단체 훈련의 부족은 지방자치단체의 부패, 지방자치단체 의원의 추태, 정거장과 거리에서 군중의 무질서함에 잘 나타난다. 우리는 이러한 실정을 보고 일본 국민이라고, 문명 국민이라고 말하기에 주저하게 된다.

이 문제와 관련하여 생각하는 것은 개인과 사회의 관계이다. 이는 철학에서 동서고금을 통해 일(一)과 다(多), 보편과 특수, 평등과 차별, 전체와 개체의 문제에 해당하는 가장 구체적이고 가장 생생한 실례이다. 사회와 사상의 역사를 보면, 시계의 진자가 움직이는 것처럼 때로는 전체로 향하고 때로는 개체로 향하면서 대체로 서로 순환하고 있다. 지금 과거의 역사를 서술할 여유가 없지만 현대는 크게 보아 전체주의가 대두하는 시대이며 그 전체도 우선 민족적 국가를 극한으로 삼고 있다고 할 수 있다. 과거 일본에서 유력했던 주장이 당연히 그러했으며, 독일과 이탈리아는 실로 민족주의에 앞장선 전체주의 국가였다. 소비에트연방은 국제주의를 표방했지만, 그 국제주의도 최근에 이르러 점점 자국 중심의 국가주의의 위장에 불과하다는 것을 보여 준 것 같다. 하나하나 자세히 살펴보면 유럽의 구문명권 가운데는 이처럼 단순하게 설명될 수 없는 사회와 사상이 당연히 있을 수 있지만, 하여간 세계 전체에 파란을 일으키고 있는 이러한 전체주의가 매우 적극적이고 원기와 실행력이 풍부한 국민의 경향이라는 점을 인정하지 않을 수 없다.

그렇지만 사회와 국가라는 전체가 개인으로 구성되어 있다는 것은 서양에서도 동양에서도 통하는 공통의 진리이다. 따라서 우량 국가는 우수한 개인에 의해 성립한다. 일본 국민 한 사람 한 사람이 우매하고 무지하고 불성실하고 나태한데 일본이 전체적으로 우수하다는 것은 아무래도 생각할 수 없다. 우리는 일본 국체(國體)의 특수성을 인식하는 동시에 일본 국민으로 하여금 조금이라도 자각적인, 자기의 책임을 이해하는, 자신과 타인의 인격을 존중하는, 식견 있고 지조 있는 인간이 되도록 노력해야 한다. 서양 문화에서 개인주의의 폐해는 배척하더라도 개인의 자각이 기본적이고 문화적인 의의를 지니고 있다는 점을 무시해서는 안 된다. 특히 학문을 갖추고 사상이 있는 지식인으로서는 자기의 식견에 입각하여 자각적으로 국가와 사회에 공헌하고 한 시대를 지도할 각오를 다져야 하며, 쓸데없이 목소리만 크고 내용은 없는 히스테리 같은 열광적이고 선동적인 언론에 좌우되지 말아야 한다.

그러나 이렇게 자신을 존중한다고 해서 소아를 주장하며 전체를 교란하는 것은 아니다. 소아적 · 개인주의적 생활은 사회 전체의 발달을 방해하고 조화를 깨트리는 동시에 개인 자신의 원대한 성장을 방해한다. 자신을 주장하면서 동시에 자신을 낮추고, 자신 속으로 침잠하면서 동시에 자기를 이탈하는 수양 태도가 바람직하다. 주변에서 때때로 우수한 자질을 타고났지만 충분히 그것을 드러내지 못하는 사람을 보게 되는데, 대부분 이 점에 대한 주의가 부족했기 때문이다. 자신을 존중하면서 자신에 침잠하는 것은 곧 자신과 타인이 서로 참으로 절실하게 소통하는 길을 구체적으로 체득하는 방법의 하나이다. 자신의 삶을 진실하게 살아간다는 것은 곧 천지에 통하고 신명에 감응하는 길이다. 국민으로서의 자각도 인류 일원으로서의 자각도 이러한 방식으로 자기를 파악하고 다시 그것을 부정하는, 이른바 변증법적 발전을 거쳐야 이루어질 수 있다. 자신에 대한 자각을 거치지 않은 소박한 국민적 자각은 참된 의미에서 국민적 자각이라고 할 수 없다. 이런 경우 짚불이 빨리 불타듯이 역시 빨리 꺼진다.

자신을 중시하는 것은 타인을 중시하는 것과 마찬가지이다. 내가 없으면 타인도 없고 타인이 없으면 내가 없다는 것은 전체 없이 개체가 없고 개체 없이 전체가 없는 것과 같다. 인간의 재능과 체력은 선천적으로 차이가 있고, 학문과 기술은 후천적으로 격차가 생긴다. 이러한 차이를 무시한 평등의 주장은 당연히 성립할 수 없지만, 더구나 인간이 인간이라는 점에서 서로 통하고 각자 지니고 있는 가능성을 발휘할 권리가 서로 평등하며 귀천과 빈부, 현명함과 우매함에 상관없이 진실한 의도를 존중해야 한다는 생각은 동서고금의 모든 현철의 가르침에 들어 있다. 이 생각은 특히 18세기의 계몽사상이 비역사적 사고방식이라는 결함을 드러냈음에도 후세에 남긴 귀중한 사상적 유산이었다. "우는 아이와 마름에게는 못 이긴다"라는 관존민비의 풍습, 권력자 앞에서 굴종하는 비겁한 분위기가 아직도 일본 국민 사이에 비루한 습속으로 남아 있는 것은 대체로 인격적 독립성의 결핍에서 유래한다.

모든 사회적 정의와 보람 있는 인간 생활은 인간을 인간으로서, 사회와 국가의 성원으로서 평등하게 존중하는 마음가짐에서 비롯된다. 정말로 자신을 살리고 또 세상을 위하고 타인을 위할 수 있는 사람은 모두 이러한 감정을 근저에 지니고 있다. 이와 관련해서 나 자신이 여러분 정도 나이에 매우 고민한 문제가 있다. 자신의 타고난 재능이 빈약하다는 것이었다. 여러분 나이에는 자아에 대한 자각과 자기비판이 일어나는 시기이다. 또 청년다운 일방적인 감정과 열정을 지니고 있기 때문에 어떤 경우에는 자신의 타고난 재질이 매우 우수하다고 느껴 자신을 천재나 영웅으로 생각하는 자만심을 갖기도 한다. 또 다른 경우에는 자신을 극단적으로 비하하여 자포자기에 빠지는 일도 적지 않다. 지방의 수재로서 시험 성적이 좋았다는 등의 이유로 공부 재능을 자부하던 자가 널리 천하의 수재와 어깨를 나란히 하여 자신의 힘을 시험해 보는 중에 지난날 '우물 안 개구리' 같은 자랑에서 벗어나 극단적인 자기비하에 빠져 들고, 미래에 대한 비전을 잃어버리는 예는 결코 적지 않다. 나는 자신이 아무리 왜소하고 평범하더라도 인류와 국민의 일원으로서 전체를 구성하는 데 빠져서는 안 될 존재이며 타고난 재능의 대소와 상관없이 다른 것으로 대체될 수 없는 존재라는 신념을 확실히 가짐으로써 이러한 실망과 낙담 속에서 벗어날 수 있었다. 자신을 전체와 연계하고 전체에 참여한다는 이러한 마음가짐은 곧 종교의 본질을 이루는 마음가짐이다.

객관적으로 보아 세상에는 타고난 재능이 풍부한 사람이 마음의 안정을 얻지 못하고 지나친 자기비판 때문에, 다시 말해 자기비판이 정당하지 않아 괜히 위축되고 두려워하여 마침내 자신이 지니고 있는 천부적인 능력을 살리지 못하고 자신을 위해서도 남을 위해서도 일하지 못하고 썩히고 마는 예가 많다. 이와 반대로 자기비판이 없기 때문에 비관하지도 물러서지도 않아 살아 있는 동안 지치지 않고 공적을 세우는 자도 있다. 어떤 경우든 자기비판이 부족한 경우는 모범으로 삼을 수 없지만, "지나침은 미치지 못함과 같다"라는 말은 인정할 수 있다.

전체에 종속된 일원이며 다른 것으로 바꿀 수 없는 개성이라는 것이 곧 자신과 타인의 생활을 존중하는 근본 원리이다. 또한 이 원리는 우리의 사회적 · 개인적 생활을 지배하고 실생활의 모든 것과 일상의 생활 형식까지 규율한다. 참된 의미의 예의라는 것은 모두 이 원리에 근거한 것이며, 그래야만 비로소 예의의 정신을 발휘하고 허례허식에서 벗어날 수 있다. 서양의 문명국에서 방문 시간을 정하고 약속 시간을 엄수하고 혹은 휴식 시간과 근무 시간을 일률적으로 규정하는 것 등은 타인의 휴식과 노동을 방해하지 않고자 하는 마음 씀씀이가 풍습 가운데 나타난 것이다. 타인의 생활을 방해하는 것을 대수롭지 않게 생각하고 또한 타인으로부터의 방해를 거부하며 자신의 생활을 지켜 가는 것을 무례한 것으로 간주하여 과감히 거부할 용기가 부족해서, 서로 방해하고 자신을 어지럽혀 사회적으로도 개인적으로도 능률을 저하시키고 자신의 생활에 집중하지 못하는 것을 주의해야 한다. 청년 시절부터 이러한 정신과 습관을 길러 점점 일이 많아지는 다음 시기의 생활에서 더욱 충실하게 일하고 더욱 안락하게 쉬어야 한다. 그러기 위해서는 우리 생활에 방해가 되는 종래의 습관과 방법을 과감하게 타파해야 한다. 반항적으로 "아니요"라고 말하는 것이 아니라 솔직하게 "아니요"라고 말할 수 있는 것이 자신의 길을 가고자 하는 자에게는 확실히 필요하다.

5

여러분은 도덕적 · 미적 · 지적으로 참된 것을 지향해 가면서 동시에 그러한 참된 것을 보고 듣고 판별할 수 있는 마음의 눈과 육체의 눈, 마음의 귀와 육체의 귀를 키울 수 있도록 명심해야 한다. 청년으로서 무엇보다도 진실을 존중할 줄 모르는 것은 본질적으로 청년의 자격을 갖추지 못한 것이다. 어떤 경우에도 순수성과 성실성은 무조건 존중되어야 한다. 그것이 비난받는 것처럼 보이는 것은 순수성과 성실성 자체가 비난받는 것이 아니라 좁은 시야에 가려지거나 아집과 함께 연관되어 있거나 총명한 관찰이 결여되어 있기 때문이다. 도덕 행위는 의지의 성실을 본질로 삼는다. 의지가 성실하다고 해서 모든 행위가 인정될 수 있는 것은 아니지만 성실하지 않을 때에는 어떤 행위도 부인되어야 한다. 다른 어떤 것보다 자기 의지의 성실성을 중시하면서 동시에 타인의 가슴속에 있는 성실성을 존중하고, 이를 키우고 길러 손상되지 않도록 하는 것이 세상과 사람을 아름답게 만드는 근본의(根本義)이다. 훌륭한 종교, 훌륭한 학문, 훌륭한 예술이 모두 여기에서 생겨난다. 그렇지만 이것이 세상에서 가장 어려운 일이다.

종교적 신앙에 관해서는 다른 곳에서 언급하는 사람이 있을 것이므로, 여기에서는 이야기하지 않겠다. 나는 여러분의 정서와 감각을 키워 주는 자연과 예술에 관해 한마디 하고 싶다. 자연은 인간이 만든 것이 아닌 만큼 인간이 만든 것과 같은 거짓과 속임이 없다. 「선녀의 옷」이라는 일본 노래 중에 "아, 인간에게는 의심이 있고 하늘에는 거짓이 없다"라는 선녀의 말이 있다. 자연의 아름다움은 유명하고 높은 산 혹은 크고 넓은 바다나 강에만 있는 것이 아니다. 구름 한 조각에도, 풀 한 포기에도, 물 한 줌에도, 돌 한 덩어리에도 다할 수 없는 아름다움이 있다. 이러한 자연을 조용히 바라보면서 자신의 눈으로 그 아름다움을 찾아낼 수 있다면 인격과 감수성을 형성해 주는 중요한 과정이 될 것이다. 세상일에 허둥거리고 자연 속에 즐길 줄 모르는 사람의 생활은 가난하고 완고하거나 속물근성에서 벗어나지 못한 것이다. 자연은 우리를 낳고 길러 주는 위대한 힘이자 우리를 괴롭히고 죽일 수 있는 무서

운 힘이다. 자연은 우리에게 온순하게 이용되는가 하면 우리를 날려 버리기도 한다. 자연은 우리의 조그만 자랑이 덧없음을 자각하도록 해주고 우리의 종교적 감정을 촉구하기도 한다. 또 자연은 우리의 지적 기획, 학문적 탐구의 무궁무진한 장소이며 방금 말한 것처럼 우리에게 실로 위대한 미적 관조의 대상이다.

그러나 인간은 인간이다. 인간은 자연만으로는 만족하지 못한다. 인간은 인간이 만든 제2의 자연으로서, 즉 인간의 것으로 인간화한 예술을 추구한다. 예술의 종류에는 문학, 회화, 조각, 음악 등 그 수가 많다. 하지만 내가 여러분에게 하고 싶은 부탁은 일류 예술에 접해 보고 본격적인 진짜 예술과 말류적인 사이비 예술을 분별할 수 있는 눈을 키우도록 노력하라는 것이다. 그리고 또 하나 바라고 싶은 것은 예술은 우선 받아들여야 하는 것이며 비판은 차후의 일이라는 것이다. 여러분이 시시한 예술에 감명을 받았다고 하자. 감명을 받을 수 있는 것은 역시 하나의 행복이며 그것은 부정할 수 없는 사실이다. 여러분이 훌륭한 예술에 접하여 정말로 이전의 감명을 취소하기까지는 별수가 없다. 이렇게 정말로 받아들인 느낌을 기본으로 하는 비판이 아니라면 의미가 없다. 이러한 느낌을 기본으로 하지 않고 신문 · 잡지 비평가들의 말을 본뜬 비판을 영악하게 떠들어대는 사람은 결국 평생 미의 여신이 베푸는 향연에 참여할 기회를 얻지 못할 것이다.

앞에서 말한 것과 관련하여 최근 4~5년 동안 매우 요란스럽게 이야기되고 있는 일본 정신, 일본 문화, 동양 정신, 동양 문화에 대해 한마디 하고자 한다. 모든 물리적 운동에서 원심력과 구심력이 작동하듯이, 정신적 문화 현상에서도 그 유추가 적용될 수 있다. 한 나라의 문화에서도 원심적으로 세계를 향해 지식을 널리 구하는 경향과 구심적으로 자국의 문화를 확실히 파악하고자 하는 경향이 반복되고 동시에 그것이 잠재적으로 작용되기도 하는데, 결국 그것은 문화 발전의 필연성에서 비롯된 것이다. 현재 일본에서 일본 정신과 일본 문화가 강조되고 있는 것은 좋은 의미에서 보자면 일본 문화 발전의 필연적 현상이다. 이를 가볍게 반동적인 것으로만 넘길 수는 없다. 일본이 메이지유신 이래 서양 문화 수입의 필요성을 인정하고 그것을 대담하게 거리낌 없이 마음껏 수입한 것은 시대의 지도자가 된 우리 선배들의 탁견이었으며, 일본이 동아시아의 신흥국으로서 세계 강국과 나란히 설 수 있었던 것은 주로 여기에서 유래한다. 현대 일본에서 배타적인 애국주의자들은 이러한 수입 문화의 폐해를 가르치면서 그 이전의 일본이 모든 면에서 좋았던 것처럼 말한다. 하지만 대체로 어떤 문화의 시대든지 장점만 있고 단점이 전혀 없었다는 것은 인간 세상에서 있을 수 없는 일이다. 만일 초창기에 서양 문화를 잘 알지도 못한 채 "장점은 이러이러하고 단점은 이러이러하니 단점을 버리고 장점을 취하자"라고 어른스럽게 말하면서 그 정도로 마음껏 서양 문화의 수입을 감행하지 않았더라면 오늘날 같은 일본 문화의 진보는 도저히 바랄 수 없었을 것이다.

그렇지만 당시 어쩔 수 없었던, 과감하고도 총명했던 그 방침 때문에 일본인은 비서양인의 문화 국민 중에서 서양의 지식—이 역시 이상적으로 말하면 아직도 천박하지만—을 가장 많이 갖게 된 반면, 자국에 관해서 아는 것이 가장 적은 국민이 되었다. 이른바 지식인도 서양의 사정은 알고 있으면서 자국의 역사는 모르고, 자국의 문학을 가까이하지 않는 것을 전혀 부끄러워하지 않았다. 일본인으로서 이러한 근본적 결함을 보완해야 한다. 인간은 개인으로서 자신을 알아야 하는 것처럼 국민으로서도 자신을 알아야 한다. 그러나 자신의 지식과 타인의 지식이 서로 만나야 비로소 실현된다는 조건은 이 경우에도 고려할 필요가 있다. 최근 일본 문화에 대한 자각이 깊이 요구되는 것은 주로 일본의 정치적 위치, 사회적 형세에서 객관적 전환이 일어났기 때문이다. 또 이러한 전환을 이용하고자 하는 자의 외침에 의한 것이지만 이를 문화사적으로 보자면 메이지유신 이래 서양 문화를 흡수해 왔으며 그것이 우선 일단락되었고, 즉 남을 알게 됨으로써 자신을 분명히 알고 또한 알고자 하는 단계에 이르렀다는 필연성을 여기에서 인정해야 한다. 실제로 일본인의 서양 문화에 대한 접근은 최근 수십 년 동안 특히 현저하다. 손쉬운 예를 들면 일본 땅에서 크라이슬러[3]의 바이올린 연주를 듣거나 샬리아핀[4]의 독창을 듣는 것은 우리의 학생 시절에는 생각도 못할 일이었다. 로댕의 조각과 세잔

---

3) 크라이슬러 : Fritz Kreisler, 1875~1962. 오스트리아 빈 출신 미국의 바이올린 연주가.

4) 샬리아핀 : Fyodor Ivanovich Chaliapin, 1873~1938. 러시아 카잔 출생의 세계적 성악가이자 오페라 가수. 1936년 도쿄 공연은 대성황을 이루었다.

느, 고흐, 마티스, 마네, 모네 등의 작품을 가까이서 볼 수 있게 된 것은 우리가 이러한 작품의 사진 몇 장조차 귀중하게 다루던 시대와 비교하면 격세지감이다. 지금은 서양 문화와 생활양식이 상당히 우리의 일상생활에 들어와 있으며, 옛날처럼 관념적이고 이상적이 아니라 감각적이고 현실적으로 우리 것이 되었다. 우리의 고질이던 무비판적 서양 숭배에서 벗어나 비판적으로 보고 취사선택하여 우리 것으로 만들어야 할 때가 이제 도래했다. 걸핏하면 서양 문화의 몰락을 말하고 이제는 서양에서 배울 것이 없다고 말하지만 우리의 현재 생활에서 모든 서양 문화, 특히 서양의 과학적 문화 자극을 제거했을 때 과연 무엇이 남을까? 서양 문화는 원래부터 만능이 아니다. 그것만으로 충분하지 않다. 그렇지만 지금 누가 서양 문화가 인류에 공헌한 지대한 영향 — 본래 이득과 폐해는 공존한다 — 을 부정할 것인가? 문화적으로 독특한 위치에 처해 있는 일본은 옛 문화를 지니고 있는 한편 새로운 문화의 자극을 통해 긴장할 수 있는 젊음을 지니고 있다. 이는 서양의 여러 나라처럼 오래된 문화를 지닌 나라보다 뛰어난 점이며, 이른바 "오래된 나라이지만 그 명이 새롭다"[5]라는 것이다. 이것을 잊고 괜히 서양 문화를 경시하고 스스로 만족하는 어리석음은 실로 가소롭다.

5) 『시경』의 「문왕」 편에 "주나라가 비록 오래된 나라이지만 그 명이 새롭다(周雖舊邦其命維新)"에서 나온 구절로 메이지유신의 '유신'이라는 낱말의 출전이다.

서양 문화를 알아야 할 뿐만 아니라 일본 문화도 알아야 한다. 서양 문화에 대한 일본인의 인식은 여전히 천박하며 무비판적이지만, 일본 문화와 동양 문화에 대한 인식에서는 더욱 심하다. 공허하고 내용 없는 일본 정신의 현창은 영속성이 없다. 여기에서 일본 문화, 그 역사적 진실은 역시 학문적 인식을 기초로 해야 한다. 히말라야처럼 높은 곳이 있고 투스카로라 해구[6] 같은 깊은 곳이 있어도 지구는 둥근 형태를 잃지 않듯이, 일본 국체의 존엄도 역사상의 하자를 일일이 은폐해야만 유지될 정도로 불확실해서는 안 된다. 일본 문화와 역사의 학문적 인식은 다양한 어려움을 넘어서서 이루어져야 하며, 이는 젊은 여러분의 손에 맡겨진 중대한 일 중 하나이다. 일본 문화의 진상을 분명히 밝혀야만 우리의 자존도 겸손도 노력도 비로소 진실한 것이 될 수 있다.

그리고 또 하나 반성해야 할 것은 일본 정신이 값싼 의미에서 관념적인 것이 되지 않도록, 현실에 그리고 눈앞에 있는 사물에 의해 시도되어야 한다는 점이다. 『만요슈』[7]의 노래가 좋다는 것을 직접 알지 못하면 만요 정신을 말하더라도 소용이 없다. '일본의 풍경은 세계에서 제일'이라고 하더라도 그 아름다운 풍경을

---

6) 투스카로라 해구 : 태평양 북서쪽에 있는 8,513미터의 해저로 한때 가장 깊은 바다로 알려졌다.

7) 『만요슈』 : 万葉集. 일본 최고(最古)의 기집. 천황에서 유녀에 이르기까지 다양한 신분의 사람들이 지은 4,500여 수가 수록되어 있다. 풍부한 인간성을 솔직하고 소박하게 노래한 것이 많다.

파괴하면서 아무렇지 않게 생각하고 있다면 별수가 없다. 어떤 국수주의자가 일본의 기모노 양식이 파자마에 채택되어 있는 것이 영광이라고 말한 것을 듣고 기가 막힌 적이 있다. 우키요에[8]는 감각적 아름다움을 지니고 있으므로 서양인은 일찍부터 감상했으며 일본에서도 추종하는 감상가가 많지만, 일본 회화는 서양인이 이해하기 어려운 점을 다분히 지니고 있다. 이것은 단지 몇 가지 실례에 불과하다. 동양 문화와 동양 정신의 구호에는 한층 막연한 감이 있다. 따라서 동양 문화의 연구와 선양은 장래 여러분이 해야 할 커다란 과제이다.

동서 문화의 융합은 위세 좋은 선언처럼 쉽게 실현되지 않는다. 그렇지만 우리에게는 다행히도 두 문화에 접촉할 기회와 운명이 주어졌다. 이것을 학문적으로 인식하고 구체적으로 생활에서 발견하고 실현할 때 두 문화의 융합은 저절로 이루어질 것이다. 아니 그것은 이미 실마리에 다가선 것이다. 이런 의미에서 일본 문화와 여러분의 전도는 쉽지 않지만 희망이 많다.

1936년 10월 30일 씀

---

8) 우키요에 : 浮世繪. 무로마치 시대부터 에도 시대에 걸쳐 서민 생활을 주제로 한 회화의 한 양식. 일반적으로 목판화를 뜻하며 내용은 대부분 풍속화이다.

패전 전에 쓴 나 자신의 글을 읽고 감개무량했다. 그러나 내가 이 글에서 말한 대체적인 줄거리와 원칙은 패전 후의 일본에서도 마찬가지로 적용할 수 있다고 믿는다.

1951년 10월 14일

◎ 아베 요시시게(阿部能成, 1883~1966)

철학자이자 교육자. 도쿄대학 철학과 졸업 후 문학 평론을 발표했으며 교육부 장관과 학습원장을 지냈다. 이와나미의 『철학총서』의 편집에 관여했고 『서양 고대 · 중세 철학사』, 『서양 근세 철학사』 등을 직접 집필했다.

2장

교양을 위한 학문

교양을 위한 철학

1

10여 년 전부터, 고등학교의 문과에서 훗날 대학의 법학부 · 문학부 · 경제학부의 세 학부에 진학할 학생들을 위해 철학개론 과목을 개설하고 있으므로 오늘날 형식적으로는 이 학생들 중에 철학에 관한 어느 정도의 지식을 갖추지 않은 자는 한 사람도 없다. 그 이전에도 고등학교에서 철학 전공 지망자는 물론, 그 밖의 학생 중에도 이미 몇 권의 철학 서적을 읽어 보지 않은 학생은 오히려 적을 것이다. 그것은 이른바 개인적인 일이지만 오늘날은 이미 공적으로 제도화되었다. 그렇지만 그것이 과연 어느 정도 실질적 효과를 드러내고 있을까? 특히 교양이라는 관점에서 보면 어떨까?

이에 대해서 약간의 논의를 하기 전에, 먼저 나 자신의 경험을 말하면서 이야기를 시작한다. 나 역시 일찍이 고등학교 학생이었으며 나중에 모교의 교사가 되었다. 또 오랫동안 모교의 졸업생을 가르쳤기 때문에 비교적 여러 방면을 경험한 사람이라고 할 수 있을 것이다. 내 학생 시절은 40여 년 전이므로 모든 것이 달라졌지만 어쨌든 철학을 연구한 동기를 물어보면, 다른 곳에서 서술한 대로 내 성격상 응용 학문이 아닌 순수한 이론적 연구를 원했기 때문이다.

나는 당시 집안에서 소장하고 있던 가토 히로유키[1]의 저서 그리고 대학 관계자가 발행한 『동양학예잡지(東洋學藝雜誌)』라든가 『학예지림(學藝志林)』, 그 밖에 『메이로쿠잡지(明六雜誌)』 등에 실린 글을 통해 희미하게나마 철학이 모든 학문의 기초라고 생각하고 있었다.

당시 3년제였던 예과를 수료하고 2학년부터 시작하는 본과생이 되었을 때, 점차 철학을 전공하기로 정하고 여가가 있으면 철학에 관한 일본어와 영어 서적을 손 닿는 대로 읽었다. 그러나 당시는 일본어로 쓰인 저술과 번역서가 매우 적었고 오래된 번역서는 대체로 희소했으므로, 오히려 영어로 쓰인 저서와 번역서를 읽었다. 이것도 매우 적어 만족할 만큼은 이해하지 못했다. 그래서 문학 서적에 흥미를 가졌는데 이는 수양이나 오락을 위해 제공된 것이었다. 철학 서적을 대충 읽어 본 것 역시 대체로 그런 종류에

---

1) 가토 히로유키 : 加藤弘之, 1836~1916. 사상가이자 교육가 후쿠자와 유키치(福沢諭吉) 등과 일본 최초의 근대적 학술 단체인 메이로쿠샤(明六社)를 결성. 계몽사상에서 출발하여 유물론자가 되었다.

가까운 일이었지만 대학에 들어와 1학년 때는 오직 쾨버[2] 선생의 강의만으로 철학개론과 철학사 등을 배웠고 전문 연구를 준비하기 위해 주로 독일어로 쓰인 철학 서적을 읽었다. 이와 함께 수양은 점차 멀어져 갔으며 이른바 직업적으로 나 자신은 별로 좋아하지 않는 학설도 연구해야 했다.

대학을 졸업한 뒤에는 와세다대학의 전신인 도쿄전문학교에서 철학을 가르쳤고 몇 년이 지나서 모교인 일고[3]의 교사가 되었다. 당시 철학은 아직 고등학교 과목에 들어 있지 않아 단지 논리 · 심리 · 윤리 등을 맡으면서 수업 중간에 철학을 약간 언급한 정도이다. 그러나 그때 철학은 어느 정도 세상에 알려져 있었다. 학생 중에 과외로 철학서를 강의해 달라는 요구가 있어 슈베글러[4]의 철학사를 3년 동안 계속 강독했다. 그 다음에는 이마누엘 칸트의 『프롤레고메나(*Prolegomena*)』의 처음 일부만 읽었다. 어느 경우이든 주로 구하기 쉬운 서적을 선택한 것이었지만 한편으로는 일반 교양으로서 적당한 철학사적 지식을 생각했다. 또 일단 이것을

---

2) 쾨버 : Raphael von Koeber, 1848~1923. 러시아 태생의 독일 철학자. 1893~1914년 21년간 도쿄대학에서 그리스 철학, 미학, 미술사 등을 가르쳤다. 일본 학생들에게 '쾨버 선생'으로 불릴 정도로 존경을 받았으며, 일본의 문호 나쓰메 소세키(본명 긴노스케)도 도쿄대학 영문학과 시절 그의 강의를 들었다.

3) 일고 : 一高. 도쿄대학의 전신이며 메이지 시대의 고등교육을 담당한 학교. 교육 제도의 변천에 따라 1886년 제일고등중학교, 1894년 제일고등학교, 1949년 도쿄대학 제일고등학교 등으로 이름이 바뀌었다. 이후 도쿄대학의 교양학부가 되었다.

4) 슈베글러 : Albert Schwegler, 1819~1857. 독일의 역사가이자 철학사가. 저서로는 『철학사개요(*Die Geschichte der Philosophie im Umrisse*)』 등이 있다.

대충 읽고 나서는 그 다음에 기초적인 것으로서 칸트의 책을 읽었다. 당시에는 이미 철학과 관련된 일본어 서적도 약간 출판되어 있었지만 학생을 위한 것이 아니라 대부분 교육자를 위해 쓰인 것이었다. 그리고 오래된 메이지 시대 초기의 저서나 번역서는 문체가 시대의 분위기에 적합하지 않아 우수한 학생은 외국어도 숙달할 겸 독일어와 영어로 쓰인 서적을 탐독했다. 또 서적의 내용은 스스로 입문하기 쉽고 흥미로운 것으로서 문학이 많았다. 실제로 우리 집에서 열린 강독 모임에서도 대체로 레클람문고[5)]에 있는 희곡 등의 자료를 사용했다. 엄밀한 의미에서 철학은 아직 일반인에게는 보급되지 않았고 톨스토이나 니체 등의 문학 저작을 통해 다양한 세계관과 인생관이 들어온 것에 지나지 않았다. 철학은 교양의 의미를 다분히 지녔다고 할 수 있다.

그 이후 청년 학생들은 점차 철학에 대해 흥미를 가졌으며, 철학 연구는 이전 시대보다 양적으로 질적으로 발전했다. 온갖 종류의 번역이 최근 상황을 유감없이 전달했고, 여러 종류의 영향력 있는 저작도 간행되었다. 학생이 읽을 만한 서적이 많아지면서 어려운 외국어에 의하지 않고도 참신하고 난해한 학설을 쉽게 이해할 수 있게 되었다. 그리하여 대학에서 철학을 전공하고자 하는 학생 중에는 이미 우수한 소질을 가진 자가 상당히 많아졌다. 사

5) 레클람문고 : 독일 라이프치히에 있는 레클람출판사가 1867년에 출간하기 시작한 소형 문고판. 일본 이와나미출판사 문고판 서적의 모델이다.

회과학에서도 철학적 기초를 주장하는 학풍이 제기되면서 도쿄대학 경제학부에서는 철학을 선택과목에 추가했고 내가 그 강의를 맡았다. 이 강의는 법학부에서 온 청강생도 있고 대강당이 가득 찰 정도로 몇 년 동안 대성황을 이루었다. 그후 고등학교에서 철학개론을 개설하게 되었고 당시 나는 그 요목 편찬에 관계했다. 따라서 학생들은 좋든 싫든 대체로 철학에 관한 지식을 준비한 셈이다. 한편 철학 연구는 점점 진보하여 수준 높은 저서가 다수 출판되었다. 구미에서도 30~40년 전, 즉 내 학생 시절에 비하면 장족의 발전을 거두어 새로운 학설들이 생겨났기 때문에 일반적으로 학생들의 지식수준이 높아진 것은 분명하다. 그렇지만 이를 가르치는 입장에서 보면 만족스럽지 못한 면이 몇 가지 있다.

원래 고등학교의 교과 요목은 여러 사정상 매우 광범위하고 복잡하지만 비고란에 취사선택의 자유와 요목 편찬자의 주된 목표를 명기하여 일단 주의를 촉구해 두었다. 그렇지만 실제로는 이러한 점뿐만 아니라 요목 자체마저 별로 고려의 대상이 되지 않고 있으며, 당국 역시 여기에 별로 관심을 가지지 않았던 것 같다. 학풍이 변하고 그 밖의 이유로 소장 학자의 상당수는 교육보다 자신의 연구에 치중하고 반드시 일반 학생을 위한 강의에 힘쓴다고 할 수 없는 경우가 있기 때문에, 그 결과 학생의 지식은 편파적이 되었다. 바꿔 말하면 철학개론이라는 과목 때문에 도리어 철학에 관한 개론적 지식이 경시되는 경향이 생겨났다. 특히 유물변증법이 한때 천하를 풍미하면서 철학사는 모멸의 대상이 되기도 했다.

이러한 변천에는 원래 이유가 있겠지만 철학의 학문적 연구가 일부 전문가의 특수한 흥미에만 집중되고, 일반교양으로서의 가치를 완전히 상실한 듯하다. 이러한 일은 어떤 의미에서는 세계 공통의 현상이며, 특히 독일 나치스에서 가장 현저한 사례를 볼 수 있다. 즉 거기에서는 철학이 특수한 의미에서의 세계관을 지탱하는 기초로서만 생명을 지니게 되었고 고대 그리스 이래의 전통에 나타난 자유로운 토론 정신과 결합된 경향은 전혀 보이지 않았다. 소비에트에서는 유물론만이 철학이 되었듯이 나치스에서 철학은 단지 북방 민족의 정신이라 불리는 것에 대한 해석적 변호에 불과했다. 즉 이와 관련되지 않거나 반대되는 철학은 자유로운 사상가에게만 교양으로서 허용될 수 있으며, 전문 연구자와 사상 통제 아래에서는 존재할 수 없게 되었다.

이상이 내가 실제로 체험하고 관찰한 사실이다. 지금 이러한 경험을 근거로 교양을 위한 철학에 관해 살펴보고자 한다.

2

철학 학습이 학생에게 효과를 거두었나 하는 문제를 해석하기 위해서는 철학의 의미에 대해 정확하게 규정할 필요가 있다. 그렇지만 지금 이 문제를 학구적으로 논의할 여유가 없기 때문에 상식적 의미에서 철학은 곧 세계관과 인생관을 체계화한 것이며 세계의 근본 원리를 다루는 학문이라고 이해하고자 한다. 다만 최근 여러 가지 특수한 견해에 의거한 정의도 있으며 존재의 학문이라고도 하고 또는 인간적 존재의 학문이라고도 하지만, 이 정의들은 일부분에 치우친 점이 있는 듯이 보인다. 또 용어는 다르지만 결국에는 같은 의미에 속하는 것도 있다. 나는 '물아(物我) 관계의 학문'으로 정의한다. 하여간 그 특징으로서 먼저 일반적 · 전체적 · 궁극적 · 근본적이라는 것이 떠오르기 때문에 이러한 것이 과연 하나의 분과 학문으로서 성립할 수 있느냐 하는 문제가 제기될 수 있다.

오늘날처럼 학술이 발달한 시대에는 연구가 분화되고 또 분화되는 상태에 이르렀기에 일체를 포괄하는 것은 생각하기 어렵다. 이것이 철학에 대한 의혹의 근거이지만 이 점에 대해서는 비교적 이런 종류의 분과 연구적 태도에 가깝고 실증주의를 부르짖었던 콩트[6)]가 한, 철학은 일반성을 특수적 성질로 지니고 있다는 말로 일단 변호할 수 있다. 실제로 어떤 분과 학문에도 특수한 연구가 있는 한편 언제나 일반적 개괄이 있기 때문에, 여러 분과 학문과 함께 철학이 있더라도 별로 이상하게 여길 일은 아니다. 철학은 단지 공상과 사변에 불과하다고 간주하여 이에 관한 학문적 특징을 인정하지 않으려는 자는 지금까지 철학의 발달 과정과 현재의 진보에 대한 이해가 매우 부족하다고 할 수 있다.

---

6) 콩트 : Auguste Comte, 1798~1857. 프랑스의 실증주의 철학자이자 사회학의 창시자. 저서로는 『실증 철학 강의』, 『실증 정치 체계』 등이 있다.

그러므로 우리는 한편으로 철학이 학문으로서의 연구에 속하는 것을 인정하고, 다른 한편으로는 일반인에게 교양으로서 의의를 지니고 있다는 점을 잊지 말아야 한다. 철학은 이미 여러 학문의 근저에 놓인 원리를 말하는 것이므로 어떠한 분과 학문도 결국 철학을 다루지 않을 수 없다. 이 점에서 말하자면 위대한 과학자는 스스로 철학 문제를 다소 해석한다고 해도 맞는 말이다. 헬름홀츠[7]나 푸앵카레[8] 혹은 아인슈타인도 자신의 학설 속에서 좋든 싫든 간에 일종의 철학을 펴고 있다. 이 점에서 철학과 과학의 깊은 관계를 보여 줄 수 있지만, 그렇다고 이것이 반드시 과학자에게 철학의 전문 연구가 필요한 까닭을 증명하는 것이 될 수는 없다. 과학 이론을 깊이 연구하면 저절로 철학의 영역에 들어오는 것이며 별도의 철학을 받아들일 필요는 없다. 철학에 대해서는 '비록 배우지 않았더라도 나는 배웠다고 말하리라'[9]라고 칭할 수 있다. 다만 이 경우에도 일반 철학에 대한 지식이 있으면 자신이

7) 헬름홀츠 : Hermann Ludwig Ferdinand von Helmholtz, 1821~1894. 독일의 물리학자이자 생리학자. 열역학 이론의 열화학과 전기화학에 대한 적용의 업적이 있고 생리광학과 생리음향학에 독자적인 분야를 개척했다.

8) 푸앵카레 : Jules Henri Poincare, 1854~1912. 프랑스의 수학자 · 물리학자 · 천문학자 · 과학사상가. 수학 · 수리물리학 · 천체역학 분야에서 중요한 기본 원리를 확립한 업적을 남겼다.

9) 『논어』의 「학이」 편에 있는 공자의 제자 자하(子夏)의 말을 인용한 것이다. 자하가 말하기를 "어진 이를 어질게 여기되 미색을 좋아하듯이 하며, 부모를 섬기되 힘을 다하고, 임금을 섬기되 온몸을 바치고, 동무와 사귀되 믿음이 있으면 비록 아직 배우지 못했더라도 나는 반드시 그 사람을 배웠다고 하겠다"라고 했다.

생각한 것을 일반적으로 적용될 수 있는 언어로 표현할 수 있는 편리함도 있다. 이런 의미에서 우리는 과학자에게 철학의 필요를 느끼며, 따라서 장래에 과학을 전공하고자 하는 학생을 위해 철학이라는 학과의 필요성을 인정한다. 그렇지만 이는 결국 다른 분과 학문이 장래의 연구를 위한 기초로서 철학이 필요하다는 정도에 그칠 뿐 아직도 철학 자체로 특유의 필요성이 있다고 주장하는 것은 아니다. 철학이 여느 학문과 달리 일반인과 깊은 관계가 있다는 것과 마찬가지로, 학생을 위한 일반교양의 바탕이 되기 위해서는 단지 철학이 어떤 전공 학문의 기초로서 필요하다는 이상의 이유가 있어야 한다.

교양은 수양과 같지 않다. 원래 이러한 용어들의 의미는 그 자체로 정확하게 정의하기 어렵고 대체로 같은 의미로 이해될 수 있다. 그렇지만 일반적 용법으로 수양은 도덕적 수양의 의미가 강하게 드러나지만, 교양은 개인의 식견이 고매하고 광범위한 것을 말한다. 그렇다고 도덕적 수양과 인격적 수양을 학식과 완전히 구별하는 것은 적절하지 않다. 세상에서는 때때로 인격자를 학자나 기술자 등과 대비시켜 인격의 함양을 학문이나 예술과 완전히 구별하나, 인격의 전문적 수양이란 있을 수 없다. 한 분야의 학문이나 예술에 숙달한 사람들은 대체로 인격에서도 남보다 뛰어난 점을 지녔다.

이른바 '재주를 깨우친' 경지는 명인이나 천재로 불리는 사람들에게서 가끔 볼 수 있다. 그 때문에 수양에는 학식이 포함되어야 한다. 하물며 교양과 구별될 수 없더라도 차이를 찾아보면 수양은 주로 생활의 실천적 혹은 활동적인 면과 관련되며, 교양은 이론적 혹은 정관적인 면과 관련된다. 즉 교양은 학습한 지식이 반드시 전문 연구와 직접 관계하는 것은 아니며, 습득한 기술이 일상생활과 관계없더라도 관심을 만족시킬 수 있다면 충분하다. 이러한 교양은 그 사람을 위대하게 만드는 점에서 수양과 일치하지만, 목적을 직접적으로 표현하느냐 그렇지 않느냐 하는 차이가 있다. 그것은 분명한 차이로 교양에는 수양이라는 말에서 연상되는 답답한 도학 선생 같은 규범의식이 수반되지 않는 장점이 있다. 요컨대 수양은 인격의 고양을 직접적인 목적으로 하는 점에서 다소 자료의 선택이 더해지지만, 교양은 이러한 청탁을 가리지 않고 널리 포용하는 의미가 있다고 할 수 있다. 잠깐 구체적 실례를 들면 수양의 견지에는 어떤 종류의 소설은 배제되고 어떤 종류의 철학 연구가 장려되지 않는 경우가 있다. 그렇지만 이를 교양이라는 관점에서 생각해 보면, 이런 소설도 문학으로서 알아야 하고 이런 철학도 사상의 실상에 통하기 위해 몰라서는 안 된다. 수양의 관점에서 말하더라도 악에 대해 눈을 감고자 하는 방법은 완전하다고 말할 수 없다. 하지만 무난함을 기하기 위해 군자는 위험을 가까이 하지 않고 "이단을 공부하면 해가 있을 뿐"[10]이라고 말하는 것이 보통이다. 이런 점에서 교양은 자유가 많다고 할 수 있다.

---

10) 『논어』의 「위정」 편에 나오는 "이단을 공부하는 것은 해로울 뿐이다"라는 공자의 말.

교양은 학술 연구와 관련이 있다. 우리는 앞에서 교양과 연구를 대비시켰지만 여기에도 여러 가지 접근법이 있다는 점에 주의해야 한다. 우리는 이미 수양을 학술 연구와 완전히 독립된 것처럼 생각하는 여론과 견해를 달리했다. 더구나 수양과 구별되는 교양은 학술 연구와 더욱 분리되기 어렵다는 사실을 인정해야 한다. 만일 학술상의 교양이라고 한다면 학술의 진보에 상응해야 한다. 아무리 풍부하고 해박한 지식을 갖고 있더라도 오늘날 완전히 의미를 잃어버린 것이라면 개인의 교양이 되기에 부족하다. 따라서 교양의 내용이 지니는 가치를 결정하기 위해서는 분명 각 연구자의 업적을 표준으로 삼아야 한다. 그런데도 하나의 학술을 교양의 측면과 연구의 측면에서 볼 때는 확연한 차이가 있어야 한다. 연구에는 여러 단계가 있으므로 대규모의 개괄을 목적으로 하는 것은 일반교양의 정신에 합치하는 점이 많지만, 미세하고 특수한 사항을 깊이 탐구하는 연구는 교양이 되기는커녕 그 학술 전체의 개관을 시도하지 않기 때문에 결국 자신의 연구와 타인이 애써 이루어 놓은 저작 사이의 연결 고리를 간과하게 된다. 이러한 연구도 그 의의를 충분히 인정받을 수 있으나 세상이 이러한 연구자들만의 사회가 된다면 바벨탑 같은 느낌을 받지 않을 수 없다. 이른바 교양의 요점도 이 점에서 제시되는 것이다.

이같이 교양의 의미를 규정하면서 다음은 교양으로서 철학이 고등학교 학생, 즉 전문 교육을 위한 준비와 기초 학습을 하는 학생들에게 어떤 형태를 취해야 할 것인가에 대해 생각하고자 한다.

3

나 자신의 경험을 이야기함으로써 교양으로서의 철학에 대한 논의를 진행하고자 한다. 현재 철학개론 교과 요목은 거의 사문화되어 머지않아 개정 또는 폐지하는 작업이 있겠지만, 이 요목을 기초한 자로서 여기에서 이를 변론하는 것은 무용한 일이 아니며 허용될 수 있을 것이다. 원래 이 요목은 10여 년 전 나와 교토대학의 아사나가 산주로(朝永三十郎) 교수가 주로 원안을 작성했고 당시 일고의 교수였던 이와모토(岩元)도 처음에는 참여했고 전국 고교의 철학 담임교사들과 토론하여 합의해서 작성했다. 한편 기존의 법령 규정의 제약을 받았기 때문에 반드시 하나하나가 필자 등의 의견에만 의존한 것은 아니지만, 원안 작성자는 이러한 여러 제약 가운데 자신이 적당하다고 생각하는 형태를 유지하고자 노력했다. 항목을 열거할 때는 대체로 여러 규정을 지키고자 했기 때문에 별도로 방침, 비고, 주의 등을 덧붙여 필자 등의 의도를 보여 준 셈이다.

필자 등의 안목은, 첫째 이 과목은 법학부 · 경제학부 · 문학부 등에 진학할 학생에게 널리 적합한 내용일 것, 둘째 전문 학자만을 안중에 두지 않지만 학과목의 하나이기 때문에 학문의 범위를 지켜야 하며 단순히 수양을 위한 이야기 같은 내용이 되는 것을 거부할 것, 셋째 일반 학생 특히 대학 졸업 후 사회에서 활동할 학생을 고려하여 현대 문화에 필요한 지식을 제공할 것 등이다. 그런 까닭에 학문적 흥미로는 중요한 것이라도 이 개론에서 중시하지 못한 것도 있으며, 이 강의가 어떤 주의(主義)의 선전과 독단을 강매하는 데 빠지지 않고 순수하게 이론적 · 비평적 태도를 취하고자 노력했다. 대체로 이러한 취지는 방침과 비고 등에 조금 추상적으로 기술했는데, 이러한 것들을 정독할 친절한 마음이 있으면 의도를 쉽게 파악할 있다. 10여 년 동안에 걸친 철학의 진보는 과거 수십 년 전에 비해 수많은 새로운 문제와 새로운 학설을 만들었기에, 이를 적절하게 받아들이고 불필요하다고 생각되는 항목을 생략하는 것은 전적으로 당사자의 자유이다. 이처럼 불확실한 것을 요목이라고 부를 수 있는가 하는 질문이 있을 수 있지만 단지 이러한 요목은 하나의 표준 모형을 보여 주었을 뿐이며, 이 이상 실제로 수업을 담당하는 교사의 일거수일투족을 통제하는 법률의 문장 같은 요목은 교사 당사자에 대한 모욕이라고 생각한다. 아니 법률의 문장조차 최근에는 해석의 자유를 주장하는 학자가 많지 않은가?

이상의 취지에 따르면, 첫째 순수하고 특수한 전문 연구적 관심에 속하는 것이 가능한 한 할애되어야 한다. 철학사를 배우는 경우, 가장 흥미로운 것은 고대 철학에 관한 탐구이다. 여기에서 자료 발견이라는 학문적 작업은 마치 고대 문화 연구의 발굴 작업처럼 흥미롭다. 그리고 그 자료가 매우 적고 간단하다는 점에서 온갖 해석을 불러일으키며 여기에 학문적 흥미가 저절로 솟아난다. 마치 최하등의 혹은 단순한 동물과 식물을 연구 대상으로 하는 일이 학자들 사이에 종종 행해지고 있듯이 또는 소립자 물리학에서처럼 원자 구성에 관한 학설이 많은 학자의 주의를 끌고 있듯이, 고대 철학 학설은 문자가 간단하기 때문에 그에 대한 다양한 해석의 여지가 남아 있다는 점에서 철학사 연구자가 문헌 고증의 기술과 추론의 능력을 발휘할 수 있다. 그리스 철학은 이미 오랜 기간의 전승을 거쳐 대체로 결정되어 있지만 실제로는 지금도 가장 많은 해석으로 나뉘는 분야라고 할 수 있다. 따라서 수많은 우수한 학자들이 이 분야의 연구에 몰두하고 있는데 이런 부류의 연구가 곧 일반교양으로서 적당하다고 생각하지 않는다. 카를 마르크스의 졸업논문은 「데모크리토스와 에피쿠로스를 비교한 고대 그리스 철학의 문헌학적 연구」였다. 이 제목을 선택한 철학자의 경향에서 보자면, 우연하지 않은 점이 있지만 현대와 동떨어진 점이 뒷날의 직업과 대비를 이루고 있다. 이것을 근거로 하는 것은 아니더라도 고대 연구가 현대와 관련성이 없다고는 결코 말할 수 없다.

그렇지만 이는 고대의 관점에서 현대를 보는 것이며 결국 현대에 관한 지식의 소양을 조건으로 한다. 그 때문에 고대 연구를 참된 학술적 · 객관적 태도에서 행하는 것은 전문적으로는 매우 중요한 일이다. 하지만 일반인의 교양으로 여기에만 몰두하는 것은 목적에 부합하지 않다.

그렇지만 고대 사상은 현대 사상의 연원이며 적어도 근본적으로 서구의 문학과 철학 등의 연구에서는 반드시 그리스 로마의 고전까지 거슬러 올라가야 한다. 반드시 깊게 연구하지 않더라도 여러 경우에 자주 고전의 인용에 부딪히게 되므로 이러한 지식의 결핍이 커다란 불편을 초래한다는 사실을 숨길 수 없다. 이런 의미에서 철학에서도 당연히 고대 사상을 간과할 수 없으며 일반교양으로서 고전의 지식, 예컨대 신화 혹은 일반적인 고대 문화를 현재 이상으로 고등학교에서 가르치는 것은 매우 필요하다. 그러나 연구자의 자세만으로 그 일부를 세밀하게 가르치는 것은 피해야 한다.

마찬가지의 이야기를 근세에 대해서도 말할 수 있다. 우리가 사유하는 바에 의하면 현대 문화는 이른바 근세 철학의 여러 요소를 함유하고 있지만, 이러한 요소 중에는 특수한 연구에 속하는 부분이 있기 때문에 일반교양으로서는 하나하나 이에 대해 언급하지 못하는 부분이 있게 마련이다. 특히 국지적으로 새롭게 저명해진 학설의 경우는 일반 문화 속에 스며들지 않은 것도 있을 수 있다. 그러므로 이에 관한 상세한 논의는 일반교양에 적절하지 않다. 더구나 하나의 새로운 학설의 해석에만 모든 시간을 보내는 것은 전문 연구 중에서도 가장 특수한 것에만 타당하며 고등학교의 일반교양으로서는 적합하지 못하다.

시간적으로 고대와 근세에 관하여 서술한 점을 공간과 장소에 적용할 수 있다. 요목에는 여러 제약 때문에 자못 광범위한 영역에 걸쳐 항목을 들었다. 나 자신은 교양으로서 폭넓은 지식을 바라기 때문에 기회 있을 때마다 개론 강의에서 동서고금에 관해 설명하고자 한다. 그렇지만 이것은 교양에 해당하는 정도에 머물러야 하며 그 이상의 상세한 연구는 현대를 이해하기 위한 요구라는 조건으로 제한하지 않을 수 없다. 인도와 중국에서 발달한 철학과 종교사상이 우리의 사상적 양식이 되었다는 것은 의심할 수 없다. 따라서 우리는 그것을 들을 기회가 많다. 우리가 어린 시절부터 자주 듣고 사용해 온 언어에는 중국과 인도의 사상이 많이 포함되어 있다. 그리고 이에 관한 좀 더 조직적인 해석으로는 최근 한문학과와 동양사학과 등에서 임시로 개설하는 중국 철학개론, 일본어, 일본사, 동양사학 등에 포함되어 있는 인도 철학 및 불교 강요(綱要)가 학생의 일반교양에 도움을 주고 있는 셈이다. 이런 것들은 다소 단편적일 수 있으므로 철학개론의 강의 중에도 여유가 있으면 이러한 것을 언급하는 것이 바람직하다. 실제로 철학개론을 가르치는 자의 자격으로서 이에 관한 약간의 지식이 요구되고 있다.

그런데 중국과 인도의 학술은 여전히 그 자료에 관한 문헌 고증에 많은 힘을 쏟아야 하며 그 연구는 역시 학생들이 노력해야 할 바이지만, 이를 일반교양으로 삼는 것은 역시 그리스 고전의 문헌 고증을 일반 학생에게 기대하는 것과 같다고 할 수 있다. 중국 철학의 용어는 일상 언어로 비교적 많이 사용되고 있으며 전문 연구에 속하는 것으로 보이는 것은 단지 후세의 유교뿐이다. 인도 철학의 경우 특별한 사정이 있는 사람은 제외하고 일반적으로는 이해되기 어렵겠지만, 어떤 어휘는 지금도 일반 철학 가운데 사용되고 있으며 현대 철학의 한 요소가 되어 있다. 그렇지만 참된 연구로서의 흥미는 이러한 사상의 원천을 탐구하고 그 발달의 흔적을 더듬는 곳에 있으며, 이는 특수하고 전문적인 연구에 속하는 경우가 많다. 말할 필요도 없이 이러한 고대 철학은 학술적으로 충분히 연구되어야 한다.

그렇지만 철학적 사상의 전통이 반드시 현대와 결합되는 것은 아니므로 강의 담당자와 시간의 형편에 따라 철학개론 과목이 이를 간략히 다룰 수 있도록 해야 한다. 철학개론은 학생의 일반교양을 충족시켜 주면 되는 것이지 그 밖의 어떤 목적을 가져서는 안 된다. 요목에서 우리는 철학의 체계적 문제들을 열거하고 다음에 철학의 역사에 관한 여러 항목을 열거했는데, 이에 대해서는 미리 말했듯이 체계적인 문제들과 역사를 반드시 구분하여 가르치라는 것이 아니라 양자를 적절하게 혼합하여 문제의 해석 가운데 중요한 동서 학설을 서술하면 좋다는 것이다. 서양과 동양을 대립시키는 것은 우리가 바라는 바가 아니다.

앞에서 요목을 변호했지만 결코 이 요목이 완전무결하다고 믿는 것은 아니다. 그래서 처음부터 단지 하나의 표준을 보여 주고자 했을 뿐이다. 특히 오늘날처럼 여러 학설이 새롭게 제기된 경우에는 문제의 항목도 고쳐야 할 점이 분명히 있다. 원래 그러한 항목은 매우 일반적인 명목을 들어 참고하게 한 것이며 당시에도 적지 않은 특수한 명목을 고의로 생략했으므로 오늘날 하나하나 반드시 여기에 의거할 필요는 없을 것이다. 즉 여기에 결점이 있음을 자각하면서 처음부터 자유로운 활용이 필요하다고 생각한다.

4

여기까지는 교사의 입장에서 논의했지만 마지막으로 학생에게 몇 가지 주의를 부탁하고자 한다. 이것이 이 글에서 가장 실제적 의의가 있는 부분이다. 현재 철학 과목의 의의를 충분히 이해하지 못하는 학생이 있을 것이다. 고등학교와 각종 전문학교에서 이 과목을 개설하는 경우, 학생은 앞으로 다가올 대학의 입학시험에 필요한 과목만 열심히 공부하거나 자신의 전공 공부에 몰두한 나머지 이 과목에 자못 냉담한 태도를 취하기도 한다. 직접적으로 말하자면 마음대로 결석하거나 수업에 빠지는 학생도 있다. 만일 정말로 쓸모가 없거나 불필요한 과목이라면 이것을 개설하는 당국 측에 잘못이 있을 것이다. 학생에게 가장 중요한 전공 학문의 준비나 연구를 방해하는 학과를 존립시킨 것이 애초에 잘못이었을지도 모르겠다. 이런 경우 학생이 목전에 놓인 입학 공부와 전공 과목에만 집착하는 것을 비난하는 것은 현실 사정을 모르는 말이 될 것이다.

그렇지만 철학개론이 다른 어떤 과목에 비해 특별히 무용하다고는 보이지 않으며, 또한 이미 개설되어 있는 이상 적절히 이를 이용하는 것이 학생에게 좋은 계책이다. 특히 법학부와 경제학부의 입학시험에서 어학 문제의 내용에 철학이나 그 밖의 교양과 관련된 것이 많고—이것이 문제의 올바른 선택법이다—단지 어법만을 염두에 둔 어학 문제는 대학의 문제로서 그다지 좋지 않다. 그 밖에 철학은 본래의 성질상 각 전문 학과의 연구에 도움이 되는 바가 많으므로 철학이 각종 다른 전공의 직접 목적에 적합하지 않다고 볼 수 없다. 그런데 이는 단지 공리적 견지에서 서술한 것이다. 우리는 이러한 소승적 견지에서 벗어나 철학이 교양으로서 학생 사이에 의의가 어느 정도 인정된 것으로 간주하고 논의를 진행하고자 한다. 그리고 대학에서 문학부 이외의 학부 및 전문학교에서 가르친 필자의 경험에 의하면, 그중에 항상 열심히 공부하는 학생과 유능한 학생이 있었고 철학 과목의 개설이 의미 있다고 생각하는 학생도 있었다.

교양으로서 철학을 공부할 때 우선 철학적 사고를 주로 할 것인가, 철학적 지식을 주로 할 것인가 하는 문제가 생길 것이다. 최근에 사용되는 '철학 한다'는 말속에는 전자, 즉 철학적으로 생각하는 것이 주로 포함되며 나아가 철학적으로 행동한다는 의미도 있다. 즉 이론과 실천에서 철학의 위력을 인정하나 이 입장에서는 넓은 지식이 그다지 요구되지 않는다. 실제로 철학의 실천적 방면을 고려할 때 무언가 가장 심오하고 숭고한 느낌을 주는 것을 철저하게 연구하면 충분하다. 다른 학설을 많이 이해하고 깨달을 필요는 없다. 이것도 분명 하나의 철학 연구 방법이다. 그렇지만 이 경우에도 만일 자신이 신봉하는 학설이 과연 객관적으로 타당한지 검증하고자 한다면 그 학설만 연구해서는 만족할 수 없다. 그러므로 실천적 요구를 주로 하는 경우에도 어떤 이론상의 근거를 찾고자 하는 경우에도, 만일 하나의 학설에만 의거하고자 한다면 가능한 한 포괄적이고 정도에서 지나치게 벗어나지 않은 입장을 선택할 필요가 있다. 그렇지 않으면 마침내 편협한 결과에 빠지게 된다.

한편 교양으로서 철학은 지식을 넓히고자 하는 요구가 수반되기에 단순히 '철학 하는' 것만으로는 부족하다. 즉 이상적으로 말하자면 동서고금의 철학에 관해 대체로 조망할 수 있는 지식을 갖추어야 한다.

먼저 철학의 문제가 무엇이며 그것이 어떤 해답을 얻어 지금까지 오게 되었는가를 아는 것이 필요하다. 전자를 위해서는 철학개론이, 후자를 위해서는 철학사가 필요하다. 철학개론도 여러 종류의 체계가 있고 일장일단이 있다. 어떤 입장에 서서 여러 문제를 해석하고자 하는 것 혹은 중심 문제라고 생각하는 것에 논점을 집중시킨 것이 있으며, 이에 반해 반드시 자기 입장을 밝혀 말하는 것이 아니거나 마지막까지 입장을 보여 주지 않고 여러 학설을 열거하여 주로 이에 대한 내재적 비판을 제시하고 끝으로 자신의 입장에서 문제의 방향을 보여 주는 것이 있다. 후자는 때때로 설명이 간략하거나 창의력이 부족하다는 느낌을 줄 수 있지만 시야를 넓히고 경솔하게 독단에 빠지지 않도록 하는 효과가 분명히 있다. 예를 들면 러셀, 짐멜,[11] 베르그송[12] 등의 서적은 모두 자

---

11) 짐멜 : Georg Simmel, 1858~1918. 독일의 철학자이자 사회학자. 베를린대학에서 철학 · 역사학 · 민족심리학을 공부했다. 니체, 베르그송, 딜타이 등과 함께 생의 철학자로 불린다. 저서로는 『역사철학의 제 문제』, 『철학의 근본 문제』 등이 있다.

12) 베르그송 : Henri Bergson, 1859~1941. 프랑스의 철학자로 생물학적 진화론의 영향을 받아 생명의 창조적 진화를 주장했다. 1927년 노벨문학상을 수상했으며 저서

신의 입장이나 문제만 논하고 있으며 수미일관하게 심현한 통찰을 보여 주고 있으나, 이것만으로 일반교양으로 삼고자 할 때는 오해를 초래할 염려가 있다. 이에 반해 퀼페[13)]나 예루잘렘[14)]이 저술한 개론은 조금 산만한 반면 여러 가지 문제를 열거하고 있어, 폭넓은 입장을 얻기에 편리하므로 오래된 서적이지만 지금도 추천되고 있다. 문제를 열거하여 그것을 비판하면서 자신의 학설을 드러내는 빌헬름 빈델반트[15)]의 개론은 기본을 가장 잘 갖추고 있다고 할 수 있다. 이처럼 개론에 의거하여 문제의 소재를 분명히 하는 것이 첫걸음으로서 반드시 필요하지만 오늘날의 정세에 대해서는 이러한 옛날 저작만으로는 부족하다. 여기에서는 단지 몇 가지 예를 보인 것에 불과하므로, 요컨대 교양을 위한 철학은 식견을 키워 주기보다는 오히려 다양한 지식을 넓게 제공하는 것이 필요하다고 말하고 싶다.

옛날에는 철학개론과 함께 철학사가 필요하다는 것이 상식이었지만 근래에는 반드시 그런 것 같지 않다. 이는 철학사의 산만

로는 『의식의 직접소여에 관한 시론』, 『물질과 기억』, 『도덕과 종교의 두 원천』 등이 있다.

13) 퀼페 : Oswald Külpe, 1862~1915. 독일의 철학자이자 실험심리학자. 의지심리학 · 사고심리학 · 실험미학을 연구했다. 저서로는 『철학개론』 등이 있다.

14) 예루잘렘 : Wilhelm Jerusalem, 1854~1923. 오스트리아의 사회학자. 저서로는 『철학개론』과 『철학서설』 등이 있다.

15) 빌헬름 빈델반트 : Wihelm Windelband, 1848~1915. 독일의 철학자로 신칸트학파의 대표적 학자. 저서로는 『철학개론』, 『철학사 교본』 등이 있으며 『철학사 교본』은 학생들 사이에 고전으로 정평이 난 명저이다.

하면서도 간단한 서술을 암기하는 것이 철학적으로 사고하는 데 효과가 적다고 생각하는 사람이 많고, 원전에 관해 배우고자 하는 사람들이 철학사가의 해설에 만족하지 못하기 때문이다. 철학사 그 자체가 오늘날 점점 특수한 연구로 발달하고 있음은 숨길 수 없는 일이나, 그것은 주로 전문 연구자의 일에 속한다. 다만 이 경우에도 연구가 지엽적인 것에 한정된 채 연구자가 도리어 전체의 전개를 조금도 고려하지 않고 오직 일부분의 규명에 온 힘을 집중하는 경향이 있다. 이것도 물론 필요하지만 그 때문에 탐구의 의의를 망각하게 된다면 일종의 폐해라고 할 수 있다.

그런데 근래에 줄곧 철학사를 개관하는 경우에 문제사적 고찰이 강조되면서 종래의 철학사 저작을 모두 열전체나 편년체라고 비난하는 경향이 있다. 종래 철학의 역사도 결코 단순히 학설이나 인물을 나열한 것만으로는 그 목적에 적합하지 않으므로 곳곳에 문제사적 설명을 첨가하고 있는데, 특히 빈델반트의 일반 철학사의 경우에는 자신의 입장에서 개념들의 연혁을 설명하고 있다. 근래에 문제사가 주창되는 것은 조금은 새로운 유행을 따르고 있다는 느낌이 든다. 하여간 이러한 문제사는 가장 앞선 방법으로 간주되고 있으며 이와 병행하여 체계적인 입장에 의거한 철학사가 주장되고 있다. 즉 지금의 어떤 체계적 철학을 표준으로 삼아 고대 철학을 해석하고자 하는 것이다. 예를 들면 헤겔은 전체적으로 이 입장에 서 있고, 그 밖에도 현대의 어떤 철학을 본체로 삼아 고대의 학설을 부분적으로 해석하고자 하는 것이 많다. 이는 역사와 철학을 하나로 보고자 하는 것이며 때로는 철학으로 역사를 곡해할 폐단이 없지도 않다. 이것을 참고로 삼아 사고를 진행해 가는 것은 전문적 연구에서는 흥미로운 일이겠지만 일반교양과는 거리가 멀다고 할 수 있다. 독자는 먼저 가능한 한 있는 그대로 역사적 사실에 관한 지식을 얻고, 나아가 적당한 비평의 눈을 기를 수 있다면 비로소 이를 통해 시야를 넓힐 수 있다. 이것은 전문 연구자에게는 바람직한 일이며 일반인들에게는 매우 중요한 일이다.

이렇게 문제와 그 발전에 관한 포괄적인 견해에 도달하면, 나아가 가장 흥미를 느끼는 점에 관해 다시 정밀하고 자세한 지식을 얻어야 한다. 이때 스스로 여러 철학 체계 가운데에서 선택을 하게 되지만 아마도 일반적으로 이 경우에 흥미를 가지는 것은 이른바 강단 철학 이외의 내용일 것이다. 예를 들면 니체 같은 경우는 이런 의미에서 항상 독자를 얻을 것이며 그 밖에 키르케고르,[16] 셰스토프,[17] 톨스토이가 때때로 유행할 것이다. 베르그송과 오이켄[18] 등이 일반인에게 읽혀진 것도 이러한 이치에 따른 것이

---

16) 키르케고르 : Søren Aabye Kierkegaard, 1813~1855. 덴마크의 실존주의 철학자. 대중의 비자주성과 위선적 신앙을 엄하게 비판했다.

17) 셰스토프 : Lev Isakovich Shestov, 1866~1938. 러시아의 철학자이자 평론가. 도스토예프스키와 니체로부터 영향을 받은 반이성주의자로 허무적인 절망의 철학을 주창하여 제1차 세계대전 후의 문학 및 철학에 많은 영향을 주었다. 저서로는 『도스토예프스키와 니체—비극의 철학』, 『허무로부터의 창조』, 『도스토예프스키와 톨스토이』 등이 있다.

18) 오이켄 : Rudolf Christoph Eucken, 1846~1926. 독일의 관념론 철학자. 1908년

며 쇼펜하우어 또한 같은 자격을 구비하고 있다. 이들이 상당할 정도로 독자를 얻을 수 있었던 이유는 충분히 인정되어야겠지만, 일반인의 흥미가 이와 함께 주의해야 할 점은 이들만이 유일한 철학이 아니라는 것이다. 한때 강단 철학이 논리주의를 표방하자 일반인의 흥미가 이와 대립되는 경험의 철학, 생의 철학 등으로 옮겨 가기도 했다. 이는 확실히 철학의 일면을 주장하고 있지만, 그렇다고 해서 철학이 단지 경험을 기술하고 생의 사실을 보고하는 것이라고 할 수는 없다. 경험을 개념화하는 곳에서 철학이 시작된다. 베르그송의 형이상학도 니체의 어록도 그러한 범주에 속한다고 할 수 있다. 생의 사실을 있는 그대로 전하는 것은 문학과 예술이다. 하지만 문학은 그 수단에 의해 간접화될 수밖에 없다. 그 때문에 모든 철학이 설령 자료가 다르더라도 그 형식에서는 개념적 이론이라는 공통점을 갖고 있다.

따라서 일반교양이라고 하더라도 철학은 논리적 구조를 가지고 있어야 한다. 철학적 교양에는 철학과 문학 사이에 있다고 부를 수 있는 것 외에도 순수한 철학 저작이라고 부를 수 있는 것이 있어야 한다. 처음부터 전문적 연구를 목적으로 하는 것이 아니었으므로 근본적이고 기초적인 것이더라도 난해하고 많은 전문적 소질을 요구하지 않아도 된다. 또 어떤 서적을 강독할 때 반드시 전문가 수준의 정확성을 기할 필요는 없다. 이 같은 방침을 세우

노벨문학상을 수상했으며 저서로는 『대사상가의 인생관』, 『정신적 생활 내용을 위한 투쟁』, 『삶의 의미와 가치』 등이 있다.

고 고금의 대저작을 조금이나마 읽어 보는 것은 교양에서 빠트릴 수 없는 일이다.

서양의 고전 속에서 예를 들어 보기로 하자. 플라톤의 『대화편』은 제일 먼저 거론될 책이다. 아리스토텔레스의 형이상학 등은 전문가적 흥미가 조금은 우세하지만 윤리학 같은 것은 그중에서 가장 일반적이라고 할 수 있다. 스토아학파와 에피쿠로스학파의 문헌이 보통 이해하기 쉬운 것은 대부분 수양의 의미를 지니고 있기 때문이며 그 적당함은 말할 나위 없다. 플로티노스[19]의 저서는 다소 지엽적인 의미를 지니고 있지만 이 학파의 대표자로서 한번 살펴볼 필요가 있다.

이와 함께 디오게네스 라에르티오스[20]의 『철학자 열전』은 이 경우에 없어서는 안 될 책이다. 넓은 의미의 중세에 대해서는 먼저 아우구스티누스의 『참회록』을 들 수 있지만, 이른바 스콜라 학자에 대해서는 아퀴나스[21]의 저작이 최근 구하기 쉽다는 점에서 여기에 언급해도 좋다. 근세에 이르러서는 그 숫자가 자못 많지만

---

19) 플로티노스 : Plotinos, 205~270. 이집트 리코폴리스 출생의 그리스 철학자. 아랍 · 이슬람사상의 근원을 이루고 중세 서양 철학에 깊은 영감을 불어넣었다.

20) 디오게네스 라에르티오스 : Diogenes Laertios. 3세기 전반에 활약한 고대 그리스의 철학사가. 저서 『철학자 열전』은 많은 일화와 철학자들의 학설을 기록한 것으로서 고대 그리스 · 로마 철학에 관한 귀중한 자료이다.

21) 아퀴나스 : Thomas Aquinas, 1225~1274. 중세 유럽의 스콜라철학을 대표하는 이탈리아의 신학자. 경험적 방법과 신학적 사변을 양립시켰다. 저서로는 『신학대전』, 『진리에 대하여』, 『신의 능력에 대하여』 등이 있다.

먼저 영국 프랜시스 베이컨의 『노붐 오르가눔』을 비롯하여 존 로크의 『인간오성론』을 빠트릴 수 없다. 그 외 홉스, 버클리, 흄 등은 전문 연구에서 중요하며 일반교양으로서도 난해하지 않다. 프랑스에서 르네 데카르트의 『방법서설』, 『성찰록』은 모두 학문적 가치도 있고 교양에도 적절하다. 베네딕트 스피노자의 『에티카』와 고트프리트 빌헬름 라이프니츠의 논문들도 일반적 의미를 지니고 있으나, 라이프니츠의 경우는 체계적으로 충분히 정리되어 있지 않아 접근하기가 조금 어렵다. 따라서 전문 연구 범위로 돌려야 한다.

칸트의 『순수이성비판』은 원래 전문 연구에서 누구나 반드시 읽어야 할 책이며, 일반적이라는 점에서는 조금 부족하다. 이보다는 『실천이성비판』과 『철학서설』 등이 일반적으로 추천할 만하지 않을까? 그렇지만 『순수이성비판』도 전혀 이해가 불가능한 책은 아니다. 현대의 저서들보다 훨씬 간단하며 입문하기 쉽다. 피히테에 관해서는 『현대의 특징』, 『독일 국민에게 고함』 등 통속적인 강연 가운데 자신의 학설을 보인 것이 있으며 동시에 『지식학』을 공부할 필요가 있다. 셸링과 헤겔은 각각 전문 연구에 필요하지만, 셸링의 저서는 대체로 전문적 흥미에 속하는 것이며 다만 예술 철학과 동일 철학에 관한 것은 약간 주의할 만하다. 헤겔의 『철학개론』, 『정신현상학』 등은 제목으로는 본래 적당하지만 이것만으로 이해하기는 어렵다. 오히려 『역사철학』 같은 종류가 일반적이라고 생각된다.

이상에서 언급한 외에도 현대의 학자와 근세 독일 이외의 다른 나라의 저술 혹은 인도 · 중국 · 일본 등의 고전에도 귀중한 문헌이 많고 일반적으로 접근하기 쉬우나, 지금 그 하나하나의 목록을 거론하는 것이 목적이 아니므로 여기에서 언급은 피한다. 요컨대 이른바 강단 철학에 속하는 것에서 일반적 지식을 얻고자 하는 관점으로 서적을 선택해야 한다.

이같이 교양이란 실로 전문적 지식과 결합된 수양이다. 그러므로 그 근저에는 결국 전문적 지식과 분리될 수 없는 것이 있다. 간혹 연구와 수양을 절연히 구별하고자 하는 이가 있지만, 이는 사람을 정의적 존재와 지적 존재의 두 가지로 구별하는 것이며 결국 사람의 의미를 이해하지 못하는 것이다. 이처럼 교양을 지식과 연결하는 것은 이미 서술한 대로 교양을 일종의 선전으로 이용하는 것과 일치하지 않는다. 교양은 지식과 마찬가지로 각자의 자유를 예상함으로써 비로소 성립한다. 교양을 위한 철학이 철학 이외의 목적에 사용된다면 이는 자기 파괴로 끝날 수밖에 없다.

교양은 전문 지식의 기초 위에 성립하지만 전문적인 것은 아니며, 어떤 점에서는 산만하고 쓸모없다는 생각이 든다. 그렇지만 이러한 무용함에 커다란 쓰임새〔大用〕가 깃들어 있음을 잊지 말아야 한다. 지난해 일본에 온 프랑스 작가 데코브라[22]는 저서 『일

---

22) 데코브라 : Maurice Dekobra, 1885~1973. 프랑스의 대중작가. 저서로는 『침대차의 마돈나』, 『새벽의 총살』 등이 있다. 또 시나리오 작가 겸 감독으로 활동했다. 제1 · 2차 세계대전 동안의 프랑스와 미국 영화 중에는 그의 원작이 많다.

본만유기(*Samurai ou Cylindres*)』의 서문에서, 항해 도중 배에 함께 타고 있던 프랑스 여학생들이 뮤즈의 이름도 모르면서 도대체 뮤즈가 무엇이냐고 반문하고 아프로디테를 말해도 알아듣지 못하고 비너스라고 하자 겨우 통했는데, 앞으로 피부병을 연상할 것이라고 비꼬아서 말하고 있다. 요즘의 학교 교육이 교양을 소홀하게 다루는 것을 풍자하고 있는데, 세상에서 괜히 지식 교육의 편중을 저주하고 빈약한 지식에 안주하고자 하는 사람들은 이런 이야기를 도저히 이해하지 못할 것이다. 교양을 위한 철학에서 가장 중요한 것은 무용한 철학 지식을 충분히 만끽하는 것이어야 한다. 그리고 그 재료가 철학인 한, 우리는 여기에 있는 자유로운 비판정신을 통해 이성의 각성을 기대할 수 있다.

◎ 구와키 겐요쿠(桑木嚴翼, 1847~1946)

철학자. 도쿄제국대학 교수를 지냈고 칸트 연구에 공헌했으며, 다이쇼 데모크라시 운동에 영향을 미쳤다. 저서로는 『칸트 현대 철학』, 『철학개론』, 『철학의 입장』 등이 있다.

교양과 윤리학

윤리적 물음의 선행

무엇이 참이고 거짓인가에 대한 의식, 무엇이 아름답고 추한가에 대한 감각이 둔한 자가 있다면 누구나 저급한 인간이라고 평할 것이다. 무엇이 선이고 악이며, 무엇이 옳고 그름에 대해 감각과 흥미가 희박하여 인간으로서 비속하다면 더욱 부끄러워하지 않을 수 없는 일이다. 인간의 도, 하늘의 이치, 마음의 자율, 가까이는 인간학적 윤리학이 강조하는 '세상 속의 도리'로 확대되는, 일반적으로 윤리적인 것에 대한 관심과 이해는 문화의 중심 과제라고 하지 않을 수 없다. 인생의 사상(事象)을 모두 선악의 전개로 보는 태도야말로 인격이라는 말을 형성하는 핵심 의미이다.

나는 아무리 탁월한 재능을 갖추고 업적을 이루어 낸 사람이라 할지라도 그가 이러한 태도에서 열정을 갖고 있지 않다면 결코 존경의 마음을 품을 수 없다. 인생에서의 직분이 정치, 과학, 실업, 예술 어느 방면으로 향하든 전기가 쓰일 때에는 저 유명한 워싱턴처럼 초등학교의 교과서에 '그는 위대하고 선한 사람이었다'라고 쓰이고 싶은 법이다. 나 자신도 젊은 시절 생명에 눈뜰 무렵의 출발은 '선한 인간'이 되고 싶다는 것이었다. 가장 선한 사람이 가장 행복해야 한다고 생각했다. 아직 그때 칸트의 제2 비판을 몰랐지만 자신의 영혼이 원하는 바가 다름 아닌 칸트의 완전선(vollendete Gut)의 요청이었다. 인간의 윤리적 요구가 얼마나 우리의 품성에 본래적으로 갖추어져 있는가를 여기에서도 짐작할 수 있다. 학술과 교양을 시작하는 시기인 청춘 시절 윤리적 요구가 얼마나 왕성한가는 일생 그 사람 인격의 성질과 바탕을 결정하는 중대한 계기가 된다. 윤리적인 것에 반항하고 부정하는 안티모럴(anti-moral)은 그래도 괜찮다. 이것은 그나마 윤리적 관심의 영역 안에 있기 때문이다. 가장 용납할 수 없는 것은 윤리적인 것에 관심을 갖지 않는 에이모럴(amoral)이다. 이는 인간으로서 저속한 소질의 징후이며 청년으로서는 가장 피해야 할 건강하지 못함이다. 건강한 청년에게는, 성욕에 눈뜨는 동시에 윤리적 감성을 상기하고 연애와 정의를 하나로 융합할 것이 요구된다.

그러나 그러한 윤리적 요청이 반드시 윤리학이라는 학문으로 향한다고는 할 수 없다. 일반적으로 과학을 알지 못했던 상고 시대의 인간에게도, 학문의 형태를 충분히 갖추지 못했던 중국과 일본의 제자백가 가르침에도, 또한 글자를 모르는 농사꾼이 세상을 살아가는 법에도 윤리적 관심과 탐구 그리고 실천이 있다. 그러나 현대에 태어나 학생인 인텔리겐치아 청년에게서 그 윤리적 요청이 윤리학이라는 하나의 합리적 학문으로 향하게 되는 것은 지극히 자연스런 일이다. 나 또한 그 과정을 거친 사람이다.

앞에서 서술했듯이 윤리학 연구에는 먼저 인생의 현상에 관한 윤리적 관심과 정열이 선행되어야 한다. 그리고 구체적 연구의 시작은 윤리적 물음에서 시작해야 한다. 물음은 모든 것의 시작이며, 그 해결이기도 하다. 하이데거가 "물음은 뭔가에 대한 물음으로서 '물음의 대상'을 갖고 있다"라고 말했듯이, 물음 가운데는 이미 그 본질이 가로놓여 있다. 물음 없이 윤리학에 착수하는 것은 무의미하다. 또한 물음이야말로 탐구가 진지하게 추진되도록 하는 기제이다. 물음을 던지는 방법, 즉 크기 · 깊이 · 강력함 · 세밀함이 해답을 결정하는 조건이다. 그러므로 윤리학 책의 첫 장을 넘기기도 전에 윤리적인 물음이 연구자의 가슴속에 맺혀 있어야 한다. 그리고 이 윤리적 물음은 이미 청년의 가슴을 아프게 하고 압박하고 방황하게 만드는, 살아 있는 인생의 실천적 의문이어야 한다.

이렇게 한 뒤에 윤리학 책을 넘기면 자신이 고민하고 있는 문제가 그곳에 다루어져 있고, 그것을 해결하기 위한 다양한 시각과 입장이 전개되어 있음을 보고 남다른 생각을 하게 될 것이다. 설령 문제가 충분히 해결되지 않은 채 학설이 제각각 다르고 결론이 자신을 완전히 만족시켜 주지 못하더라도 어쨌든 자신이 관심을 보일 수밖에 없었던 활기찬 인생의 실천적 문제가 제시되어 있고, 항간의 상식으로는 그대로 버려질 만한 것이 여기에서는 날카로운 물음으로 진지하게 탐구되고 있음을 보면서 절실함을 느끼지 않을 수 없다. 이렇게 몸에 와 닿는 절실한 느낌이 윤리학에 대한 사랑과 동정과 연구의 항심(恒心)을 보증하는 것이다.

윤리학의 입문

윤리학의 시조로 불리는 소크라테스 이래로 최근 셸러[1]와 하르트만[2] 등의 현상학적 윤리학에 이르기까지, 인간의 내면생활 및 사회생활에서 도덕적으로 중요한 모든 문제를 제시하고 그것을 일관하는 원리를 탐구하고 있다. 그러나 초보자가 윤리학 연구의 입문으로 위에서 거론한 윤리적 물음을 시작하기에는 역시 립스[3]의 『윤리학의 근본 문제』가 가장 좋다. 더구나 그는 코엔[4]과 함께 신

1) 셸러 : Max Scheler, 1874~1928. 독일의 철학자. 현상학의 영향을 받아 가치의 이론에 관심을 가졌으며 칸트 윤리학의 형식주의를 비판하여 실질적 가치 윤리학을 제창했다. 저서로는 『윤리학에 있어서 형식주의와 실질적 가치 윤리학』, 『지식의 여러 형식과 사회』 등이 있다.

2) 하르트만 : Nicolai Hartmann, 1882~1950. 독일의 철학자. 저서로는 『인식의 형이상학』, 『윤리학』, 『존재의 기초』, 『실재적 세계의 구조』, 『미학』 등이 있다.

3) 립스 : Theodor Lipps, 1851~1914. 독일의 심리학자이자 철학자. 심리학과 철학의 일치를 주장하고 철학적 심리주의를 대표한다. 저서로는 『윤리학의 근본 문제』, 『심리학 원론』 등이 있다.

4) 코엔 : Hermann Cohen, 1842~1918. 독일의 신칸트학파 철학자. 수학과 수학적 물

칸트학파의 형식주의 윤리학자이며 '실질적 가치 윤리학(materiale Wertethik)'과는 다른 입장이지만, 깊은 내면성과 온건한 합리적 의지 그리고 살아 있는 인생의 생명적 교감으로 윤리학에서 본질적으로 중요한 근본 문제를 제대로 거론하고 그 해결, 적어도 해결을 위한 시사점을 제공하기 때문이다. 이 책은 생명의 후각이 빠진 이른바 실생활에서 아무짝에도 쓸모없는 도학자의 느낌이 없다. 그렇다고 예술적 교감과 사회적 추세에 지나치게 민감해서 내면적 자율의 엄숙성이 약해질 우려도 없고 — 현상학파에게는 다소 이런 경향이 있다 —, 의지의 자율성을 강인하게 고수하는 점에서 형식적이고 주관적이면서도 인간 행위의 객관적 타당성을 강조하여 주관적 제약을 벗어나고자 한다. 또한 학문적으로 충분히 생명의 예술적 감각의 배경이 행간에서 배어나며 메마른 도학자의 느낌이 없기 때문이다. 초보자가 이 책으로 입문하여 윤리학에서 다루는 최대 과제의 소재와 해결 방법의 지침을 얻기 바라면서 이 책을 추천하고자 한다.

이 글은 윤리학자가 될 청년을 위해서가 아니라 교양으로서 윤리학을 공부하는 일반인을 위한 것이다. 인간의 윤리적 물음과 해결은 인간과 장소와 시간에 의해 다양하게 보일지라도 자체적으로 정해진 공통의 것이 있다. 우선 그것을 개괄적으로 보는 것이

리학을 존중하는 마르부르크학파의 창립자이다. 저서로는 『칸트의 경험 이론』, 『순수인식의 논리학』, 『순수의지의 윤리학』, 『순수감정의 미학』 등이 있다.

좋다. 이와 함께 윤리학사를 읽어야 한다. 이는 고금을 관통하는 인간의 윤리사상이 어떻게 발전하고 변해 온 것인가를 알아 보기 위해서이다. 뒤에 오는 것은 이전의 결점을 보완하고 또 인간 사회생활의 변혁과 일반 과학의 진보 등의 영향에 자극을 받고 자료를 제공받아 내용이 풍부해진다.

그러나 후대의 것이 모든 점에서 이전의 것보다 뛰어나다고 말할 수는 없다. 어떤 시대에는 인성의 어떤 점이 무시되었다가 훗날 다시 그것이 부활되는 경우가 드물지 않다. 그리고 부활은 원래대로의 반복이 아니라 새롭게 지양되면서 현 단계에 다시 등장하는 것이다. 2천 년 동안의 윤리사상의 발전과 변화의 흔적을 찾아보는 것은 흥미진진하다.

서양의 윤리학사는 요들[5)]의 『윤리학사』, 시지윅[6)]의 『윤리학사의 윤곽』, 하르트만의 『독일 관념론사』 등이 있다. 일본어로는 요시다 세이치(吉田靜治)의 『윤리학사』, 미우라 도사쿠(三浦藤作)의 『만근 윤리학설 연구』 등이 있지만 현대 윤리학 특히 현상학파의 윤리학을 자세하게 서술한 것은 다카하시 게이시(高橋敬視)의 『서양 윤리학사』가 좋다. 그러나 어떤 학자의 윤리학은 자신의 철학적 근거 위에서 만들어진 것이므로 윤리학 연구는 당연히 철학과

---

5) 요들 : Friedrich Jodl, 1849~1914. 독일의 철학자. 형이상학을 부정하는 자연주의적 일원론자이다. 저서로는 『윤리학사』, 『심리학 텍스트북』 등이 있다.

6) 시지윅 : Henry Sidgwick, 1838~1900. 영국의 철학자이자 윤리학자. 밀의 영향을 받아 공리주의의 입장을 취했다. 저서로는 『윤리학의 방법』, 『경제학 원리』 등이 있다.

철학사 연구와 함께 병행해야 한다. 그렇지만 이에 대해서는 더 언급하지 않기로 한다.

윤리학의 근본 문제와 윤리학사를 배울 때 우리는 인간 존재의 정신적 · 이성적 구조에 신비감을 가지는 동시에 그 사회적 공동태(共同態)의 생활 사실이라는 인간과 기원을 같이하고 있는 제약성을 인정하지 않을 수 없다. 이와 함께 인간 생활의 본능적 자극, 생활 자료로서의 감성적 측면을 고려하지 않을 수 없다는 강한 요청을 받는다. 이 세 요인의 정당한 권리의 요구를 어떻게 전인적으로 조화 · 통합할 것인가 하는 것이 윤리학의 과제이다.

문학과 윤리학

인생의 고뇌를 지닌 청년들은 이를 해결하기 위해 문학을 찾게 된다. 해결을 바랄 수 없더라도 뭔가 살아 있는 고뇌에 부딪혀 보기 위해 소설과 희곡을 찾는다. 이는 원래 당연한 일이다. 문학은 이 삶의 구체적 사실을 살과 향기 그대로 표현하는 것이기 때문이다. 적어도 거기에는 건조하고 번쇄한 개념적 사유, 완고한 유학자와 같고 어용적인 강화, 삶의 푸른 들판에서 유리된 시체 같은 것은 없다.

그러나 문학은 규정상 개개의 체험과 사상을 구체적으로 묘사해야 하므로 인생 전체를 이끌어 가는 원리의 탐구를 목적으로 삼을 수 없다. 그러므로 일정한 목적을 갖고 문학을 찾는 자에게 그것은 살아 있지만 방황이다. 그것은 행위의 법칙을 제공하고자 하지 않는다. 행위 그 자체를 묘사한다. 때로는 말초적이고 사소한 일을 다루며 지칠 줄 모른다. 인생을 전체로서 파악하고 생활의 원리와 법칙을 추구하는 것은 윤리학이 가야 할 길이다. 이를 문학에서 구하는 것은 이치에 맞지 않기 때문이다. 원래 윤리학은 학문으로서의 제약이 있어 개념을 매개로 하지 않을 수 없다. 문학같이 구체적일 수 없다. 그러나 훌륭한 윤리학을 숙독한다면 저자가 얼마나 성실히, 열렬히 조리 있게 전체 모습을 표현하고 있는지 알게 되고 경모의 마음을 가지지 않을 수 없다. 이는 걸작의 문학에서 접할 수 있는 감동에도 뒤지지 않는다. 그 감수성 그리고 우리의 인격과 교양의 피와 살이 되고 영양이 되고 영감이 되는 힘은 역시 문학 작품에 뒤지지 않는다. 다만 문학에는 문학의 약속이 있고, 윤리학에는 윤리학의 특수한 약속이 있을 뿐이다. 칸트의 도덕철학을 읽고 인간 이성의 자율성에 숭고함을 느끼지 않는 이는 없다.

윤리학은 인간 행위의 지도 원리와 법칙을 제공할 뿐만 아니라 학자의 개성도 표현한다. 코엔의 『순수의지의 윤리학』과 귀요[7]의 『의무와 제재가 없는 윤리학』을 비교해 보면 문학 작품에서만큼 개성의 차이가 현저하다. 결국 윤리학은 죽은 개념을 쌓거나 세공

---

7) 귀요 : Marie Jean Guyau, 1854~1888. 프랑스의 철학자. 진화의 근본적 원동력으로서 생을 생각하고 생의 철학에 큰 영향을 미쳤다. 저서로는 『사회학적으로 본 예술』 등이 있다.

하는 것이 아니라 살아 있는 인간 존재의 골격을 갖춘 표현이다. 이 골격의 철근 콘크리트 구조를 감당하지 못하고 곧장 장식용 벽돌을 찾고 살롱의 데커레이션을 좇아, 문학의 문은 들르지만 윤리학의 문은 그냥 지나치는 청년 학생이 얼마나 많은가. 그러나 뛰어난 문학가에게는 윤리학적인 교양이 있다. 교양으로서 문학의 취미는 있어도 윤리학의 소양이 없다는 것은 불구이며, 그것은 그 사람의 미 감각에 비하여 선 감각이 둔하다는 증거이다. 인간으로서 그 사람의 저질적이고 퇴폐적인 성향을 드러내는 것이다. 미 감각은 강한데 선에 대한 관심이 둔할 때, 그 미는 감각적일 수밖에 없다.

따라서 그런 사람의 문학 취미가 고상한 종류라고 생각할 수 없다. 립스의 『미학』을 읽은 자는 그의 미 감각이 선 감각과 얼마나 잘 융합하고 있는지를 보고 수긍할 것이다. 그러나 삶을 전체로서 파악하고자 하는 관점에서 볼 때, 이런 것은 당연한 일이다. 『모던 페인터』의 저자 러스킨[8)]은 열렬한 선의 사도였다. 강하고 진한 미 감각과 선 감각은 둘 다 일류 인간에게 없어서는 안 될 교양이다.

나는 문학가가 되었지만 학창 시절에는 가장 깊이 있는 윤리학자가 되는 것을 이상으로 삼고, 당시 윤리학을 지식 청년들이 돌아보지 않던 시절에 그것을 공언하고 자랑으로 여기고 있었다. 문

---

8) 러스킨 : John Ruskin, 1819~1900. 영국의 평론가이자 사회사상가. 저서로는 『근대화가론』, 『건축의 칠등(七燈)』, 『베니스의 돌』 등이 있다.

학을 애호하기에 윤리학을 경시한다고 하는 지식 청년의 풍조는 분명 청년층의 인격적 쇠약의 징후라 하지 않을 수 없다.

사회운동과 윤리학

청년층에는 윤리학을 우원(迂遠)한 것으로 보고 상아탑 속에 갇혀 현실의 세상을 모르는 탁상공론으로밖에 보지 않은 경향이 있다. 그러나 거리의 실천운동가라 할지라도 윤리학적인 지도 원리를 갖고 그 원리로부터 사회를 혁신하고자 하는 정열을 키워 나가지 않는 이가 드물다. 뿐만 아니라 자신의 사회개혁사상이 올바른 이유를 합리적으로 뒷받침하려는, 그만둘 수 없는 요구에서 스스로 윤리학을 발표하기조차 한다. 무정부주의자로 유명한 크로포트킨[9]은 『윤리학』이라는 저서가 있고 마르크스주의 운동가 시대의 카우츠키조차 『윤리학과 유물사관』이라는 저서가 있을 정도이다. 독일 프롤레타리아당의 조직자인 라살레[10]에게는 윤리학과 관련된 에세이가 많고, 엥겔스와 슈몰러[11]에게는 사회주의적

9) 크로포트킨 : Pyotr Alekseevich Kropotkin, 1842~1921 러시아의 무정부주의자. 저서로는 『빵의 탈취』, 『무정부—그 철학과 이상』, 『상호부조론—진화의 한 요인』 등이 있다.

10) 라살레 : Ferdinand Lasalle, 1825~1864. 독일의 사회주의자. 헤겔 좌파에 속하며 노동운동의 지도자로서 1863년 전 독일 노동자연맹(ADAV)의 초대 대표가 되었다. 저서로는 『노동자 강령』, 『자본과 노동』, 희곡으로는 『프란츠 폰 지킹겐』 등이 있다.

11) 슈몰러 : Gustav von Schmoller, 1838~1917. 독일의 경제학자. 고전파 경제학에

윤리사상의 논술이 적지 않다는 것은 주지하는 대로이다. 뿐만 아니라 존 스튜어트 밀과 시지윅 그리고 영국 경험학파의 계통을 잇는 공리주의 윤리학은 거의 '최대 다수의 최대 행복'을 사회 이상으로 실현하고자 하는 사회개량운동의 실천과 일정 정도 결부되었으며, 현실의 영국 사회에 대한 영향이 컸다.

거리 실천운동의 배후에는 항상 위대한 사상이 있다. 그리고 인간을 실천적 사회운동으로 몰아가는 사상은 윤리사상이다. 일본의 청년층에 공산주의운동을 향한 정열이 널리 퍼지고 희생적인 행동까지 자극한 것은 공산주의의 유물론적 필연론에도 여전히 그 속에 내포되어 있는 인도주의적 사상 때문이었다. 정의를 통해 사회악을 극복한다는 윤리적 근거 없이 단지 물질적 필연의 힘에 의해 인간이 떨쳐 일어나 희생적으로 봉사한다는 것은 불가능하다. 윤리사상은 안으로부터 사회를 움직이는 원동력이다. 그리고 윤리학은 실천의 계기를 포함하고 있지만 직접 발동하지 않고 조용히, 겸손하게, 그렇지만 용맹하고 철저하게 사상의 통일을 이루고 무너지지 않는 근거를 쌓고자 기도한다. 거기에는 억제된 실행의지가 침묵하고 있는 우뢰같이 숨겨져 있다.

윤리학을 우원한 탁상공론이라고 하여 경시하는 것은 눈앞만 바라보는 짧은 생각에 불과하다. 진실로 사회에 좋은 일을 하고자 하

대항하고 윤리학적 관념을 도입하여 신역사학파를 창시했다. 이른바 강단 사회주의자의 대표이다. 저서로는 『국민 경제학개론』 등이 있다.

는 뜻이 있는 자는 경솔하게 실천운동에 참가하기 전에, 잠시 의지를 억제하여 윤리학을 연구할 필요가 있다. 무엇이 사회적으로 좋은 일인가를 알지 못하고 실천할 수 없으며, 행위의 주체가 자기인 이상 자신과 사회의 관계를 탐구하지 않을 수 없기 때문이다. 그러므로 윤리학의 연구는 단지 필요하다는 것만이 아니라 진지한 인간이라면 사정이 허락하는 한 연구해야만 하는 학문이다.

근본 문제의 소재

여기에 윤리학의 근본 문제를 나열하는 것은 불가능하다. 그렇지만 구체적으로 문제의 소재를 보이기 위해 몇 가지 예를 살펴보기로 한다.

첫 번째로 도덕사상과 도덕의 구별 문제이다. 립스에 의하면 모럴은 때와 장소, 사람에 따라 달라지는 도덕적 견해와 요구이며 어떤 민족도 계급도 개인도 각각 그것을 지니고 있다. 그러한 모럴에는 참으로 도리에 합당한 인자가 틀림없이 포함되어 있지만, 인간이 인간인 이상 도리에 합당하지 않은 것이 섞여 있다는 것도 피할 수 없다. 힐데브란트[12]의 도덕적 가치맹(價値盲) 학설같이 인간의 오만, 게으름, 편집, 욕정, 마비, 자존의 결핍 등에 의해 참

12) 힐데브란트 : Bruno Hildebrand, 1812~1878. 독일의 경제학자. 초기 역사학파의 대표자로 국민 경제의 역사성과 윤리성을 강조하고 독자적 경제의 발전 단계설을 제창했다. 저서로는 『현재 및 장래의 국민 경제학』, 『화폐 경제의 발전 단계』 등이 있다.

된 도덕적 진리를 보는 눈이 가려져 있기 때문이다. 윤리학은 이러한 도덕맹을 극복하고 때와 장소, 사람을 막론하고 불변의 도덕적 진리 그 자체, 즉 인륜을 찾아내는 것을 임무로 삼는다.

그렇게 보편적으로 타당한 도덕적 진리가 존재하는가 하는 것이 근본 문제이다. 예를 들면 유물사관의 윤리학에서는 일정한 생산 관계, 즉 어떤 계급에 타당한 도덕 이외는 아무것도 인정하지 않을 것이다. 여러 종류의 도덕을 비교하고 분석하고 기술하는 것을 임무로 삼는 윤리학도 있다. 우리가 윤리적인 물음을 갖게 된 절실한 원인에는 때와 장소, 사람에 따라 모럴이 달라진다는 것에서 연유하는 불안과 당혹감이 있다.

이에 대해 립스는 다음과 같이 말한다. 하나의 비유를 들자면, 물리적 진리에서 진리 자체를 만물의 참된 모습은 무엇인가 하는 의미로 이해한다면 현재의 과학은 궁극적 해답을 줄 수 없다. 그러나 진리 자체의 본질은 무엇인가, 일반적으로 진리의 표지(標識)는 무엇인가, 진리를 발견하고자 할 때 우리는 어떤 조건을 충족시켜야 하는가, 진리의 인식은 어떤 법칙을 따라야 하는가 같은 의미로 진리를 이해한다면 해답을 얻을 수 있다. 인륜의 경우도 엄밀하게는 이와 같다. 어떤 특정한 경우에 올바르게 행동하기 위해서 우리는 무엇을 행하고 무엇을 금지해야 하는가 하는 문제에 대해서는 완전한 해답을 얻을 수 없다.

왜냐하면 이에 대답하기 위해서는 그 경우의 사정을 충분히 인식하고 행위에 따르는 모든 결과를 예측할 수 있어야 하는데, 그러한 식견은 신이 아닌 인간에게는 있을 수 없기 때문이다. 그런 의미에서 도덕상 절대적으로 타당한 의지 결정은 있을 수 없다. 그러나 대체로 도덕이란 무엇인가, 도덕적이라는 것의 일반적인 표지는 무엇인가, 그것은 어떤 조건을 따르고 어떤 법칙에 의존하는가, 라는 어떤 특정한 의지 결정이 어느 정도 도덕에 부합하는가를 판단할 수는 있다.

윤리학의 임무는 그러한 물음에 답하는 것이다. 그것은 행위와 그에 따르는 가능한 결과 사이의 다양한 관계를 인간의 정신에 의존하여 파악할 것을 요구한다. 인간의 모든 행위가 인간의 운명과 세계의 과정에 어떻게 영향을 주고받는가와 같은 복잡한 방식을 통찰할 필요는 없다. 인간의 정신에 관한 지식이 필요할 뿐이다. 이는 심리상 사실의 문제이지 세계 인식의 문제가 아니다. 자기인식의 문제로 일관한다.

이것은 칸트의 주관주의와 형식주의를 계승한 립스가 내린 윤리학의 정의이지만 이러한 윤리학이 대답할 수 있는 것은 인간의 의지 그 자체의 형식으로 일관할 수밖에 없으며, '어떻게'에만 대답할 수 있을 뿐 '무엇을'에는 대답할 수 없다. '무엇을 하라' 혹은 '무엇은 하지 마라'라고 명령할 수 없으며 '어떻게 하라' 혹은 '어떻게 하지 마라'라고 명령할 수 있을 뿐이다. 예를 들면 기독교의 산상수훈에 있듯이 '이웃을 사랑하라'라든가 '간음하지 말라'라고 발언할 수 없고 '너의 의지의 준칙이 보편적 법칙일 수 있도록 행동하라'라든가 '너의 현재의 태도에서 너 자신에 충실할 수 있는 태도를 취하라'라고 말할 수 있을 뿐이다. 즉 인간의 모든 적극적 의욕은 빠짐없이 도덕의 실질이며 도덕률은 의욕 그 자체를 칭찬하거나 폄하하는 것이 아니라 의욕 사이의 보편타당한 관계를 정하는 것이다. 그렇지만 의욕 자체, 즉 생의 실질과 관계없이 순수하게 형식적으로 행위를 결정한다는 것은 실제로 매우 의미 있는 일이며 우리가 이렇게 할 때만 도덕적 회의를 피할 수 있다고 생각한다. 행위를 결정할 때 생의 실질에서 보아 가치가 높은가 낮은가 하는 판단이 섞이면 반드시 회의에 빠진다. 죽이는 것은 악이요 은혜를 베푸는 것은 선이라고 하는 것처럼 의욕에 대한 실질적 가치 판단이 섞이면, 조국을 위해 싸움에 참가하는 것은 악인가 게으른 자가 거짓말쟁이에게 은혜를 베푸는 것은 선인가 같은 물음을 끊임없이 만들어 내게 된다. 동양의 선(禪)이나 일반적으로 대승적 종교에서 행위의 결정에 형식적 선을 취하고 실질적 선을 취하지 않는 것도 그 때문이다. 행위의 결정에서 철저한 올바름을 추구할 때 당연히 칸트처럼 순수하게 의지 그 자체의 형식에 따르지 않을 수 없고, 그런 의미에서 나는 현상학파의 하르트만과 셸러의 '실질적 가치 윤리학'보다 신칸트학파의 립스와 코엔의 '순수의지의 윤리학'에 동의한다.

그러나 이것은 우리가 행위 결정에서 윤리학에 의거하여 윤리적 회의—이것은 머리가 깨질 듯한, 그 때문에 크로포트킨의 형이 자살했을 정도로 말로 표현할 수 없는 고뇌이지만—로부터 구제받고자 하기 때문이다. 다른 관점에서 보자면 형식주의 윤리학은 생의 현실에 관해 빈곤하다. 의욕 그 자체의 선악, 어떻게 할 것인가가 아니라 무엇을 할 것인가 하는 실질 내용에 관해 도덕적 판단을 내리고 싶은 것 또한 그만두기 어려운 또 하나의 요청이다. 이러한 요구에서 칸트의 윤리학을 수정하고자 하는 것이 최근 이른바 실질적 가치 윤리학이다. 『윤리학에서 형식주의와 실질적 가치 윤리학』의 저자인 셸러는 처음에는 오이켄에게 배웠지만 후설의 영향을 받아 현상학파의 입장으로 옮겼다. 그는 다음과 같이 말한다.

"가치는 주관으로부터 독립된 참된 대상이며 가치 현상으로서 주관의 감정 상태와 욕구는 다르다. 여러 종류의 과일 맛은 과일의 종류에 따라 성질이 다른 것이지 동일한 맛이 주관의 감각에 의해 다양하게 느껴지는 것은 아니다. 맛 자체의 차이이다. 이처럼 '순결한', '비천한', '고귀한', '죄 많은' 같은 윤리적 가치도 그 자체로서 선험적으로 존재하는 것이다. 재료로부터 추상된 것이 아니라 실질적 존재를 지니고 있다."

두 번째로 어떤 가치를 실현시키는 것 그 자체로는 선도 악도 아니라는 칸트의 생각은 가치가 평등할 때는 올바르지만, 실질적 가치에는 등급이 있다. 따라서 의욕의 대상인 가치 그 자체에 따른 선악이 존재한다. 더욱 높은 가치를 실현하는 행위는 더욱 좋은 선이다. 칸트가 도덕률을 완전히 형식적인 것으로 간주하고 실질적인 점을 배척한 것은 실질은 이미 아 포스테리오리(a posteriori : 후천적)이며 아 프리오리(a priori : 선천적)는 형식뿐이라고 여겼기 때문이다. 그렇지만 실질적 가치는 아 프리오리이다. 선험적 윤리학은 실질적으로도 가능하다. 애정의 선택 같은 정서적인 심정도 아 프리오리의 내용을 가지며 '심정의 질서'가 존재한다. 도덕 가치의 파악은 지적 작용에 의한 것이 아니라 정서적 직관에 의한 가치 감지(Wertfühlen)이다. 이것은 셸러가 말하는 정서적 지각주의의 입장이다. 셸러는 또한 가치의 등급을 직관하는 아 프리오리한 등급관이 있다고 하며, 어떤 의욕 대상인 가치와 다른 의욕의 가치 중 어느 쪽이 선인가 하는 것은 이러한 등급관에 의해 아 프리오리하게 직관된다고 주장한다. 셸러를 계승하여 이를 더욱 발전시킨 하르트만도 실질적 가치가 등급으로 존재하고 등급관에 의해 아 프리오리하게 직관된다는 점에서 셸러와 같다.

그러나 이러한 정서적 직관주의가 과연 행위 결정에서 우리의 회의를 구해 줄 것인가. 어떤 가치가 다른 가치보다 높은가 하는 문제에서 개인적 차이가 있다는 것은 실제로 하르트만이 거론하고 있다. 가치 등급의 전형적 도표가 우리의 등급관과 서로 다른 것을 보면 개인적 차이를 알 수 있다. 하물며 가치에 높이와 강도라는 두 차원을 인정하는 이상, 높은데도 약한 가치와 낮더라도 강한 가치 중에서 어느 쪽을 선택할 것인가 반드시 회의에 빠진다. 대중을 계몽해야 하는가, 두세 명의 제자에게 법통을 전수할 것인가, 사랑하는 아이의 구두를 사야 하는가 같은 문제는 아 프리오리하게 선택할 수 없다. 개개의 가치와 개개의 선을 보지 않고 모든 경우에 올바른 선택을 할 수 있는 일반적 심술(心術) 그것을 정하고자 하는 윤리상의 형식주의는 나름의 근거가 있다. 그 방향은 대승의 종교와도 통한다. 그러나 의욕 그 자체에 실질적으로 도덕적 가치를 부여하고 더욱 높은 의욕에 권리를 부여하고자 하는 요청도 그만두기 어렵다. 인정상으로는 오히려 이쪽이 적절하고 소승의 종교와도 통한다. 인정상으로는 성욕을 채우고 싶다는 의욕과 국가에 목숨을 바치겠다는 의욕 사이에 가치 등급을 부여하지 않을 수 없다. 그러나 대승의 종교는 어디까지나 철저해야 한다. 윤리학이 종교가 아닌 도덕의 학문으로 인간다운 행위의 추구를 종지로 삼고 있는 이상 실질적 가치 윤리학은 인류의 요구에 보다 적절하다고 할 수밖에 없다. 하여간 이러한 형식주의인가 실질주의인가 하는 문제가 윤리학의 근본 문제이다.

세 번째로 인간 본성에서 아주 오래된 고민거리인 이기와 이타의 문제가 있다. 이기주의는 근거가 깊고 합리적으로 정직하게 사색할 때는 누구나 한 번쯤 이기주의에 귀착할 정도이다. 오히려 여기에서 반전하여 이타주의로 비약하는 것이 순리적이라고 할 수 있다. 립스의 감정이입설은 이타주의를 끌어내는 용수철 같은 것이다. 인간에게는 다른 사람의 얼굴에 드러나는 표정을 보면 같은 감정이 저절로 자신에게 나타나는 본능적 경향이 있다. 현재 그것이 비애의 표정이라면 나도 저절로 비애를 느낀다. 이것은 타인의 내면적인 생을 공생하는 것, 즉 동정이다. 이타주의는 동정이라는 심리적 사실에 근거한다. 만일 다른 사람의 소망을 알게 되면 그것의 실현을 방해할 사정이 없는 한 사람들은 자신의 소망과 마찬가지로 다른 사람의 소망에 규정되지 않을 수 없는 자연의 충동을 지니고 있다. 타인에 대한 동정은 우리를 이타적 행위로 몰고 간다. 이타는 이기의 타산적 수단으로 발생한 것으로서, 결국 현명한 이기라는 주장은 여기에서 타파된다. 그러나 이타의 동기가 분명히 이기와는 독립해서 존재한다고 하더라도 이기와 이타가 모순될 때 어느 것을 먼저 어떠한 조건에 따라 만족시킬 것인가 하는 문제는 여전히 남는다. 이것이 '그리스주의와 기독교주의 사이의 조화로운 길'을 찾아야 하는 까닭이다. 다른 사람의 천명을 완전하게 해주면서 자신의 천명을 완성하고자 하는 공존공영의 길이 실천적으로 모순과 당착을 만들어 내므로, 이 경우 행위 선택의 표준이 있어야 한다. 다른 사람의 집에 발생한 화재와 자신의 입학시험이 충돌할 때 어느 쪽을 먼저 할 것인가, 어떤 기준으로 결정하면 좋은가 하는 형태의 선택은 우리의 실제 생활 전체에 걸쳐 다가온다. 이것은 직관주의로서도 결정할 수 없다.

립스에 의하면 이때 주관적 제약을 버리고 객관적 사실의 제약에 따른다. 즉 시험은 자신의 일이며 화재는 다른 사람이라는 것을 떠나 어느 쪽도 자신의 일이라고 생각해서 결정하라는 것이다. 그렇다면 화재를 끄는 일을 먼저 하게 될 것이다.

그러나 이러한 결정 방식은 어쩔 수 없이 인정에 맞지 않는 무리함이 따른다. 눈앞에 자기 자식의 손이 얼어 있다. 신문에 중국의 홍수 구호를 위한 의연금 모집이 나 있다. 이런 경우 립스에 따르면 장갑 살 돈을 신문사에 보내야 한다. 그런데 한쪽은 눈앞에 보이는 자기 자식이며, 다른 한쪽은 소문으로 들었을 뿐인 다른 나라의 일이다. 그러므로 정서적으로는 생생한 사랑과 동기의 힘이 물론 아이의 장갑을 사주는 쪽으로 작용한다. 객관적 사실의 경중에 따라야 하는데, 적은 돈을 의연금으로 내더라도 도움이 될 것이라는 반응은 알 수 없다. 한편 자식의 아픈 손가락을 지킬 수 있다는 것은 금방 보인다. 이러한 경우의 선택에서 프리드리히 실러와 칸트의 유명한 논쟁이 발생했다. 도덕적 의무의 의식에서가 아니라 생생한 감정의 움직임에 의해, 즉 '아름다운 영혼'에 의해 행위해야 한다고 한 실러의 저항이 있었다.

그렇지만 일단 그러한 주관적 정서주의를 허용하면 실천에서 도덕적 엄숙성은 유지될 수 없다. 문학가의 박약한 실행력, 사회적 선에 대한 나태한 봉사 등은 모두 여기에서 생긴다. 이러한 이기와 이타, 엄숙주의와 정서주의의 조화라는 문제도 윤리학의 근본 문제이다.

네 번째로 인격주의인가 행복주의인가 하는 문제가 가로놓여 있다. 물질적 가치의 감정과 자아 가치 감정은 대립한다. 인간에게는 자존의 감정이 있다. 이러한 경의 의식은 사물의 가치나 복리와는 완전히 차원을 달리한다. 윤리는 이러한 인격 가치의 감정을 최고의 목적으로 삼아야 한다. 사물의 가치는 단지 이러한 인격 가치의 수단으로서만 가치를 지니는 것에 불과하다. 그렇지만 인격 가치는 그 자체의 가치이다. 인격 가치를 높이는 것이 행위의 목적이다. 쾌락, 행복, 복리는 목적 그 자체로서 추구되어야 하는 것이 아니다. 이것이 인격주의의 주장이다. 칸트와 립스, 코엔 등의 칸트학파도 후설과 셸러, 하르트만 등의 현상학파도 인격주의라는 점에서는 같다. 그린[13)]의 자아실현설도 피히테를 잇는 인격주의 계통이다. 그에 의하면 인간의 목적은 동물적 유기체에 의거한 쾌락과 욕구를 만족시키는 데 있지 않다. 인간의 목적은 신적(神的) 의식의 재현인 영구적 자아를 실현하기 위한 데에 있다. 사회를 개선하는 목적도 대중에게 육체적 쾌락과 물질적 만족을 주기 위해서가 아니다. 각각의 자아를 실현하기 위함이다.

이러한 인격 가치주의와 달리 행복주의, 즉 자신의 쾌락의 추구에서부터 사회의 복리 증진에 이르기까지 광범위한 공리주의 윤리학이 있다. 이것의 클라이맥스는 시지윅의 '최대 다수의 최대 행복'설이다.

행복주의는 처음에는 개인의 감각적 쾌락과 불쾌에서 시작한다. 하틀리[14)]에 의하면 도덕적 감정은 다른 고상한 감정들과 함께 감각에 수반되는 쾌락과 불쾌의 감각으로부터 연상 작용에 의해 발생한다. 그는 동정도 인애도 이기적 쾌락과 불쾌의 감정으로부터 도출했다. 처음에는 쾌 혹은 불쾌한 결과를 좋아하고 싫어하는

13) 그린 : Thomas Hill Green, 1836~1882. 영국의 신헤겔주의자. 경험론적 · 공리주의적 전통을 비판하면서 절대 정신의 동화를 통한 자아실현을 주장했다. 저서로는 『윤리학 서설』과 『정치적 의무에 관한 강의』가 있다.

14) 하틀리 : David Hartley, 1705~1757. 영국의 심리학자. 연상심리학을 정초했으며 감각에서 출발하는 관념연합에 의해 심적 활동을 설명했다. 저서로는 『인간과 그의 사상, 의무, 기대에 관한 고찰』이 있다.

마음에서 시작하여 덕 혹은 부덕을 좋아하고 싫어하게 된다. 하지만 연상을 넓혀 가며 반복하는 사이에 직접적으로 덕, 부덕을 좋아하고 싫어하게 된다. 이것이 도덕적 감정이다. 행위의 가치는 영속하며 그리고 불쾌한 결과를 초래하지 않는 쾌락, 즉 행복을 생겨나게 하는 근거이다. 사회의 행복을 초래하는 행위가 선이다. 로크, 흄, 밀도 행복주의자이다. 이기적이든 이타적이든, 개인이든 사회이든 도덕의 목적을 복리에 두고 있는 점에서 동일하다. 이것은 아무래도 상식적인 영국에서 활발할 듯한 윤리학이다.

그러나 행복설은 도덕적 의식의 깊이와 선험성을 도저히 설명할 수 없다. 이는 양적으로는 확대될 수 있지만 질적인 강도에서는 매우 부족하며 가슴속 깊은 곳의 신비함을 탐구하기에는 잣대가 짧다. 행복주의는 반드시 결과주의와 결부되며 동기를 중시하는 인격주의와 대립한다. 도덕적 가치의 중핵은 당연히 동기에 두어야 하므로 결과의 연상으로부터 생기는 것이라면 도덕이라는 이름에 맞지 않다. 또한 행복설은 경의 감정을 설명할 수 없다. 마음이 깊은 사람은 도저히 행복설에 만족할 수 없다. 이는 앵글로색슨의 윤리학이다. 니체 같은 사람은 최대 다수의 최대 행복주의를 천민의 깃발이라며 경멸했다. 그런데도 사회적 · 정치적 실행의 목표는 결국 이러한 깃발 아래에서 움직여 왔다는 것이 사실이다. 여러 가지 사회 정책, 자선 사업, 공공시설, 사회개혁운동 등은 대체로 이 목표 아래에 행해지고 있다. 상식적이지만 실제 사회에 영향을 미치고 주의를 실현하는 힘이 강한 것은 앵글로색

슨의 정치와 같다.

그렇지만 우리는 여기에 현혹되어서는 안 된다. 행복주의는 결코 도덕의 최고 경지가 아니다. 여전히 2차적 가치이다. '행복이란 무엇인가?' 라고 물을 때 행복의 질을 인정해야 하며, 이러한 질적인 것은 행복 그 자체에서 도출될 수 없다. 최대 다수의 최대 행복은 니콜라이 하르트만이 말하는 '강한 가치'이지만 '높은 가치'는 아니다. 높은 가치를 실현하기 위해서 먼저 정해야 하는 것은 필요한 지반이다. 이것은 높은 가치가 그 지반 위에 실현되기 때문이다. 높은 가치는 어디까지나 질적인 인간의 가치이며 인격의 가치이다.

최근 인간학적 윤리학의 방향이 사회행복주의를 질적으로 높이고 정화하기 위해, 한편으로는 인격주의의 인격의 의미를 개인주의적 질곡에서 해방하여 이를 사회적 인간으로 틀을 바꿈으로써 인격주의와 사회행복주의를 본질적으로 지향하고 조화시키고자 하는 경향을 띠어 가고 있는 점에 주의해야 한다. 즉 인격이란 참된 인간의 의미이며, 인간이란 개인을 말하는 것이 아니라 공동생활태의 연관 속에 있다. '나'와 '너'와 '전체' 사이에 상호 대립하면서도 하나로 융합되어 있는 형태의 사람이다. 이러한 인간은 원자적인 개인의 인격과 인격이 배후에서 상호 묵계에 의해 결합하여 사회를 만드는 것이 아니라 애초부터 상호 융합되어 주거, 의식, 언어, 풍습까지 철두철미하게 공동생활에 종속하고 있다. 원자적이 아니라 공동 인간이라는 인류의 사실이 겉으로 표현되어 객관적 사회로서 엄연하게 존재한다. 도덕은 단순히 주관의 사실로서 개인의 내면에 있는 것이 아니라 객관의 사실로서 바깥의 공동태로 표현되어 있다. 인격이란 그러한 의미의 인간이어야 한다. 인도(人道)란 동시에 세상 속의 길이다. 인격을 연마한다는 것은 세상을 좋게 하는 일이다.

인격이라는 의미를 그러한 공동 인간의 의미로 해석하면, 인격주의는 그 독선적 성질에서 공공으로 옮겨 가고 사회 활동이 내면성의 타락은 아닐까 하는 염려에서 해방되어 사회적 풍모를 띠어 갈 것이다. 한편으로는 '사회 공공의 행복'이라는 의미도 우선사회 공공의 의미가 원자적인 개인의 협정이 아니라 나와 너와 전체의 상호 이해의 공동체일 수밖에 없다. 또 행복의 의미도 개인적 쾌락에서 도출된 것이 아니라 질적인 정신적 숭고함을 지닌 것으로 정화되어야 한다. 그리하여 참된 인간의 입장에 선 인간 윤리학이 형성되어 가는 것이 앞으로 다가와야 할 역사적 전망이지 않을까?

윤리학의 가장 깊고 어려운 다섯 번째 근본 문제로서 '의지의 자유'라는 문제가 있다. '의지의 자유'는 보통 행위 선택의 자유를 말한다. 어떤 행위를 하지 않겠다고 생각할 경우, 하지 않아야 하는데 했다는 의미이다. 그런데 돌이켜 생각해 보면 이는 이해하기 어려운 일이다. 의지 결정에 즈음하여 우리는 여러 동기 가운데 하나의 동기를 선택하고 이를 목표로 삼는다. 그러나 이때 여러 동기가 동일한 강도로 존재하는 상황을 그 순간에 예상할 수는 없다. 그러므로 사실은 하나의 동기가 선택될 수밖에 없었던 것이다. 그것을 선택하지 않는 것은 불가능했다. 립스에 따르면 그것은 의심할 여지없이 결정론이다. '자유'가 결정되어 있지 않다는 의미라면 우리에게 자유는 존재하지 않는다. 이 결정이 자기 이외의 원인에 의하지 않고 전적으로 자기에게 근거하고 있다는 것이 자유의 의미이다.

우리가 '다른 결정을 내릴 수 있었다'라고 생각하는 것은 다른 결정을 가능하게 하는 다른 동기가 당시 마음속에 있었다는 것을 알고 있기 때문이다. 그리고 그렇게 하지 않았던 것은 그보다 강한 동기가 우리의 태도를 결정했기 때문이다.

이때 더 강한 동기가 결정하게 했다는 것을 강제로 해석하는 것은 무의미하다. 왜냐하면 강제는 강제하는 자와 강제받는 자가 대립하지 않으면 무의미하다. 이 경우, 보다 높은 동기욕이란 자신의 의욕이며 자신이 자신을 강제한다는 것은 난센스이다. 자유란 의욕이 인격에 의해 규정된다는 의미이다. 따라서 이 같은 인격이 도덕적 평가를 받는다.

그러나 이러한 평가는 연기를 뿜고 있는 화산은 웅대하다, 울고 있는 벌레는 불쌍하다, 는 평가와 마찬가지로 자연적 사실에 대한 평가이며 책임을 묻는 도덕적 평가의 이름에 걸맞은 것인가? 어떤 인격이 이렇게 의지를 결정한다는 것은 그 인격의 필연이다. 그가 무엇을 훔친다는 것은 그의 인격이 그렇게 하도록 만든 것이다. 립스가 말했듯이 그런 인격이기 때문에 비열하다고 평가하는 것은 원래부터 가능하다. 그 평가는 분명 인격 가치의 평가이기는 하나, 이는 훔치는 쥐에 대한 평가와 마찬가지이며 쥐에게 그것을 금지할 동기가 없었다고 해서 쥐가 비난받을 까닭은 없다. 이는 성격이상이나 정신병자의 경우 한층 분명하다. 호색한은 분명 멸시해야겠지만 그 비열한 행위는 틀림없이 그의 인격에 규정되어 있다. 그렇지만 그가 도덕적 평가의 책임을 감당할 수 있겠는가? 책임을 감당할 수 있다는 것은 그렇게 행동하지 않을 수 있는 가능성이 있는 경우여야 한다. 인격에 규정되어 있기 때문에 자유롭다고 하는 자유와 책임의 관념은 양립할 수 없다. 그렇다고 해서 외부로부터도 인격으로부터도 규정되지 않고 의지를 결정한다는 의미에서의 자유는 사실상 존재하지 않는다. 그렇다면 자유의 의식 자체는 이해할 수 없는 것이 된다. 립스도 말했듯이 비결정론의 자유는 의욕이 인과율에 따르는 것을 거부하는 것이다. 그런데 인과율은 선험적 정신의 법칙이며 이에 따르지 않고 사고하는 것은 불가능하다. 그러므로 비결정적인 자유는 사고가 아니라 포기일까?

하르트만은 이 점에 대해 칸트의 '적극적 자유'의 사상을 들어 그의 공적으로 삼고 있다. 칸트는 외부의 세계, 내부의 세계 모두 철두철미한 인과율에 지배되고 있다고 하며 인과와 관련된 자유를 부정했다. 자유란 제1원인이 인과 연관 속에 들어 있는 것이다. 자유란, 자연 법칙에 따라 진행하는 한 계열의 현상을 스스로 시작하는 절대적으로 자발적인 원인 또는 능력이다. 즉 무엇으로부터의 자유가 아니라 규정이 하나 더 많은 적극적 자유이다. 규정이 하나 적어지는 것은 인과율이 허용하지 않지만 하나 증가해도 상관없다. 그럼 그러한 규정자는 어디에서 오는가? 칸트는 인간의 예지적 성격 속에서 그 원천을 찾았다. 그러나 자유를 현상계로부터 쫓아내어 예지적 사항으로 넘긴 것은 일반적으로 칸트의 이원론으로 귀결되어, 우리의 의식을 초월한 예지적 성격의 행위에 우리가 책임을 지는 것은 무의미한 일이 되어 버린다.

하르트만은 그러한 적극적 규정자가 우리의 의식 속에 존재한다는 증거로서 일체의 행위와 감정에 수반되는 자기규정의 의식 · 책임감 · 죄의식을 들고 있으며, 그것들을 합리화하기 위해 자유를 증명하려는 것이다. 하르트만은 이것들로부터 자유를 증명할 수 없었고 부자유는 한층 증명하기 어렵다고 말할 뿐이다. 우리는 결정론에 의해서든 비결정론에 의해서든 자유에 대한 만족할 만한 증명을 지금은 끌어낼 수 없다. 이러한 윤리학의 근본문제는 수수께끼로 남아 있다. 우리가 이보다 더 분명한 자각을 갖고 의심할 나위 없는 자유의 의식과 책임감을 합리적으로 증명할 수 없다는 것은, 실로 인간 본성이 지니는 구조의 신비함이라고 할 수밖에 없다.

여러 가지 관점에 대한 교감

교양으로서 윤리학 연구는 반드시 하나의 입장에서의 해결을 필요로 하지 않는다. 인간의 윤리관의 다양한 사고방식, 감지 방법, 해결 방법 등을 각 상황에 처해 음미해 보는 것도 좋다. 이는 인간으로서 시야를 넓히고 도덕적 동정심을 풍부하고 치밀하게 해주기 때문이다.

근대 윤리학사도 철학사와 마찬가지로 칸트에 집중되고 칸트로부터 나간다. 칸트의 형식적 윤리학에 반대한 것은 실질적 윤리학만이 아니라 귀요와 딜타이[15] 같은 생명주의 윤리학과 포이어바흐,[16] 엥겔스, 마르크스, 카우츠키[17]에 이르는 사회주의 윤리학이 있다. 지금 이에 대해 상세하게 서술할 수는 없지만 간단히 말하자면, 귀요는 『의무도 제재도 없는 도덕』에서 생명의 유지 특히 자아의 본성인 개성의 유지와 발전을 주장했다. 그에 의하면 개성은 그 자체로서 최고의 가치를 지녔으며 어떤 것의 수단도 될 수 없다. 개성의 발전은 내적 생활의 충실에 의해 그 과잉이 의무이며 강제와 외적 필연은 아니다. 개성을 발전시키기 위해서는 협소한 고립적 자기에 갇히지 않고 사회 연대의 생활 속에 가능한 한 타인과 협동하는 생활을 넓혀 가야 한다. 최고의 덕은 의협이다.

---

15) 딜타이 : Wilhelm Dilthey, 1833~1911. 독일의 생의 철학자. 칸트의 비판정신에 영향을 받아 헤겔의 이성주의에 반대하여 역사적 이성의 비판을 제창했다. 저서로는 『정신과학에서의 역사적 세계의 구성』 등이 있다.

16) 포이어바흐 : Ludwig Feuerbach, 1804~1872. 독일의 철학자이자 헤겔 좌파에 속하는 유물론자. 기독교를 비판했고 마르크스와 엥겔스에게 많은 영향을 미쳤다. 저서로는 『기독교의 본질』, 『장래 철학의 근본 문제』, 『헤겔 철학 비판을 위하여』 등이 있다.

17) 카우츠키 : Karl Johann Kautsky, 1854~1938. 독일의 마르크스주의 철학자. 저서로는 『농업 문제』, 『프롤레타리아트 독재』, 『유물사관』 등이 있다.

칸트는 "하지 않으면 안 된다. 그러므로 할 수 있다"라고 말했지만 이는 바꾸어서 "할 수 있다. 그러므로 하지 않으면 안 된다"라고 말해야 한다.

의무는 과잉이라는 그의 이데아와 칸트의 명제를 뒤집어 놓은 사상은 니체에게 영향을 미쳤다. 차라투스트라는 지혜와 힘이 넘쳐 산에서 내려와 자기를 제공하기 위하여 민중으로 몰락하는 것을 의무로 느끼고 "너는 해야 한다"라는 것을 "나는 하고자 한다"로 뒤집어 주장했다.

딜타이도 역시 생명과 개성의 가치를 강조했다. 그는 '전인'의 활동을 주장하고 '생' 그 자체의 사실성이 지식의 확실성을 뒷받침하는 근거라고 했다. 칸트의 아 프리오리 같은 불모의 주지적 관념에 지식의 타당성이 있는 것이 아니다. 구체적이고 직접적인 체험은 끊임없이 전개되는 생의 발동이다. 그는 다음과 같이 말했다.

"로크와 흄, 칸트가 만들어 놓은 인식 주관의 혈관에는 현실의 빨간 피가 흐르지 않고 단순히 사유 활동으로서 이성의 희박한 액체가 흐르고 있을 뿐이다."

빨간 피의 흐름은 의지이며 느끼고 표상하는 전인의 입장에서만 이를 끌어들일 수 있다. 생은 자아의 의지 행위이다. 라이프니츠가 똑같은 나뭇잎이 있는 나무는 없다고 했듯이 개성은 각자 독자적이며 다른 유사한 예를 허용하지 않는다. 자연과학에서는 법칙을 추구하는 것이 목적이기 때문에 개성적이라는 것은 문제가 되지 않는다. 뜨거운 납을 물속에 떨어뜨리면 다양한 모양을 만들어 낸다. 그러나 자연과학에서 하나하나의 형태는 일고의 가치도 없다. 그렇지만 정신과학에서는 개성적인 것이 가장 가치 있다. 프리드리히 대왕과 괴테의 자취는 이 분야의 학문에서 계속 연구 대상으로 여겨지고 있다.

사회주의 윤리관은 일종의 사회적 행복주의이다. 그리고 경제적 조건을 행복의 기초로 삼는다는 점에서 물질적 복리를 중시한다. 그것은 실질적이고 현실적이고 사회적이기에 칸트 윤리학의 형식주의 · 선험주의 · 자율주의에 대해서는 기본적으로 불만을 갖는다.

포이어바흐는 헤겔로부터 엥겔스에 이르는 가교로서 헤겔의 변증법을 유물변증법으로 매개한 의미에서 과학적 사회주의의 선구라고 할 수 있다. 그에 의하면 '인간 상호의 공동(게마인샤프트)'이 진리 보편성의 최초 원리이다. 인식에서 자기 이외의 다른 물체의 존재가 타인 존재의 확실함에 의해 매개되듯이 도덕도 자기로부터 도출될 수 없고 타인의 존재에 의존하고 있다. 너와 내가 대립하여 비로소 도덕(moral)이 있고 인륜(sitte)이 있다. 이러한 생활 공동태 사상은 이미 앞에서 서술했다. 도덕은 어떠한 사정에서도 행복 원리로부터 떠날 수 없다. 타인에게 행복과 불행을 초래할 때 비로소 행위자에게 선악이 있을 수 있기 때문이다. 동정심은 타인의 행복 충동과 함께 상처 받고 함께 괴로워하는 자신의 행복 충동이다.

그는 헤겔이 개념을 참된 존재의 실재로 삼은 것을 뒤집어서 우리의 감각에 주어진 자연을 실재로 삼았다. 마르크스는 한 걸음 더 나아가 의식은 자연의 반영이며 도덕은 경제 관계의 상부 구조로 2차적인 것에 불과하다고 했다. 생산 관계는 거기에 내재하는 필연 법칙에 의해 발전하고 마지막에는 행복한 사회를 만들어내는 힘이 있다고 한다. 부르주아 사회의 도덕은 그 계급에만 타당한 것이므로 그것을 기피하고 계급투쟁을 해야 한다. 그 외의 사회 개량, 노동자와 자본가의 협조적 온정은 도리어 이상 사회의 도달을 지연시킬 뿐이다.

엥겔스는 반생을 마르크스와 헌신적인 우정을 나누며 공산주의의 선전을 위해 일했다. 『자연변증법』에서 유물변증법을 발전시키고 『영국 노동 계급의 상황』에서 자유경쟁 아래의 비참한 실상을 논했다.

라살레는 마르크스와 달리 이념에 이끌린 인간의 도덕적 의지가 역사의 발전을 끌어낼 수 있다고 했다. 그는 개인주의의 법치국가를 사회 연대의 이해 위에서 건설되어야 할 문화 국가의 이상으로 바꾸자고 요청했다. 문화 국가는 국가의 통제력에 의해 고립된 개인으로서는 도저히 얻을 수 없는 교양과 힘과 자유를 국민이 누리도록 해야 한다. 그러한 이상에서 노동자 계급에 대하여 국가로서의 도덕적 의무가 있다. 노동 계급이라고 해도 이러한 노력에 협력할 의무가 있다. 부유한 계급이 노동 계급의 해방에 참여하지 않는 것은 개인적 이해에 의해 이 국가적인 도덕적 협동에 반대하는 것이라고 주장했다. 우리에게는 공명하는 바가 가장 많은 논거이다. 마르크스처럼 역사의 발전을 물질적 힘의 필연으로 보고 인간의 도덕적 노력의 참여를 거부하는 것은, 설령 그 결과 이상 사회에 도달한다 할지라도 인간성을 모멸하는 것이다. 개혁의 수단에 폭력을 사용하는가 하지 않는가 하는 점보다 이러한 인간의 덕성을 폄훼하는 것은 가장 허용할 수 없는 모독이다. 인간의 도덕의식 자체가 마르크스에 의해 먹칠을 당했던 만큼 조금도 제고되지 못하고 퇴화될 뿐이다.

『기독교의 본질』을 쓴 포이어바흐의 인간의 공동생활태라는 아름다운, 인류의 빛나는 희망을 이어 가는 이념을 물질적 의미로 끌어내리면 무슨 쓸모가 있겠는가? 자본주의 제도는 본래 나쁘다. 도덕적 의미에서 그것은 저주받아야 한다. 우리는 참된 인간의 공동체, 포이어바흐의 인간과 함께하는 공동체 건설을 열렬히 원한다. 그러나 물질력의 필연이 아니라 인간의 도덕적 노력의 협동에 의해 그것을 이루고 싶다. 왜냐하면 만들어 놓은 공동체는 또한 도덕적 협동에 의해 유지되고 발전되어야 하기 때문이다. 인간성에서 덕성의 꽃이 필 수 없을 것 같은 물질적 복리의 이상 사회란 이상 사회의 이름에 걸맞지 않기 때문이다.

이상으로 나는 주어진 분량 내에서 청년의 교양에 도움이 될 만한 관점으로 윤리학 연구를 안내했다. 써야 할 말이 많이 남아 있다. 고대 스토아학파와 에피쿠로스학파의 윤리관, 중세의 신비주의 윤리관, 스피노자와 쇼펜하우어의 형이상학적 윤리관 등을 언급할 여유가 없었다. 또 동양의 윤리관에도 손댈 수 없었다. 이는 이 글의 목적이 이론을 나열하는 것이 아니라 살아 있는 윤리적 물음을 중심축으로 삼아 정리하려고 했기 때문이다.

마지막으로 한마디 부언할 것은 생에 대해 물음을 제기하는 윤리학의 연구는 실제로 윤리학으로 끝나지 않는다는 점이다. 이는 선과 악의 피안, 즉 종교의식에까지 들어가지 않으면 해결될 수 없다. 본래 윤리학으로서는 그 학문에서 해결을 찾아가는 것이 학문의 의무이지만, 일반적으로 학문의 약속으로서 끊임없는 인식의 확충으로 영구히 추구해도 좋다. 그렇지만 생에 대한 물음은 그 해결을 요구한다. 따라서 학문 속에 머물러 있을 수는 없다. 그렇지만 선악을 잊어버리는 것은 선악을 집요하게 탐구한 뒤에야 가능하다. 지식 청년으로서 적어도 어떤 시대, 어떤 윤리학에 대해 심각하게 빠져 보지 않는 사람은 결코 선악의 피안에 갈 수 없다.

1936년 10월 7일 씀

◎ 구라타 하쿠조(倉田百三, 1891~1943)

극작가이자 평론가. 히로시마에서 태어났으며 20대 초반에 폐결핵에 걸려 평생에 걸쳐 투병 생활을 했다. 병상에서 집필 활동을 펼쳐 최대의 종교문학으로 평가받고 있는 『출가와 그 제자』와 학생들에게 커다란 영향을 미친 평론집 『사랑과 인식의 출발』 등의 저서를 남겼다.

교양을 위한 역사 연구

1

우리는 왜 역사를 배우는가? 그것은 인생을 깊이 이해하고 문화의 발전을 이루어 내기 위한 것일 뿐이다. 우리는 주변에 수많은 생활이 움직이고 있음을 보고 지극히 복잡하고 다양한 생활 사이에 떠 있는 자신을 발견한다. 그 복잡성은 인간 생활의 먼 과거를 고려하면 한층 증대한다. 현재의 환경뿐만 아니라 역사의 추이에 따른 수백 년, 수천 년의 변화를 고려할 때 우리가 서 있는 장소가 얼마나 복잡하게 얽혀 있는가를 느끼지 않을 수 없다.

대체로 역사란 복잡의 대명사라고 할 수 있는데 어떤 이유로 그러한 복잡함이 인간의 생활에서 의미를 지니는 것일까? 다수가 소수에게 이긴다는 것을 우리는 잘 알고 있으며 실증주의적인 근대에서 그것은 인정되어야 한다. 결국 역사가 사실의 실증성에 입각하고 있는 이상 다수주의로 나가는 것은 당연하다. 역사의 생명이 다수주의에 있다면 복잡이야말로 역사의 본질이라는 점이 명백하다. 즉 우리는 스스로 그 복잡한 탁류 속으로 뛰어들어 자신의 생활에 대한 이해를 한층 깊게 하고 인생관을 충분히 단련해 가는 것이다.

본디 폭넓은 경험과 잡다한 관계에 정통하고 있어 오히려 인생에 대해 깊은 이해를 지닌 사람이 적은 실업가와 정치가, 상식이 풍부한 사람들 중에는 세상물정에 밝은 이가 많다. 그들이 경험이 많은 것은 분명하지만 그 범위는 현재 또는 직접 관계있는 방면에 한정되어 있다. 현재가 오랜 과거의 업적 위에 만들어진 이상 당연히 과거에 대한 관심을 무시하고는 현재에 대한 이해가 있을 수 없다. 또 현재에 대한 경험만으로 인간의 생활을 조망하면 때때로 표면적 현상에만 빠지기 쉽고 사상의 저변에 흐르고 있는 커다란 움직임을 간과할 위험이 있다.

단지 현재의 관계만 고찰하는 데 그치지 않고 그 사건의 역사적 관계까지 더 깊이 파고들어 간다면 지금 이후 장래의 발전을 예상하는 경우에 상당한 편의를 가져올 것이다. 원래 역사적 경험이 그대로 장래의 발전을 결정하는 것은 아니다. 거기에는 수많은 현재 관련 요인과 예측하기 어려운 미래의 복잡한 사정이 작용하기 때문에 과거의 역사는 결코 그대로 미래의 역사가 될 수 없다. 다만 역사가 앞날을 고려할 경우 하나의 유력한 열쇠라는 점은 분명하다. 즉 현재의 사건을 단지 직접 관계되는 범위에만 한정하지 않고 먼 과거에 대한 역사적인 회고로까지 소급하는 것은 그 사건의 이해를 한층 심화하는 것이며 미래의 발전도 종래의 역사적 과정 위에 입각함으로써 비로소 가능하다고 할 수 있다. 대체로 역사적 회고는 건축의 기초공사와 같고 회화의 배경과 같고 연극의 무대와 같다.

2

지극히 복잡하고 다양한 사회생활 속에 자신의 몸을 두는 것은 일신의 좁은 체험 세계를 확대하고 인간 생활의 넓이와 깊이를 극대화하는 것이다. 그런데 역사의 지식은 그 경험 세계를 과거까지 더 돌아보게 하며 대체로 자기를 최대로 확대하는 방식이다. 다만 역사는 현재의 사실과는 달리 매우 광범위하며 그 다양성도 현재 자기의 범위처럼 단순하지 않기 때문에 역사의 넓이와 깊이를 확대하는 것은 쉽지 않다. 또 그것은 자신이 직접 체험할 수 없으므로 자연스러운 결과로서 역사에 의한 체험은 주로 중대한 의의를 지닌 사실을 대상으로 하며 그 이외의 많은 사실은 문제의 밖에 놓인다. 현재의 사실은 눈앞에 생성 · 변화하고 있으며, 즉 진행 중인 사건이므로 이러한 사실들의 의의와 가치는 곧바로 판정될 수 없다. 따라서 중요한 사실이나 그렇지 않은 것이나 평등하게 우리의 고찰 범위 안으로 들어온다. 하지만 역사적 사실의 경우에는 다소간의 선택이 이루어지고 비교적 중요하지 않은 것은 제외된다. 이러한 선택을 거쳐 온 점에 역사의 학문적 성질이 존재한다. 역사를 배우는 것은 어떤 의미에서 복잡하고 다양한 경험 세계를 단순화하는 것이며, 이러한 단순화는 곧 인간의 생활을 학문적으로 체계적으로 다루는 것이다. 원래 모든 학문이 어떤 점에서든지 단순화와 체계화를 의미하지 않는 것은 없지만 학문 중에서 역사는 특히 그 측면이 두드러진다.

역사를 체계적으로 다룬다는 것이 단순화를 의미한다는 것은 역사 가운데 문화사가 중시되는 것을 보더라도 분명하다. 요컨대 문화사란 역사를 종합적이고 체계적으로 다룰 뿐이다. 그러나 종합적 단순화에 치중한다면 타당하지 않다. 또한 역사는 사실의 구체성을 존중하는, 즉 어떤 사실의 모습을 가능한 한 상세하고 올바르게 파악해야 한다. 다시 말해 어떤 사실에 관해 자세하게 그 시말을 분명히 한 다음 그 사실의 전반적 관련을 고찰하는 것을 중요하게 여긴다. 그래서 역사적 사실은 개별적 구체성과 넓은 전체성에서 파악되어야 한다. 역사가는 항상 이러한 양면에 주의를 게을리 하지 말아야 한다. 대체로 역사가의 일은 양면적이라는 점이 특징이다.

이른바 진리의 세계는 절대 유일의 세계이겠으나, 역사의 세계는 다종다양한 상대적 세계이다. 동일한 원리도 시대가 변하고 나라와 사람이 달라지면 그 표현과 모습은 천차만별이다. 역사가는 이러한 천차만별의 복잡한 모습을 경시하지 말아야 한다. 그렇지만 복잡한 양상에만 사로잡혀서는 안 된다. 그러한 모습도 어떤 전체성의 일면이 드러난 것임을 알고 그 전체성 혹은 일반 원리가 시대와 토지, 민족 등의 차이에 따라 어떻게 다른 형태로 나타나는가에 주의해야 한다. 즉 전체성과 특수성, 개별성과의 상호 관련이 문제의 초점이 된다.

3

앞에서 말한 전체성과 특수성의 관계는 이상과 현실의 관계에서도 나타난다. 이상이 없으면 인간 생활은 진보와 향상을 바랄 수 없다. 그렇지만 이상이 반드시 그대로 현실의 문제가 되는 것은 아니며, 현실 세계에는 수많은 구속이 있고 복잡한 상호 교섭 관계가 있다. 그러한 부자유스러운 현실에 하늘에서 온 복음이라고 할 이상이 작용할 때 이상은 반드시 어느 정도 변경될 수밖에 없다. 직선적이고 명쾌한 이상은 반드시 곡선적인 것으로 왜곡되고 몽롱해진다. 이렇게 왜곡된 것은 이상의 입장에서 보면 타락이며 심히 불합리하고 불유쾌한 것임이 틀림없다. 그렇지만 이상이 그대로 실행되지 않고 직선이 곡선으로 왜곡되는 곳에 인간 생활의 의의가 있고 역사의 특수성이 있다. 만일 현실 세계가 이상과 동일한 세계이며 역사의 발전이 직선적이라고 한다면, 지극히 현란했던 인류 5천 년 역사의 모습은 분명 나타나지 않았을 것이다. 이상과 현실의 상극, 왜곡된 역사의 발전 과정이야말로 인간 생활의 참된 모습이다.

역사는 수천 년에 걸친 인간 생활의 모든 힘이 투쟁하는 무대이다. 원래 역사 현상은 항상 투쟁만이 아니며 거기에는 조화도 타협도 수없이 존재한다. 이러한 조화와 투쟁의 종합이 인간의 생활이요 역사이며, 투쟁은 그 표현이 자극적이며 빛나기 때문에 눈에 가장 잘 띈다. 따라서 역사 현상의 상호 교섭 관계가 종종 '투쟁'으로 표현되는 것도 일리가 있다. 여기에서 말하는 투쟁은 대립으로서의 '조화'도 포함해서 말하는 투쟁이다.

인간 생활의 양상을 다소간 체계적으로 다루고자 하는 요구에서 역사는 항상 두 가지 힘의 대립을 상정한다. 이상과 현실의 대립은 현저한 일례이다. 대립을 생활의 기조로 삼게 된다면 여기에는 여러 힘들의 상극 관계가 있고, 여기에서 또 향상과 진보가 생겨난다. 더구나 그 향상은 평탄하게 한 방향으로 나아가는 직선이 아니라 우여곡절을 거친 고뇌에 찬 곡선이다. 이러한 대립 투쟁의 또 다른 반면(半面)에 처음부터 이를 커다란 조화로 이끌어 가고자 하는 노력이 결코 끊이지 않으며, 이러한 투쟁을 해결하는 노력이야말로 역사의 발전을 재촉하는 커다란 힘이다. 그렇지만 현실의 발전은 반드시 그 노력대로 움직여 가지 않는데 여기에 인간 생활의 커다란 모순이 잠재해 있다. 이러한 모순이야말로 역사의 복잡한 양상을 한층 광채 있는 것으로 만들었다. 즉 '생각하는 대로 되지 않는' 것이야말로 인생의 참된 모습이다. 그렇지만 '생각하는 대로 되지 않는' 세계이기 때문에 그것을 '생각하는 대로'의 방향으로 이끌어 가고자 하는 노력이 중요하다. 설령 그 노력이 그대로 성공하기 어렵더라도 그러한 노력이 현실 세계에 작동하지 않고 역사는 결코 성립하지 않는다.

인간 생활의 현상도 자연계의 현상과 마찬가지로 자연법칙에 지배되지만, 인간계의 현실은 결코 자연법칙에만 따르는 것이 아니며 그 사이에 인간의 의지가 적지 않게 작용하고 있다. 이러한 의지가 작용하고 있는 점이 인간 생활의 특색이며 역사 본래의 모습이기도 하다. 만일 자연이 발전해 가는 대로 맡겨 둔다면, 아무런 지장도 받지 않고 자유롭게 발전해 갈 수 있었을 사실이 가끔 인간의 의지에 의해 구속되고 중단되고 다른 방향으로 이끌려 가는 예는 역사에 수없이 보인다. 원래 그 경우 단지 한 개인의 방자한 의욕이 전체의 발전 동향을 지배하는 것이 아니라 어떤 사회 나름의 혹은 단체 나름의 전체의 의지가 거기에 작용하고 있다고 보아야 한다. 전체적인 커다란 동향이 없다면 역사의 진로는 쉽게 변경되지 않는다. 그 당시는 어떤 한 개인의 의지에 의해 좌우되는 것같이 보이더라도 그것은 전체의 의지를 대표한 개인의 의지에 지나지 않는다.

4

역사상에는 종래의 발전이 어쩔 수 없이 후퇴하는 현상이 가끔 보인다. 이는 인간 세상의 현상이 자연현상과 다른 점이며, 사계절 순환처럼 규칙적이고 법칙에 따르는 변화를 인간 세계에서는 바랄 수 없다. 즉 인간 의지의 작용에 의해 좌우되기 때문에 역사의 발전 과정은 매우 복잡한 곡절을 보인다. 어떤 사람은 그것을 우연한 원인이라 하여 역사에서 우연의 의미를 중시한다. 혹은 그것을 거스를 수 없는 운명의 힘으로 돌리기도 한다. 역사의 발전에 합리적 설명이 미칠 수 없는 범위가 있다는 것은 분명하며, 역사의 불합리성을 강조하는 자가 나오는 것이 당연하다. 그렇지만 앞에서 서술한 것처럼 인간 의지의 힘에 의해 방향 전환이 일어난 경우는 결코 그 원인을 우연으로 돌릴 수 없다. 이는 실로 합리적 변화로 보아야 한다.

위에서 서술한 것같이 역사상의 후퇴 현상을 보면서 사람들은 그것을 자연적 진보에 어긋나는 것이라고 하여 슬퍼하거나 비난할 수 있다. 그렇지만 그러한 현상이야말로 역사에서 당연한, 즉 합리적 사실이라고 보고 싶다. 예를 들면 일본의 중세 말기—무로마치 시대 말기로 전국 시대 무렵을 가리킨다—에 일어난 새로운 경제적 발전은 토지를 주로 한 종래의 봉건적 체제를 벗어나 새로운 화폐와 상업 자본에 의한 근대적 사회 · 경제 체제를 가져왔다. 이는 근대 일본의 발전에 실로 화려한 서막을 열었다. 아즈치모모야마 시대[1]의 특징을 보여 주는 일종의 자유분방한 분

---

1) 아즈치모모야마 시대 : 安土桃山時代. 16세기 말 일본의 오다 노부나가(織田信長)와 도요토미 히데요시(豊臣秀吉)가 정권을 잡았던 시대. 노부나가가 아시카가 요시아키(足利義昭)와 함께 교토에 입성한 1568년 또는 요시아키가 노부나가에게 쫓겨나 무로마치 막부가 멸망한 1573년부터 도쿠가와 이에야스(徳川家康)가 에도 막부를 수립한

위기, 거기에서 발생한 호장하고 화려한 문화는 분명히 이 같은 새로운 시대의 기운을 말한다. 그렇지만 노부나가와 히데요시의 정책은 결국 그러한 자유로운 발달을 구속했으며 중세와 양상을 달리했지만 봉건제적 통제를 재현하는 쪽으로 나아가게 되었다. 그리하여 이러한 경향에 결정적 결말을 지은 것은 이에야스의 역할이었다. 이렇게 근세 일본 초기를 대표하는 이들 세 정치가의 역할은 요컨대 봉건 일본의 재조직이라고 일컬어지며, 혹은 중세 이래 자연적 발달을 거듭해 온 자유가 억압되어 봉건적 부자유마저 후퇴했다는 비난을 받기도 한다. 그리하여 협소한 천지에 안주하며 위축되어 버린 에도 시대의 소시민 문화는 이 같은 봉건적 재조직의 결과라고 지적하는 자도 적지 않다.

원래 앞에서 말한 '역사 발전의 후퇴'가 자연적 발전의 관점에서 보아 슬퍼해야 한다는 것은 수긍할 수 있다. 경제 생활과 사회생활에서 자유가 억눌리고 생기발랄한 발전이 저지된 것은 부정할 수 없다. 그렇지만 그러한 자유의 발전만으로 역사가 구성되는 것은 아니다. 그 반면에는 또 다른 힘과 의지가 작용하고 있다는 것을 인정해야 한다. 요컨대 역사는 자유와 통제의 반복이며 양자의 일진일퇴가 발전의 참모습이다. 이상의 세계에는 절대 자유가 있지만, 현실 세계는 자유와 통제의 상대적 관계로 이루어진다.

1603년까지의 약 30년 동안을 말한다. 노부나가가 아즈치성을, 히데요시가 모모야마성을 거점으로 활동한 것에서 연유하는 명칭이다.

노부나가, 히데요시, 이에야스의 봉건적 재조직 사업이야말로 중세 일본에서 근세 일본으로의 발전이 가장 합리적으로 진행되도록 한 것이라고 보아야 한다. 이른바 에도 시대의 소극적 퇴조 정책과 섬나라 생활에 대한 안주와 만족이 없었다면, 중세 말기의 자유스런 발전이 그대로 자연적으로 계속되었다면 일본은 어떻게 되었을까? 메이지 이래 일본의 비약적 발전은 에도 시대 퇴조기에 내부적으로 준비되어 있던 힘이 발휘된 것이요, 중세 이래의 발전이 일시적으로 중단되고 저지되어 있던 것은 철저한 '후퇴'가 아니라 앞으로의 발전을 위한 전제로 보아야 한다. 에도 막부 당국자가 그러한 선견지명으로 봉건적 재조직을 단행한 것은 아니다. 결국 그들의 사업은 막부의 이해가 우선한 것으로서 눈앞의 필요에 대응하기 위한 행위에 불과했지만, 역사의 긴 발전에서 이 시대의 의의는 앞에서처럼 생각해야 한다. 이런 의미에서 모든 역사의 운동은 다행도 불행도 아니다. 마땅히 있어야 할 모습인 것이다.

원래 역사의 비판은 재판이나 도덕적 비판과 다른 측면이 있다. 역사에서도 어떤 행위의 동기는 당연히 비판의 중요한 표준이 된다. 그러나 다른 측면으로 행위의 결과 혹은 전체적 발전과의 관계 등이 고려된다. 도덕적으로 볼 때 악인으로 판단된 자의 행위가 역사적으로는 인정되어야 하는 경우가 있다. 이는 그의 이른바 악한 행위가 역사의 전체적 추세에 적응하는 것이었던 경우, 그들의 역사적 의의는 부정될 수 없다. 그것은 당사자가 무자각적으로

했던 행위일지라도 마찬가지이다. 오다 노부나가와 도요토미 히데요시 이래 자유의 억압이 일종의 후퇴임이 틀림없지만, 역사적으로는 그 합리성을 인정해야 한다. 단지 그것이 후퇴라고 해서 비난할 수 없다. 혹은 경제적 발전에서만 보자면, 반시대적인 불행한 현상이었더라도 일본 민족과 일본 국가의 전체적 발전의 관점에서는 일률적으로 불행이라고 말할 수 없다. 여기에서 경제 생활에 비해 한층 복잡성을 지닌 정치 생활의 의의를 인정해야 한다. 즉 역사에서 정치적 견해의 중요성이 문제 된다. 어떤 의미에서 정치는 역사 현상 가운데 가장 결정적 의의를 지녔다. 따라서 국가와 민족이 역사의 중심 세력이 된다. 근세 일본 초기에 봉건적 재조직도 그러한 입장에서 충분히 검토되어야 한다.

5

역사는 신(新)과 구(舊)가 교류하는 무대이다. 전통을 오래도록 보유하고자 하는 불변의 힘과 시시각각 새로운 생명을 만들어 내는 혁신의 힘이 때로는 충돌하고 때로는 손을 잡으면서 시대의 흐름을 형성하고 있다. 이러한 신과 구의 두 세력이 없으면 역사는 성립할 수 없다. 전통적인 것만이 역사의 본체가 아니며, 또한 혁신적인 것만이 역사의 참된 생명은 아니다. 이 둘이 서로 만나서 비로소 역사의 흐름을 만들어 낸다. 양자의 완전한 조화가 바람직하다고 할지라도 이 양자는 다소간 한쪽으로 치우쳐 나타나는 경우가 많다. 즉 때로는 오른쪽으로 치우치고 때로는 왼쪽으로 기울어지면서 나타난다. 역사의 운동이 항상 직선이 아니라 곡선이라는 것은 이 때문이다. 역사에서 혁신적 작용은 본래 빠질 수 없는 것이며, 전통만이 지배를 독점하면 문화의 진보와 발전은 완전히 정지하게 된다.

우리는 역사를 읽을 때마다 전통의 영속이 얼마나 혁신의 작용을 필요로 하는가, 또 혁신의 작용이 전통적 구세력에 의해 수정되고 보충되는 것이 얼마나 중요한가 하는 점을 보아야 한다. 역사에서 혁신적 이상과 행동이 당초의 기대대로 진행될 수 있었던 예는 거의 없으며, 반드시 그와 대립적으로 작용하는 구세력에 의해 어느 정도 변경되고 있었음을 볼 수 있다. 즉 이상이 실현되어 역사적인 모습을 갖추고 드러나기까지는 당연히 뭔가 변형이 이루어졌고 이것이야말로 역사의 필연성이다. 바꾸어 말하면 혁신의 이념이 실현되기까지는 반드시 그 과정을 필요로 한다. 과정이 없이 단숨에 실현된 것은 그후 여러 형태로 후퇴하지 않을 수 없다. 이러한 과정이야말로 역사의 본체이다. 일직선으로 나아가야 하는 길을 우회하며 가는 모습이야말로 참된 역사이다. 전진과 함께 후퇴가 필요한 까닭도 여기에 있다.

프랑스혁명을 보면 혁명 초기의 혁신적 이상이 혁명의 역사적 과정에서 얼마나 실현되었을까? 그것은 부분적으로 실현되었지만 이상이 완전히 달성되기까지 약 50년의 세월이 걸렸다. 1789년에 발발한 혁명이 이른바 혁명 시대로 불린 수년 동안에는 충분한 성공을 거두었다고 할 수 없다. 봉건적 구제도를 일소한 것은 분명 혁명 초기의 대사업이었지만, 그것은 구제도를 일소하겠다는 성명이었을 뿐 프랑스 전국에 구제도의 폐지가 실현된 것은 아니었다. 그것은 단지 법령과 제도상에서 실현되었다는 의미가 아니라 사회생활에서 실현되었다는 의미에 주의해야 한다. 그리하여 혁명의 과정은 사회적이라기보다 오히려 정치적 방면으로 기울고 파리의 일부 시민 계급의 지배를 실현하기에 이르렀다. 원래 그것은 봉건적 유물을 일소하기 위한 하나의 과정임이 틀림없었지만, 어쩔 수 없이 혁명 당초의 이상과는 거리가 있었다. 실은 혁명 초기에 군주정치의 형식에서 혁신이 이루어질 형세였으나 시민 계급의 정권 독점으로 사태가 급변했다. 그리하여 지방 농민 계급의 구제라는 중요한 목표는 완전히 무시된 것은 아니나 시민적 · 정치적 혁명의 그늘에 감춰진 것 같고, 그것이 실현된 것은 19세기 중반 무렵이었다.

하여간 프랑스혁명은 역사의 과정에 관한 대표적 사례이다. 또 매우 흥미롭게도 혁신의 이념이 현실의 다양한 관계와 교착하면서 얼마나 복잡한 우여곡절의 경로를 밟아야 하는지를 잘 보여주고 있다. 그리고 때로는 당초 전혀 예기하지 않았던 결과로 이어지는 경우가 있는데, 프랑스혁명에서도 이러한 측면을 엿볼 수 있다. 그렇지만 당초 혁신의 이상은, 설령 그대로는 곧장 실현되지는 않지만 역사의 발전을 촉구하는 힘으로서 사건의 배후에서 끊임없이 작용하고 있다. 따라서 그것은 긴 역사의 과정에서 언젠가 분명히 실현될 것이었다. 이런 의미에서 우리는 역사에서 혁신의 힘을 중시하지 않을 수 없다. 이야말로 역사를 향상시키는 원동력이다. 다만 그러한 혁신의 이념이 아무리 훌륭할지라도 당장 실현될 것이라고 믿는 것은 역사를 이해하지 못하는 것이다. 역사는 실로 그러한 이해를 가르치는 것이며, 역사야말로 인간 생활의 실상을 이해해야 할 수양의 도량이다.

6

역사는 세계적 이상과 국민적 정신의 대립으로 볼 수 있다. 이는 곧 전체적인 것과 개별적인 것의 대립이다. 역사의 흐름은 이러한 전체와 개별 사이에서 오른쪽으로 치우치기도 하고 왼쪽으로 기울어지기도 하면서 흘러간다. 요컨대 양자는 서로 수정하고 보완해야 한다. 어느 한쪽이라도 없어서는 안 된다. 즉 세계적 이상에 기울어진 시대는 어떤 의미에서 개인적 자유가 행해진 시대이다. 이윽고 거기에 이어 국민적 이상의 시대, 즉 국민적 통제가 행해지는 시대가 나타난다. 이 두 시대 또는 두 가지 이상은 상대적이며 한쪽만이 절대적 가치를 영구히 지니는 것은 아니다. 다만 현대같이 세계 각 국민의 대립 의식이 날카로운 시대에는 당연히 국민정신이 강조되며, 현대를 살아가는 자가 가야 할 길로서 그것은 절대적이라고 말할 수 있다. 그렇지만 국민적 경향을 강조하면서도 우리는 결코 세계적 이상에 눈을 감고 무시할 수는 없다. 대체로 아무리 국민적 대립의 시대라 하더라도 그 저변에는 반드시 세계적 경향이 암류로서 흐르고 있다. 즉 한쪽을 강조하는 동시에 다른 한쪽을 잊지 않는다는 것은 모순과 불합리로 간주될 수 있지만, 역사를 배우는 자에게는 항상 양면을 바라볼 각오가 필요하다. 서양에서 '총명'의 덕을 드러내는 형상은 앞뒤에 두 개의 얼굴을 갖고 있는데, 역사의 덕은 역시 그러한 총명함을 생명으로 한다.

다만 인간 생활에서 강한 원동력은 개별적인 것에서 생겨나는 것이 많다. 유원한 이상과 숭고한 생명이야말로 우주와 함께 영원한 세계적 이상에서 찾아야 한다. 하지만 실제 역사의 운동과 현실의 모습으로 나타나는 것에는 현실적 관계들과 직접적으로 연관되어 있는 개별적인 힘이 작용하고 있다. 국가적 단체와 민족적 단결 같은 힘이 세계적 이상보다 더 강하게 역사의 운동을 지배한다. 그리하여 그러한 실제적 단체의 힘과 기구에 의거하지 않으면 고원한 세계적 이상도 실현되기 어려운 경우가 많다. 현대는 바로 국민적 단체를 통해 세계적 이상을 실현하는 시대라고 해도 좋다. 그렇지 않다면 아무리 고원한 이상도 결국 내용 없는 빈말과 교묘하게 꾸민 말로 끝날 염려가 있다.

만세에 통하는 초월적 이상을 존중해야 함은 지금 다시 말할 나위 없지만, 우리에게 더욱 존귀한 것은 자신의 체험으로서 그러한 생명을 친하게 느끼는 것이다. 우리는 그것을 국민적 단결의 역사에서 체득할 수 있다. 인간은 결국 각자 국민 역사의 속박으로부터 벗어날 수 없으며 세계적 이상의 실현도, 이것이 헛소리가 아닌 한 자신과 직접적으로 관계하고 있는 국민적 체험에 의거하는 길이 가장 확실한 발걸음이다. 우리는 항상 지상에 서서 대지를 밟은 발이 들떠 있지 않는 한 세계인이기 이전에 먼저 국민이라는 자각이 필요하다. 18세기 후반의 서양에는 세계인 경향이 지식인을 지배했고, 19세기에 자유사상이 유행한 것도 이러한 흐름에서 나왔다. 다만 19세기에는 국민적 경향도 강해져 자유사상도 국민주의와 손을 잡은 경우가 적지 않았지만 최근에는 국민적 경향이 점차 강화되고 있는 듯이 보인다. 이 점에서 현대는 바로 18세기와 대립하고 있다. 세계적 · 국제적 경향을 촉진하는 운동도 현대에 매우 성행하고 국제연맹과 국제연합이 성립한 것은 이를 실증하고 있다. 하지만 아직 이것을 실현할 실력이 충분하지 않은 것으로 보인다. 요컨대 '세계'는 '국민'을 부정하는 것이 아니다. '국민'을 통해 '세계'의 이상이 실현되는 것이 진실로 바람직한 일이다.

국민적으로 치우치는 것도 옳지 않고 세계적으로 경도하는 것도 위험하다. 역사의 조류가 곡선으로 움직이는 것은 어쩔 수 없더라도 국민적 자부심에 열중하는 자는 세계적 몽상에 현혹된 자와 마찬가지로 파멸에 빠진다. 고대 서양의 양대 축인 그리스와 로마의 운명은 이러한 원리를 잘 설명해 준다. 그리스인의 민족적 우월에 대한 자신감은 그들의 뛰어난 정신문화를 만들어 냈고 여기에 만세불변의 그리스 민족의 역사적 의의가 있다. 하지만 국가로서는 원대한 건설을 하지 못했고, 현실적 존재의 체제에서 보면 매우 처참한 역사를 남긴 것에 불과하다. 한편 로마는 세계적 제국으로서의 조직을 구체화하는 데 성공했다. 이는 그리스인의 역사적 의의와 더불어 만세에 자랑할 사업이다. 그렇지만 세계 제국의 중견이었어야 할 로마인의 국민적 특질을 유지하는 데 실패했기 때문에, 즉 국민적 존재를 희생하면서 세계화를 지향했기 때문에 그들의 위대한 제국을 짊어지고 서야 할 중심 세력을 잃었다.

위에서 서술한 것처럼 그리스인의 국민적 자부심도 로마인의 세계화도 모두 대국민으로서 실패한 원인이다. 그리스는 소국가의 이상에 너무 사로잡혔고, 로마는 대제국의 이상에 현혹되었다. 그리하여 근세에 이르러 중간적 이상이라고 할 국민적 국가의 정신이 대두했고, 근대 국가는 그 길을 밟고 그리스와 로마의 중간으로 나아가고 있다. 이것이 현대에 살아 있는 가장 효과적이고 의미 있는 길이다. 우리 역시 그러한 현대의 역사적 발걸음 아래에서 움직이고 있다. 머지않아 언젠가 원대한 이상이 실현되기를 기대한다.

7

역사는 걸핏하면 매우 보수적인 것처럼 간주되어 현대의 진보를 방해하는 완고하고 고루한 것으로 오해받는다. 특히 현실적 활동에 몰두하고 있는 사람들에게 역사는 오히려 불필요한 물건이며 유해한 방해물이라는 비난도 받는다. 또 역사를 마음대로 해석하여 자신의 행동에 유리하게 직접 이용하고자 하는 자도 없지는 않다. 이 둘은 모두 역사에 대한 올바른 인식이 부족하다. 앞에서 서술한 것을 보더라도 현대 생활에 대한 역사적 의의는 분명하며 또 역사에 대한 우리의 입장, 각오는 명백하다.

요컨대 역사는 과거 인간 생활의 기록이며 그 속에서 우리는 현대를 위한 수많은 훈계와 계시를 얻을 수 있다. 우리는 내부에서 취해야 할 것은 취하고 버려야 할 것은 버려야 한다. 그렇지만 역사는 법률과 달리 우리에게 어떠한 명령도 내리지 않는다. 역사를 어떻게 해석하고 어떻게 의의를 인정하는가는 연구자의 뜻에 달려 있다. 따라서 어떤 동일한 사실도 시대에 따라 사람에 따라 각각 달리 해석된다. 봉건제도를 자유의 압박으로 보고 악마처럼 저주하는 자도 있다. 또 근대사회의 국가 발전의 맹아를 봉건제도 속에 인정하여 우리의 사회와 국가의 필요한 전제로서 봉건제도의 의의를 밝히고자 하는 자도 있다. 요컨대 역사상의 사실을 일률적으로 배격하거나 더할 나위 없이 찬미하는 것은 모두 올바른 역사 인식이라고 할 수 없다. 현대사회의 폐해를 개혁하고자 하는 자는 혁신에 대한 정열이 넘치기 때문에 과거의 역사를 현대의 입장에서만 해석하고자 하는 경향이 있다. 그 정열은 수긍할 수 있지만 역사적 사실을 왜곡하는 결과에 빠져서는 안 된다.

어떤 역사적 사실은 규모의 대소에 상관없이 종종 수많은 경향을 포함하고 있다. 단지 하나의 측면만 가지고 마음대로 선악과

가부를 말하는 것은 옳지 않다. 역사가는 넓은 이해가 필요하다. 항상 여러 방면에 주의를 게을리 하지 않는 것이 곧 역사가의 가장 중요한 마음가짐이다. 다만 어떤 목적을 달성하기 위해 역사를 활용하는 것의 의의도 경시할 수 없다. 그것은 현대를 살아가는 사람들의 당연한 행위이다. 또한 역사도 그런 점에 공헌하는 것이 곧 본연의 임무이다. 다만 이때 역사의 활용이 지나치지 않도록 경계해야 한다. 거기에는 역사 사실에 대한 다방면의 상세한 지식이 필요하며, 단순한 일반론적 견지에서 바로 역사 사실을 구사하는 것은 위험하다. 앞에서 서술했듯이 현실 문제에서 어떤 목적을 수행하는 것을 급선무로 하는 사람들은 왕왕 그 목적을 위해 역사를 이용한다. 그것은 정도에 따라 비난받거나 인정받는 것이며 그 표준은 시세의 동향에 의해 정해지는 경우가 많다.

이러한 시세의 동향 혹은 시대의 추세라는 것이야말로 역사를 배우는 자가 특히 주목해야 한다. 그리하여 역사의 영원한 운동 사이에 흐르고 있는 커다란 형세를 간파하고, 그러한 역사적 안목으로 우리 주위에 나타나고 세차게 일어나는 현대의 동향을 조망한다. 나아가 그 사이에서 자신의 입장과 행동을 확연히 구별할 수 있다면 이야말로 역사를 배우는 참된 목적을 달성했다고 할 수 있다. 인류 문화의 발전을 또다시 올바르게 이끌어 갈 사명은 이렇게 하여 이루어진다.

요컨대 역사는 과거의 사물(死物)이 아니다. 그것을 살리는 것은 전적으로 우리의 역사적 안목에 달려 있다. 특히 젊고 진실한 청년 학생들에게 역사는 무한한 감격의 원천이다. 또 복잡하고 의미 있는 인생에서 어떻게 행동할 것인가를 궁리하는 수양의 도량이기도 하다. 우선 여러분이 아무 것에도 얽매이지 않고 역사를 올바르게 보는 것이 중요하다.

◎ 오루이 노부루(大類伸, 1884~1975)

역사학자. 도쿄제국대학 사학과와 동 대학원을 거쳐 문학박사 학위를 받았고 일본여자대학 교수를 지냈다. 중세 일본의 문화사로부터 르네상스 미술사를 비롯 서양 중근세의 문화사 등을 연구했다. 저서로는 『르네상스 문화의 조류』, 『서양 중세의 문화』 등이 있다.

교양을 위한 문학

오늘날 교양 체계 속에서 문학은 그 위상에 문제가 있다. 옛날 교양 체계에서는 문학이 중심에 자리 잡고 있었다. 하지만 문학은 매우 넓은 범위를 포괄하고 있기 때문에 오늘날처럼 소설이 문학의 왕좌를 차지하고 문학이 곧 소설이라고 간주된 것은 그리 오래된 일이 아니다. 18세기 유럽에서 문학은 아직 희곡이 중심이었으며, 오히려 책에서 문학을 읽는 것보다 극장이 더 큰 의미를 지니고 있었다. 19세기 이후부터 문학을 즐기기 위해 책으로 소설을 읽기 시작했고 19세기 중엽 소설은 완전히 문학의 왕좌를 확보했다. 위고, 디킨스, 발자크, 톨스토이, 도스토예프스키 같은 작가들의 작품이 모든 나라 사람에게 널리 읽혔다. 오늘날에도 이러한 경향이 이어져 문학이라고 하면 먼저 소설을 떠올린다.

그러나 영화라는 강적이 나타났다. 영화는 연극의 적일 뿐만 아니라 소설의 적이다. 결국 영화가 소설을 대신하게 된다. 오늘날 영화가 소설처럼 심리적인 깊이를 표현하는 것은 불가능하다. 그래서 근대의 심리 문학에 친숙해 온 사람이 영화에 대해 동일한 요구를 하면 대체로 실망한다. 특히 저명한 소설은 영화로 만들어지지만 원작을 읽으면 생생하게 그것을 알 수 있기 때문에, 영화를 경멸하고 나아가 영화는 결코 문학을 대신할 수 없다는 결론을 내리는 사람이 있다.

그렇지만 심리 문학의 깊이는 문학으로서는 완전히 근대의 산물이며 옛날의 문학에는 보이지 않았다. 문학도 언제까지나 이 상태로 있지 않을 것이다. 오히려 오늘날의 문학은 심리 문학의 파탄을 보여 주고 있다고 할 수 있다. 또 영화의 입장에서 보면 영화는 영화로서의 표현 세계를 갖고 있으며 그것이 소설의 세계와 같을 필요는 없다. 소설에서 표현할 수 있는 것을 영화가 표현할 수 없더라도 별 지장이 없다. 그 대신 영화는 영화로서 소설이 표현할 수 없는 것을 표현할 수 있다. 그렇게 영화가 또 다른 표현 세계를 지니면서 점차 소설의 대용품이 되어 가는 데 문제의 중요성이 있다. 여기에서 우리는 문화가 변해 가는 모습을 볼 수 있다.

또 라디오가 있다. 오늘날 라디오 예술이라고 불리는 것은 영화만큼은 형식을 확립하고 있지 않다. 그렇지만 그것은 이윽고 자신의 독자적인 수법을 찾아 예술로서의 양식을 확립하게 된다. 이 역시 여러 방면에서 종래의 문학을 대신하게 된다. 이것도 문학이라고 할 수 있다. 우리 선조들은 귀로 듣는 문학을 갖고 있었다. 문자가 없었던 때에도 문학은 있었다. 그리스인이 오늘날까지 전해져 오는 문자를 갖고 있기 이전에도, 유랑하는 음유시인들은 「일리아스」와 「오디세이」를 노래했다. 물론 그것이 오늘날 남아 있는 그대로의 형태는 아니겠지만, 오늘날 남아 있는 「일리아스」와 「오디세이」는 그러한 음유시인들이 불렀던 노래를 정리한 것이다. 통틀어 보면 문학의 가장 오래된 형태는 귀로 듣는 것이었다. 그러므로 라디오로 인해 귀로 들을 수 있는 새로운 문학이 생겨나는 것은 조금도 이상한 일이 아니다.

영화와 라디오라는 두 가지를 중심으로 보면 오늘날의 문화 상황은 인간이 새로운 눈의 문화와 귀의 문화를 갖고자 하는 시대라고 할 수 있다. 여기에서 귀의 문화 혹은 눈의 문화라는 것은 활자 문화, 즉 관념의 문화와 대비한 말이다. 인쇄술의 발명 이래 우리는 주로 책에서 교양을 얻었다. 일찍이 다음과 같이 말하는 사람이 있었다.

"눈으로 보는 대신 무엇이든지 책에서 읽고 그렇게 함으로써 우리는 눈의 힘을 퇴화시켰다. 우리가 관념의 세계에서 가진 깊이만큼 사물을 보는 힘을 잃게 되었다. 영화가 눈에 새로운 의의를 부여했다."

토키가 출현하기 전에 영화는 완전히 소리 없는 세계였다. 오늘날은 사정이 어느 정도 변했다. 토키가 된 이래로 영화는 다시 연극에 접근했다. 그렇지만 역시 연극과는 본질적으로 다르기 때문에 오늘날에도 영화는 '눈의 문화의 개척자'라고 말할 수 있다. 그리고 라디오는 '귀의 문화'이다. 영화나 라디오도 기계를 매개로 하고 있으므로 영사막에 비친 인간의 영상이 실제로 보는 인간의 모습과 다르고 마이크로폰을 통해 듣는 인간의 음성과 악기의 소리는 직접 귀로 듣는 것과 다르다. 이런 점에서 이런 것들을 진짜로 눈의 문화나 귀의 문화로 간주할 수 없다고 할 수도 있다. 하지만 멈출 줄 모르고 발전하는 기계 장치는 그러한 차이점을 거의 극소의 영역까지 줄여 줄 것이다. 그렇지 않더라도 재래의 활자를 통하여 그리고 관념을 통하여 수용하는 것과는 분명히 커다란 차이점을 지니고 있다.

이러한 방향이 어디까지 나아갈지는 아무도 알 수 없다. 그러나 모두 이 문제에는 흥미를 갖고 있고 미래 사회의 모습을 그리는 사람들은 대체로 이 사회에서 예술이 어떻게 될 것인가에 관해 서술하고 있다. 그러한 예상 가운데 가장 새롭고 재미있는 것은 올더스 헉슬리가 『멋진 신세계』에서 묘사한 내용이다.

이것은 '포드 기원 632년의 영국'을 묘사한 것이다. 여기에서는 때때로 구시대의 인간이 생존하고 있는 야만국에서 온 남자가 갖고 있던 셰익스피어의 『오셀로』와 『로미오와 줄리엣』은 이해될 수 없거나 웃음만 살 뿐이었다. 이 사회에는 비극이란 없다. 왜냐하면 사회적 불안정이 없는 곳에는 비극이 없기 때문이다. 인간은 행복하고 원하는 것을 얻을 수 있으며 얻을 수 없는 것은 원하지 않는다. 유복하고 안전하며 병에 걸리지도 않고 죽음을 두려워할 일도 없다. 모두 알에서 인공부화기로 부화되고 길러진 인간이기 때문에 부모 문제로 고민하지 않는다. 부인이나 자식이라는 것도 없다. 행동하지 않으면 안 되도록, 행동하지 않고서는 그냥 있을 수 없도록 길러졌기 때문에 이런 일로 불편하지도 않다. 결국 이 세계에서는 비극이란 없다. 심각한 감정도 없다. 그리고 이 세계의 예술은 완전히 감각만의 예술이며 그것을 대표하는 것이 감각 예술품(feelie)이다. 천연색 입체 영화가 간단한 줄거리의 사건을 보여 준다. 물론 여기에는 회화와 음성이 갖추어져 있다. 여기에다 후각 오르간의 반주가 있다. 후각 오르간은 소리 대신 온갖 냄새를 방출하고 그 냄새와 점진적인 합성으로 음악적 효과를 동시에 내는 것이다. 이러한 후각 오르간의 반주 외에 객석의 의자 팔걸이에는 버튼이 붙어 있어 그것을 누르면 영화 화면의 인물이 하는 동작에 따라 다양한 감촉이 느껴진다. 이렇게 완전히 감각만으로 예술이 구성되어 있기 때문에 책에 대해서는 어린아이 때부터 습성 도야를 통해 평생 혐오감을 느끼도록 가르친다. 그리고 어떤 고등감정공학 교수는 '도덕적 프로파간다(선전) 및 광고에서 시의 효용에 관하여'라는 강의로 자작시 「고독에 관하여」를 인용하여 고독을 죄악으로 간주하는 학교의 기본 방침에 따라 곧장 교수직에서 파면된다.

이것은 미래에 대한 예상이라기보다 현대의 기계 문명에 대한 풍자라고 할 수 있다. 그 풍자는 제법 통하는 점이 있다. 우리 예술이 관념적인 것에서 감각적인 것으로 향하고 있다는 것은 영화와 라디오, 텔레비전을 보더라도 분명하며 이러한 방향이 얼마나 발전해 갈지 알 수 없다.

이런 이야기를 하는 이유는 오늘날 분명히 문화가 변질하는 시대이기 때문이다. 서서히 변질되어 왔지만 앞으로 10년 정도 사이에 놀랄 만큼의 진전이 있을 것이다. 이런 상황에서 확실히 문학이 교양의 중심에서 밀려나게 될 거라고 느끼지 않을 수 없다. 나 자신은 매우 고풍스런 교양을 갖고 있기에 이러한 상태에 웃고 있을 수만은 없지만, 이것을 하나의 사회적 필연으로 보지 않을 수 없다. 언젠가 이런 이야기를 읽었다.

서점 앞에 서 있는 두 대학생 중 한 명이 말했다.

"톨스토이가 누구지?"

다른 친구가 나무라는 듯이 대답했다.

"러시아의 소설가 아냐."

앞의 친구가 다시 말했다.

"인도에도 이런 이름을 가진 사람이 있었던 것 같은데."

뒤의 친구가 또 대꾸했다.

"아, 빅토르 위고네."

이것은 구보타 만타로[1]가 『도쿄일일신문』의 「산우정 야화(傘雨亭 夜話)」에 쓴 것이다. 구보타는 "몇 날, 몇 시, 어떤 학생 거리에

1) 구보타 만타로 : 久保田万太郎, 1889~1963. 소설가이자 극작가. 소설과 희곡을 발표하는 한편 신극의 연출을 하는 등 연극계에도 영향을 미쳤다. 도쿄의 아사쿠사에서 태어난 그는 아사쿠사의 서민의 애환과 정서를 그리는 독자적인 작풍을 쌓았으며 작품으로는 「나팔꽃」, 「해질 무렵」 등이 있다.

서 분명히 내가 보았고 분명히 내가 들었던 것"이라고 했다. 그런데 이처럼 빅토르 위고를 인도인이라고 말하는 대학생도 영화나 평론, 스포츠에 관해서는 상당한 전문가이다. 이러한 대학생에게 교양이 없다고 해도 이 친구들은 그것이 어떤 의미인지 이해하지 못할지도 모르겠다. 오늘날 교양이라는 말에는 이미 뭔가 낡은 듯한 냄새가 나며 그보다는 실제로 영화나 평론, 스포츠가 젊은이들의 새로운 교양이 되어 가고 있다. 이것이 바로 앞에서 언급한 문화 변질의 한 양상이다. 한편 자연과학의 보급으로 과학적이고 합리적인 사고방식이 널리 일상생활에까지 전해지고 있다. 최근 어린이들은 귀신 이야기를 조금도 재미있어하지 않는다는 말을 여러 사람에게 들었다. 초등학교나 중학교에 다니는 친구의 아이들은 한결같이 자연과학에 흥미를 갖고 잡지에서도 그런 방면의 기사를 즐겨 읽고 있다. 우리의 어린 시절을 떠올려 보면 엄청난 차이가 있다. 학생 여러분도 아마 우리의 시대와 비교해 보건대 오늘날의 어린이들에 가까울 것이다. 하지만 오늘날 역시 귀신 이야기를 듣고 즐거워하는 어린이가 많이 있을 것이다.

실제로 어린이들이 공통적으로 가장 좋아하는 것이 만화라고 한다. 그러한 점에 문학으로 향할 수 있는 싹이 있다. 그러나 아주 가까이서 만화 영화나 검객 영화 같은 것을 통해 쉽게 자극적으로 그러한 흥미를 충족시킨다. 결국 인간의 모든 욕망을 쉽게 만족시켜 주는 것이 문명이다. 따라서 인간은 동경과 인내의 고통을 모르게 되어 가는 것 같다. 이 점은 앞에서 말한 헉슬리가 묘사한 미래의 나라에서 『오셀로』와 『로미오와 줄리엣』은 단지 웃음거리에 불과하지만 오늘날에도 마음의 깊이 또는 심각한 고민은 새로운 생활 감정을 지닌, 즉 '모던'한 사람들로부터 점점 멸시를 받고 있다. 이는 인간이 점점 사물을 과학적으로 합리적으로 처리하기 때문이며 한편으로는 옛날 같은 심오한 문학이 서먹서먹하게 느껴지는 이유이다.

물론 오늘날 일부에서는 옛날 이상으로 심오한 문학이 환영 받고 있다. 오늘날은 어떤 의미에서 고뇌의 시대이다. 많은 사람이 옛날의 신앙으로 돌아가고 새로운 종교가 몇 년 사이에 몇십만이라는 신자를 얻게 된 적도 있다. 그러나 그것은 모두 불꽃이 사그라지기 전에 일시적으로 반짝이는 현상이며 사회의 대세는 가야 할 방향으로 서서히 나아가고 있다.

그렇다면 이러한 상황에 직면하여 문학이 전혀 의미가 없는가 하면 물론 그렇지는 않다. 미래가 어떻게 되든 우리는 어디까지나 현재에 살고 있다. 현재는 결코 포드 기원 632년이 아니다. 현재에도 여전히 셰익스피어는 위대한 문학가이며 모든 위대한 문학은 교양의 커다란 원천이다. 회화, 조각, 음악 모두 교양의 중요한 요소이지만 이것들 이상으로 문학이 중시되어 온 데에는 충분한 이유가 있다. 예술은 모두 우리의 마음을 풍요롭게 해주고 감각을 예민하게 해주며 그것을 통해 예술 그 자체를 즐길 뿐만 아니라 인생을 한층 즐길 수 있지만, 문학은 언어라는 매개를 통해 다른 어떤 예술보다 관념 세계의 심오함을 지니고 있다. 바꿔 말하면 문학은 인생 그 자체를 매우 포괄적이고 구체적인 모습으로 다루는 것이며, 문학을 통해 우리가 얼마나 세상과 인간에 통할 수 있는지 알 수 없을 정도이다. 이 점에서 고래로 뛰어난 작품은 가장 훌륭한 인간 교과서이다.

이처럼 문학을 인간 교과서로 여기는 점에서 보면 일찍이 일본에도 그러한 전통이 있었다. 『겐지모노가타리(源氏物語)』는 중세 이래 많은 학자에 의해 인간 교양의 원천으로 간주되어 왔다. 그 영향력이 넓고 크다는 것은 일상생활 가운데 『겐지모노가타리』에 연유한 명칭이 매우 많이 있고, 그것이 오늘날까지 상당히 남아 있다는 사실을 통해서도 알 수 있다. 『겐지모노가타리』처럼 광대한 영향을 끼친 서적은 그렇게 많지 않다. 그러나 문학이 교양에서 가장 중요한 원천이었다는 것은 변함없는 사실이다. 일본에서는 특히 에도 시대 이후로 유교적 이데올로기에 의해 소설류가 천시되었지만, 실제로 문학은 시민들 사이에서 커다란 세력을 형성하고 있었다. 만약 유교의 고전도 문학 서적 속에 포함한다면 문학은 완전히 교양의 중심이 된다. 유교의 고전은 역사이며 정치학이며 철학이며 그중에서도, 특히 윤리의 책이기도 하다. 이러한 것들을 널리 문학 속에 포함시켜 이해하더라도 별 지장은 없다. 서구에서 보자면 몽테뉴, 라브뤼예르[2] 같은 모럴리스트의 책이 여기에

2) 라브뤼예르 : Jean de La Bruyère, 1645~1696. 프랑스의 도덕주의자. 저서로는 『사람은 가지가지』와 『정숙주의에 관한 대화』가 있다.

해당한다. 더 오래된 것으로는 에픽테토스[3]와 세네카,[4] 아우렐리우스,[5] 플루타르코스[6]도 여기에 속한다. 이들의 작품은 오늘날에도 문학의 고전이다. 이러한 모럴리스트들의 전통이 일반 문학 속에 살아 있다는 점이 서구 문학의 깊이를 만들어 낸 원인이다. 파스칼[7] 같은 사람도 오늘날 여전히 살아 있다. 지드[8] 역시 이러한 모럴리스트의 전통을 잇는 사람이며 커다란 의의도 지녔다. 지드의 소설이 재미없다고 하는 사람도 에세이는 깊은 감명을 받는다. 문학이라고 하면 오늘날 소설을 생각하겠지만 이것은 좁은 생각이다. 소설 외에도 수필과 전기, 역사 서적 등을 널리 문학 속에 포함시켜야 한다. 철학 서적 중 니체와 베르그송의 저서는 문학이라고 해도 좋다. 이처럼 넓은 의미에서 생각해 보면, 교양의 원천으로서 문학의 의미는 앞으로도 계속해서 그 의미를 잃지 않을 것이다. 영화와 라디오가 대신할 수 있는 것은 소설과 극이며 그 밖

3) 에픽테토스 : Epiktetos, 55~135. 로마 제정 시대의 스토아 철학자. 자연을 있는 그대로 인식하고 인간의 의지를 그것에 일치시키기 위한 '수련(修練)'이 철학이라고 했다.

4) 세네카 : Lucius Annaeus Seneca, BC 4~AD 65. 고대 로마 시대의 스토아 철학자. 저서로는 『노여움에 대하여』, 『자연학 문제점』 등이 있다.

5) 아우렐리우스 : Marcus Aurelius Antoninus, 121~180. 로마제국의 제16대 황제. 후기 스토아학파의 철학자였으며 『명상록』을 남겼다.

6) 플루타르코스 : Plutarchos, 46~120. 플루타크로 불리는 고대 로마 시대의 철학자. 저서로는 『플루타크 영웅전』, 『윤리론집』 등이 있다.

7) 파스칼 : Blaise Pascal, 1623~1662. 프랑스의 수학자 · 물리학자 · 철학자. 유고집 『팡세』가 유명하다.

8) 지드 : André Paul Guillaume Gide, 1869~1951. 프랑스의 비평가이자 소설가. 1947년 노벨 문학상을 받았으며 작품으로는 「좁은 문」, 「지상의 양식」, 「배덕자」 등이 있다.

의 것은 쉽게 대신할 수 없다. 전기와 역사를 영화로 표현할 수는 있어도 그 표현 범위는 한정되어 있다. 그것은 지금까지 소설과 극으로 구성되는 정도이다. 요즘 필름을 보존하거나 레코드를 보존하는 도서관이 생겨나고 있지만 역시 문자의 편리함에는 미치지 못한다.

저널리즘 또한 마찬가지로 활자에 의한 재래의 저널리즘에 새롭게 영화 저널리즘과 라디오 저널리즘이 나타나고, 이러한 저널리즘이 각자 특유의 무기를 가지고 점차 새로운 경지를 개척해 가고 있다. 하지만 이런 것들 때문에 현재의 활자 저널리즘이 없어질 것이라고는 생각하지 않는다. 이렇게 보면 헉슬리가 서술한 포드 기원 632년의 꿈은 거의 황당무계한 것이다.

나는 다음과 같은 경험을 한 적이 있다.

고등학교 시절 한때 살아갈 힘을 잃어버린 적이 있다. 그 시절 우연히 호넨[9]과 신란[10]의 가르침을 알고서 겨우 죽지 않고 버틸 수 있었다. 그런데 『탄이초』[11] 와 「정신게」[12]의 신앙을 깊고 아름

9) 호넨 : 法然, 1133~1212. 헤이안 시대 말기에서 가마쿠라 시대 초기에 걸쳐 활동한 불교 승려이며 정토종의 개조이다. 저서로는 『정토삼경사기』, 『정토경석』 등이 있다.

10) 신란 : 新鸞, 1173~1262. 호넨의 제자이며 일본 정토진종의 개조이다. 사후에 황실로부터 견진대사(見眞大師)라는 시호를 받았다.

11) 『탄이초』 : 歎異抄. 가마쿠라 시대 후기에 신란의 제자 이엔(唯圓)에 의해 쓰인 불교 서적. 신란이 죽은 뒤 정토진종 내부에 발생한 이단을 비판하는 내용이다.

12) 「정신게」 : 正信偈. 신란의 저서로 알려진 『교행신증(教行信證)』의 「행권(行巻)」에 있는 한시. 원래 제목은 「정신염불게(正信念佛偈)」이다.

다운 것이라 생각하면서도 나 자신은 그 길로 들어갈 수 없었다. 나는 죽지 않고 살아 있을 뿐 얼빠진 생활을 하고 있었다. 때때로 휘트먼[13]의 『풀잎』을 읽었는데 최초로 읽은 것이 「열린 길의 노래(*Song of the open road*)」라는 멋진 시였다. 모든 것을 수용하는 바다 같은 마음도 좋지만 커다란 파도가 치는 듯한 강한 리듬에 이끌리면서 신기하게도 마음속에 생기가 솟아나는 것을 느꼈다. 그 후 의기소침할 때는 언제나 휘트먼의 이런 저런 시를 소리 내어 낭독하면 이상하게도 기분이 좋아졌다. 이 「열린 길의 노래」는 몇 번, 몇십 번이나 읽었는지 모른다. 내가 정말로 살아갈 용기를 갖게 된 것은 그때부터이다. 그때의 일을 지금도 잊을 수 없다. 그래서 언젠가 어떤 잡지사로부터 가장 영향을 받은 책 한 권을 추천하라는 질문을 받았을 때 휘트먼의 『풀잎』을 권했다. 요즘 나는 이 책을 거의 가까이 하지 않고 있다. 요즘 내 가슴에 가장 강하게 살아 있는 것은 괴테이다. 또 생각하는 방식에서는 딜타이나 짐멜 같은 철학자들에게 강하게 영향을 받아 왔다. 그러나 그러한 사람들의 서적을 두고 휘트먼의 『풀잎』을 추천한 것은 지금도 옳았다고 생각한다. 대학에 들어가서는 니체의 『차라투스트라는 이렇게 말했다』를 『풀잎』 대역으로 삼았다. 그렇지만 어쨌든 내게는 문학작품이 살아가는 힘을 불어넣어 주었다는 것만으로도 문학에 감

---

13) 휘트먼 : Walt Whitman, 1819~1892. 미국의 시인. 미국 민주주의의 대표적 시인으로 평가받고 있다.

사한다.

문학 작품이 이 정도로 일생의 운명을 지배했다는 것은 다른 사람에게는 그다지 없는 일일지도 모르겠다. 그러나 이러한 것은 그렇게 적은 예가 아닌 듯하다. 청년 시절 결정적인 영향을 받은 것이 문학이었다는 예는 위대한 사람들의 전기에서 가끔 읽었다.

청년들이 문학, 특히 소설을 읽는 것은 유해하다고 보는 사람들이 상당히 있다. 플라톤이 이상 국가를 위한 설계도에서 시인을 쫓아낸 이후의 일이다. 일리가 없는 것은 아니다. 문학을 일생의 직업으로 삼지 않는 한, 소설을 탐독하는 것은 '학업에 장애'가 된다. 그렇지만 훌륭한 학자이면서 인간으로서 결함을 지니고 있는 사람은 대부분 문학에 대한 감각이 없는 사람이다. 오늘날 일본의 정치가가 지식인들에게 경멸을 받는 이유 중 하나는 문학적 교양이 없다는 점이다. 옛날 정치가는 그렇지 않았다. 유교는 정치학이면서 동시에 철학이고 문학이었기 때문에 에도 시대의 유교적 교양에 바탕을 둔 정치가들은 오늘날의 정치가 같지 않았다.

오늘날은 전문화 시대라서 옛날처럼 한 인간으로서 모든 일에 정통할 수는 없다. 전문적인 일에 충실할수록 더욱 그렇다. 그러나 그 전문화가 오늘날 문명의 큰 병폐이며 여기에서 현대 문명의 결함이 유래한다는 것도 모두 인정하는 사실이다. 불가능하더라도 이를 구원할 수 있는 것은 인간학으로서의 문학이다. 세상 자체가 인간에 관해서 가르친다고 말할 수 있다. 그렇지만 한 인간이 접할 수 있는 세상은 범위가 좁다. 가장 폭넓게, 옛날부터 지금까지, 인간과 세상을 가르치는 것이 문학이다. 세상에 나가면 전문적 일에 바빠서 책을 읽을 수 없다는 이야기를 자주 듣는다. 그런 사람들은 의외로 쓸데없이 시간을 낭비하고 있다. 만일 실상이 그렇다면, 바쁘지 않은 학생 시절 문학 책을 읽는 것이 좋다. 학생 시절에는 바쁘다고 하더라고 알 만한 정도이다. 학생 시절에는 정말로 좋은 책을, 정말로 좋은 부분을 충분히 이해하지 못할지도 모른다. 그래도 좋다.

최근 나는 어린 시절 뜻도 모른 채 어려운 책을 소리 내어 읽도록 가르치는 방법이 의외로 커다란 의미를 가진다고 생각하게 되었다. 그때는 기억력이 대단히 왕성하므로 암기해 두면 언제까지 잊지 않는다. 나 자신이 초등학교 시절 2~3권의 한문책을 단순 암기식 방법으로 교육받았기에 잘 알고 있다. 뜻도 모른 채 암기한 것은 나중에 성장한 뒤 그 뜻을 알게 되고 동시에 그것이 새롭게 생생하게 되살아난다. 옛날에는 이런 방식으로 고전을 몸에 익혔다. 야마가 소코[14)]의 『하이쇼잔피쓰(配所殘筆)』를 보면 "여섯 살부터 시작해서 여덟 살 정도까지 사서오경, 무경칠서, 시문서 등을 대체로 읽고 외웠다"라고 한다. 이는 소코 같은 준재라야 비로소 가능한 일이지만 일반적으로 일찍부터 이러한 고전을 읽는 것이 그 당시는 학문의 방법이었던 같다. 서구에서도 일본의 한문 같은

14) 야마가 소코 : 山鹿素行, 1622~1685. 에도 시대 전기의 유학자이자 군사학자. 일본 고학파의 시조로서 관학인 주자학을 비판했다.

라틴과 그리스의 고전을 어릴 때부터 읽었던 것 같다. 서구에서는 이러한 교육 방법이 점차 사라지고 있으며, 일본에서는 그것이 더 심각하다. 현대 일본의 상황에서는 어린 시절 고전을 대강 읽어 둔다는 것이 전적으로 불가능하다. 『하이쇼잔피쓰』를 보면 소코는 한학(漢學)의 고전뿐만 아니라 열일곱 살 겨울에는 신도(神道)를 공부했고 스물한 살까지는 『겐지모노가타리』, 『이세모노가타리』,[15] 『야마토모노가타리』,[16] 『마쿠라노소시』,[17] 『만요슈』, 『산다이슈(三代集)』를 모두 학습했다고 한다. 그 당시 일본어와 한문에 걸쳐 고전이라 할 만한 것이 그다지 수가 많지 않았더라도 대단한 일이다.

이러한 일은 요즘에는 특히 서구의 고전을 포함해서 생각해 본다면 거의 불가능한 일이다. 그것은 마음을 기울이지 못하는 것으로, 결국 새로운 책이 너무 많기 때문이다. 만약 새로운 책은 쳐다보지 않고 고전만 본다면 일본어, 한자, 서양에 걸쳐 일류의 고전 작품에 대충 통한다는 것은 그렇게 어려운 일이 아니다. 새로운 책은 전혀 읽지 않고 고전만 공부해 온 청년이 과연 어떤 청년이 될까, 여러 가지로 상상해 보면 재미있다. 바보가 되거나 대단히

15) 『이세모노가타리』 : 伊勢物語. 헤이안 시대에 만들어졌으며 작자가 알려지지 않은 노래로 된 이야기.

16) 『야마토모노가타리』 : 大和物語. 『이세모노가타리』의 영향을 받았으며 헤이안 시대에 만들어진 작자 미상의 노래로 된 이야기.

17) 『마쿠라노소시』 : 枕草子. 헤이안 시대 중기의 여류 작가 세이쇼 나곤(靑少納言, 966~1025)이 쓴 것으로 알려진 수필.

훌륭한 사람이 될 것이다. 현대 생활에서 완전하게 격리되지 않는 한 실제 그런 일은 불가능하다. 새로운 책은 언젠가는 보게 될 것이므로 그 정도의 마음가짐을 가지는 것은 좋다. 하여간 최근 그런 사람들의 서적을 조금 읽어 보니 에도 시대의 학자가 지금까지 생각한 것보다 훨씬 위대하다고 생각되는 것은 분명 그러한 공부방법 때문이라고 보인다.

현대는 책이 너무 많아 정말로 좋은 책을 읽을 수 없는 시대라고 누구든지 말할 수 있다. 서구의 고전을 오늘날 일본어로 한번 훑어본다는 것은 불가능하다. 일류의 고전인데 번역서가 없는 것이 많고 때로는 번역서가 있어도 신뢰할 수 없다. 일류 문화권으로서는 심히 부끄럽다. 우리는 한시라도 빨리 일본어 번역을 통해 서구의 고전을 읽고 싶다.

물론 일본의 고전은 반드시 읽어야 한다. 『만요슈』나 마쓰오 바쇼[18]의 작품 등 일본의 고전에서 가장 뛰어난 것은 짧은 시의 형식이므로 누구나 이를 가까이 둘 수 있다. 그 밖에 『겐지모노가타리』나 이하라 사이카쿠[19]의 작품처럼 소설로서 훌륭한 것도 있으며 『마쿠라노소시』나 『쓰레즈레구사』[20]처럼 수필로서 훌륭한 것

18) 마쓰오 바쇼 : 松尾芭蕉, 1644~1694. 에도 시대 전기에 활동한 하이쿠 작가. 저서로는 『노자라시 기행(野ざらし紀行)』, 『오쿠노호소미치(奥の細道)』 등이 있다.

19) 이하라 사이카쿠 : 井原西鶴, 1642~1693. 에도 시대의 시인이자 소설가. 본명은 히라야마 도고(平山藤五)이다. 저서로는 『호색일대남』, 『호색일대녀』 등이 있다.

20) 『쓰레즈레구사』 : 徒然草. 가마쿠라 시대에 활동한 요시다 겐코(吉田兼好, 1283~

도 있다. 또한 호넨과 신란, 도겐[21]의 작품처럼 뛰어난 종교 문학도 있다. 『겐지모노가타리』는 여러분에게는 근대 유럽의 소설을 읽는 것보다 어려울 것이다. 오늘날에는 구어 번역이 나와 있기 때문에 이것을 옆에 두고 읽어도 좋고 구어 번역만으로 읽어도 좋다. 와카(和歌)와 하이쿠(俳句)는 원래대로 읽어야 하지만, 그렇지 않은 분야의 고전은 구어 번역으로 읽어도 좋고 여러 방면에서 그런 번역 작업이 이루어져도 좋다. 아니 그렇게 하지 않으면 안 된다고 생각한다.

현재는 일본의 고전이 새롭게 조명되고 있는 시대이다. 이를 계기로 좋은 현대어 번역이 나와서 가능한 한 많은 사람이 널리 읽을 수 있기를 바란다. 나 자신은 지금까지 대부분 그러한 것들을 읽지 않았고 최근 2~3년 동안 조금씩 읽고 있기에 더욱 깊게 그런 느낌을 받고 있다.

오늘날 문화가 현저하게 변하고 있지만 아마도 상당 기간 동안 고전의 의의가 없어지지는 않을 것이다. 동양이든 서양이든 수백 년, 수천 년 동안 내려온 서적에는 어쨌든 모드 퍼낼 수 없는 깊이가 있다. 대부분의 새로운 것은 어제는 새롭더라도 오늘은 옛것이 되어 버린다. 그렇지만 수백 년, 수천 년 동안 옛것으로서 전해 온

1350)의 수필. 제목은 '지루함을 달래기 위해 쓴 글'이라는 뜻이나, 실제로는 어떻게 살아갈 것인가 하는 문제를 탐구하는 내용이다.

21) 도겐 : 道元, 1200~1253. 가마쿠라 시대의 승려. 기겐 도겐이라고도 불리며 불교 조동종을 창시했다. 저서로는 『후칸자젠기(普權坐禪儀)』, 『쇼보겐조(正法眼藏)』 등이 있다.

것은 오랫동안 지속되었다는 이유로 영원한 새로움을 간직하고 있다. 즉 그러한 것이 고전이며, 고전이기 때문에 고전을 읽는 것은 어느 시대에나 커다란 의미를 지니고 있다.

◎ 다니카와 데쓰조(谷川徹三, 1895~1989)

철학자. 교토대학 철학과를 졸업한 후 도시샤대학 강사를 거쳐 호세이대학의 교수가 되었다. 짐멜과 칸트의 저서를 번역하고 미술과 종교 등에 관한 평론가로서도 활동했다. 저서로는 『생활 · 철학 · 예술』, 『나는 생각한다』, 『아름다운 일본』 등이 있다.

교양을 위한 자연과학

과학은 오늘날 많은 전문 분야로 나뉘어 있고, 전문 분야는 다시 점점 세분되고 있다. 모든 방면에서 그러한 전문 분야는 하나하나 헤아릴 수 없을 정도로 많다. 이것은 각각 취급하고 있는 대상에 관한 지식이 늘어날수록 당연한 결과이며 조금도 이상한 일이 아니다. 그러므로 모두 전문적인 학자가 되면 매우 좁은 범위의 내용을 다루고 그것만 열심히 연구한다. 실제로 전문 학자의 연구 제목을 줄줄이 나열해 보면, 이야말로 초심자들은 무슨 내용인지 알 수 없는 것이 대부분을 차지한다. 이런 점에서 보면, 일반인에게 과학은 어쩌면 상관없는 것이라고 해야 할지도 모르겠다. 그렇지만 이는 단지 외적 현상에 불과하며 내적으로는 결코 그렇지 않다. 성경 문구를 전혀 모르는 일반 신도들에게도 종교적인 신앙이 필요하듯이 전문적인 과학 지식에 정통하지 않은 일반인에게도 교양으로서 과학이 필요한 것은 이 때문이다.

학교에서 보통 교육으로서 과학을 가르치는 경우에는 여러 가지 전문적 학문을 위한 준비로서 상식을 제공하는 목적과 더 넓은 의미에서 일반교양에 도움이 되게 하는 목적을 겸하고 있다. 그렇지만 실제로 많은 예를 들어 보면, 언제나 전자가 주가 되기 쉬울 뿐만 아니라 한 걸음 더 나아가 단지 전문 지식에 속하는 것 중 일부를 불완전하게 가르치는 데 치우치는 것 같다. 물론 보통 교육으로 선정된 학과는 일반적으로 기초적인 것이지만 그것이 기초라고 해서 반드시 개개의 지식을 그렇게 많이 주입시킬 필요는 없다. 그래서 어느 정도까지 필요한가 하는 것은 상당히 어려운 문제이므로 각각의 경우에 따라 교육자의 주도면밀한 고려에 맡길 수밖에 없다.

그렇지만 전체적으로 내가 매우 유감스럽게 생각하는 것은, 현재의 보통 교육에서는 대체로 개개의 단편 지식을 가르치는 데 그쳐 그것들의 전체적 의미를 분명하게 하는 일을 거의 잊고 있다는 점이다. 예를 들면 학생이 수학을 배울 때 개개의 정리를 끌어내는 방법과 문제 해결 등은 친절히 가르쳐 주지만 그때 사용하는 수학적 방법이 어느 정도 범위에 적용되며 어떤 점이 편리한가, 같은 종류의 문제를 푸는 데 그 외의 어떤 방법이 알려져 있는가, 그 밖에 일반적인 관계를 전체적으로 이해하는 것 등에 대해서는 전혀 힘을 쏟지 않고 있다. 물리학과 화학, 생물학에서 개개의 법칙은 가르치더라도 그러한 자연과학 전체가 어떻게 성립되고 어떤 가치를 지니고 있으며 아울러 우리 인간 혹은 사회에 어떤 역할을 담당하고 있는가 하는 문제에 관해서는 자세하게 설명하지 않고 있다. 그런데 일반교양으로서는 이런 것들이야말로 더욱 필요하지 않을까?

오늘날 이른바 물질문명이 전적으로 과학의 선물이라는 것은 말할 필요도 없다. 물질문명을 극도로 찬미하고, 그것이 더욱 진보하는 것을 동경해 온 근대사회는 여기에 근거한 자본주의 산업의 비정상적 발전을 실현시켰으며, 한편으로는 이를 더욱 발전시키기 위해 과학을 일종의 기술로만 간주했다. 여기에서 과학은 실리적 응용을 위해서만 가치가 부여되었다. 실제로 과학의 응용이 온갖 산업의 급속한 발전을 촉진시킨 사실은 놀랄 만한 일이며, 그러한 응용을 위해서는 주로 과학에서 다루는 개개의 법칙을 아는 것으로 이미 상당한 정도의 역할을 맡을 수 있다. 이러한 사실이 일반 과학 교육조차 앞에서 말한 것 같은 경향을 띠게 만든 주요한 요인으로 작용하고 있다.

더구나 이런 사정은 오늘날에도 여전히 변하지 않고 지속되고 있다. 그사이에 자본주의 산업에 반대하는 공산주의 이론이 강력하게 주장되었다. 본래 자본주의가 산업 경제의 자유로운 경쟁 속에서 발생한 것이라면, 그것을 공산주의로 바꾸기 위해서는 이전의 자유주의를 버리고 매우 강력하게 사회적으로 통제해야 한다. 따라서 이 경우는 이론적으로 이러한 통제를 유지해 가기 위한 과학의 조직화가 요구된다. 현재 그것을 실현하고 있는 소비에트

연방에서 과학이 오로지 이러한 목적을 위해서만 장려되고 있는 것은 당연하다. 그러나 이 또한 일종의 과학을 응용한 것만은 분명하다. 그리고 오늘날 국제적 대립이 격화됨에 따라 각각 국가적 사회의 존립을 강화하고자 하는 필요에 쫓겨, 마침내 강력한 국가적 통제를 실현하기 위한 파시즘과 국가사회주의가 각각 이탈리아와 독일에서 실행되고 있다. 거기에서는 과학도 국가 유지의 목적에서만 인정되고 이에 반대하는 혐의가 있는 것은 당장 배격된다.

이처럼 세계의 운명이 앞으로 어떻게 전개되어 갈 것인가 하는 것은 쉽게 예견할 수 없다. 어쨌든 그렇게 경과하는 사이에 우리가 간과할 수 없는 것은 모든 과학이 각각의 사회적 상태에 의해 다소간 그 모습을 바꿀 수밖에 없다는 점이다. 실제로 그러한 사회적 관계로부터 독립된 과학의 진보와 발달, 만일 그것에 순수한 의미에서 객관적인 과학이라고 이름 붙인다면 그것은 현실 사회 속에서 찾을 수 없다. 예를 들면 마르크시즘의 사회 이론에서 과학 또한 사회의 생산 관계에 의해 제약된다고 말해지는 까닭이다. 가장 강력한 통제 사회에서 모든 과학은 그 사회에 봉사하는 것으로서만 존립이 허용되며, 그 밖의 경우에도 다소간 사회적 제약을 받는 것이 사실이다. 특히 사회과학은 각 사회에서 다른 모습을 취하는 것이 오히려 당연하며 순수하게 객관적인 의미를 지니는 것은 사회의 발달과 강화에 따라 불가능하다. 왜냐하면 그때에는 일정한 사회 기구를 전제하고 오직 그것을 이론적으로 지지하는 사회과학만이 요구되기 때문이다.

그렇지만 그러한 모든 속박에도 과학은 그것을 초월한 객관적·보편적 요소를 지니고 있다고 하는 점을 분명히 인식하는 것이 더욱 중요한 일이다. 사회 통제의 기운이 매우 현저하게 작용해 온 현 시점에는 세계적으로 과학의 사회적 실용성이라는 일면이 지나치게 강조되고 있다. 이는 일찍이 과학의 가치를 단지 우리 인생에 대한 실용적 효용에 있다고 이해했던 이른바 실용주의가 주창되는 시대보다 훨씬 강제적이다. 그리고 모든 학자의 전문 연구조차 이미 이러한 의미에서 속박되고 있는 실정이다. 이러한 일은 과학의 진보에 의해 그 연구 설비가 점차 엄청난 비용을 필요로 하게 되었고, 이러한 비용은 항상 국가사회로부터의 지원을 기다려야만 하는 사정으로 볼 때 실로 어쩔 수 없는 것처럼 보인다. 여기에서는 자연과학이라 하더라도 사회과학이 자신이 속한 사회 기구를 반대하는 것은 허용될 수 없다고 하는 것과 거의 같은 상황에 놓여 있는 셈이다. 그러나 어떠한 종류의 통제 사회 아래에 놓여 있더라도 실제로는 그 사회의 모든 것이 만족할 정도로 완전하고 이상적이라고는 볼 수 없다. 그렇기 때문에 사회의 진전을 바라는 한, 우리는 항상 사회 개량에 관해 마음을 쏟아야 한다. 그리고 모든 경우에 우리가 가장 중점을 두고 고려해야 하는 것은 곧 모든 현상에 대한 객관적이고 보편적인 관계여야 한다. 예를 들면 개개 사회의 대립이 있는 동시에 인류 문화에 대한 모든 인간의 협력 정신이 생생하게 되살아나야 한다. 그리고 인류 문화를 객관적이고 보편적으로 이끌어 가는 것이야말로 과학의 임무이다.

그러므로 우리에게 과학이 설령 어떤 의미에서 사회적 제약을 받고 있더라도 그 본질은 객관적이고 보편적으로 성립해야 하며, 인류 문화의 기초를 만들어 내야 한다는 점을 인정해야 한다. 더 넓은 의미에서 보자면 과학 중에는 앞에서 서술한 것처럼 보편적이기에 매우 어려운 사회과학도 있다. 또한 그 밖에 인문학은 각자의 목적 가치를 세우는 점에서 여러 가지 입장이 구별될 수도 있다. 그렇지만 자연과학은 그것에 의해 천명되는 자연법칙의 보편성 때문에 완전히 일의적으로 확립되며 오늘날까지도 매우 훌륭하게 이론적으로 체계화되었다. 그래서 많은 경우에 그것은 과학의 대표로서 간주되며, 일반적으로 과학이라고 하면 곧 자연과학을 의미할 정도이다. 따라서 우리가 교양으로서 과학을 생각할 경우에도 오직 자연과학이 어떻게 교양으로서 유용할까 하는 점을 검토하는 데 중점을 두어야 한다.

과학 특히 자연과학의 객관적 보편성이 곧 우리에게 가장 근본적이고 중요하다. 개개의 사회의 대립이 아무리 격화된 경우에도 자연과학은 여전히 국제적으로 공통된 것이다. 여기에는 세계관의 차이가 어느 정도 영향을 끼칠 수 있지만 이는 결코 자연과학 자체에 본질적인 것이 아니다. 왜냐하면 자연과학은 본질적으로 완전히 보편적인 자연의 사실에 의해서만 형성되는 것이며, 결코 어떤 세계관에 의해 좌우되는 것이 아니기 때문이다. 만약 좌우되는 것이 있다면 그것은 고작 사실 해석 혹은 방법이지 사실 그 자체가 아니다.

여기에서 보편적인 자연의 사실이라는 것은 곧 자연현상 사이에 나타나는 객관적인 관계이다. 물론 구체적으로 그러한 관계를 세우기 위해서는 그러한 현상에 속하는 적당한 개념을 정하고 그 사이에서 논리적 연결을 만들어 내야 한다. 이는 일반적으로 우리의 지각적 경험에 의거해서 가능하며 그러한 개념 사이의 논리적 연결이 곧 과학적으로 말할 수 있는 사실이다. 그리고 자연과학은 그러한 자연의 사실, 즉 다수의 자연법칙을 누적해서 그것들을 논리적으로 체계화한 것이다.

객관적 관계에 관해 한마디 하자면 우리가 실제로 관찰하는 현상에 확실하게 객관성을 부여할 수 있는 것은 서로 논리적으로 연결된 관계뿐이라는 점에 주목해야 한다. 이에 반해 직접 관찰된 개개의 현상은 결국 감각 내용을 형성하는 것이다. 이는 각 개인에 의해 주관적으로 알려질 뿐이며 우리는 그것을 타인의 감각 내용과 비교하기 위한 어떠한 수단도 가질 수 없다. 다만 여러 가지 감각 내용 사이의 관계를 적절한 개념 사이의 논리적 결합 관계로 드러냄으로써 비로소 객관적 지식이라고 할 수 있다. 이 경우에 어떤 특정한 개념만이 생각됨으로써 우리는 하나의 추상을 얻는다. 역으로 일정한 현상으로부터 추상될 수 있는 모든 개념을 조합하여 이에 대응할 수 있는 대상을 한정적으로 사유할 수 있다면 그것이 과학적 의미에서 실재 인식이다. 예를 들면 물체라는 이름을 붙일 수 있는 것은 그에 관해 과학적으로 추상할 수 있는 모든 개념의 조합을 통해 인식할 수 있는 것 외에는 그것을 과학적으로 인식한다는 의미가 성립하지 않는다. 또한 자연과학이 실증적이라고 불리는 것은 그러한 개념 추상과 그 논리적 연결이 대응할 수 있는 관계를 언제나 다수의 감각 내용 속에서 찾을 수 있다는 것을 의미한다.

어떤 사람들은 물체가 실재한다는 것이 우리의 실천에 의해 처음부터 분명한 사실이라고 간주하여 이를 유물론의 출발점으로 삼는다. 그리고 앞에서 서술한 것처럼 사유 과정에 의해 비로소 실재 인식이 결정되는 것을 관념론적이라고 하여 배격한다. 나는 이러한 문제가 단순히 실재라는 개념의 의미 규정에 관한 것이라고 생각한다.

이는 자연과학 자체에 아무런 영향을 미치지 않는다고 본다. 그렇지만 일단 이에 관해 말해 보자면, 예컨대 보통의 물체에 관해서는 그렇게 간단히 처리할 수 있어도 실재 여부가 문제 되는 모든 경우 반드시 그런 것은 아니라는 점을 생각해야 한다. 예를 들어 일찍이 물리학에서 문제가 된 빛 에테르[1]는 어떠한가. 또한 최근 확정된 광양자(光量子)는 어떠한가. 이런 것들은 고도의 이론적 탐구를 통해 여기에 귀속되는 개념을 검토하지 않는 한 그 실재

---

1) 에테르 : ether. 맑고 깨끗한 상층의 공기를 뜻하는 그리스어 aither에서 비롯되었다. 공간을 채우고 있으며 빛의 파동을 전달하는 매질(媒質)로서 가정되어 왔지만 현대 물리학에서는 부정되고 있다.

여부를 쉽게 결정할 수 없다. 생물에서 가정되는 일종의 생활 에너지라든가 또는 이른바 엔텔레키[2)]를 실제로 검토한다는 것은 더욱 곤란하다. 다만 우리는 앞에서 서술했듯이 과학적으로 정립된 개념만으로 실재를 인식함으로써 비로소 이를 다른 모든 비과학적 가설과 구별할 수 있다.

어쨌든 여기에서 우리는 과학의 객관적 보편성이 논리의 객관적 보편성에 의거하고 있음을 알 수 있다. 논리야말로 과학을 성립시키는 참된 기초이다. 그런데 왜 논리가 그렇게 유력한 것인가 하면 이는 곧 우리의 모든 사유 속에서 객관적이고 보편적으로 나타나는 형식적 관계를 논리라고 부르기 때문이다. 이러한 의미에서 논리는 물론 가장 넓은 범위를 포괄하며, 그 형식적 관계를 구체적으로 정리한 것을 일반적으로 형식과학이라고 한다. 그 가운데는 보통의 형식논리학, 기호논리학으로서의 수학 그리고 변증법이 모두 포함되어 있다. 우리의 사유가 언제나 그러한 보편적 형식에서 나타난다는 것을 놀랄 만한 하나의 심리학적 사실로서 인정하지 않을 수 없다.

결국 이러한 사실에 의거하여 우리의 모든 과학이 성립한다고 말할 수 있다. 이것이 없으면 우리는 애초부터 어떠한 과학도 가질 수 없다.

---

2) 엔텔레키 : entelechy. 그리스어 entelecheia에서 온 말이며 아리스토텔레스의 철학에서는 잠재성에 대한 현실성을 말한다. 생물학적 생기론(vitalism)에서는 생물의 생명력 혹은 활력을 의미한다.

그러므로 과학에 관한 가장 근본적이고 중요한 성질은 객관적 보편성에 있다. 이는 실제로 과학을 어떻게 유용하게 할 것인가 하는 모든 실용성을 넘어서 존립한다. 따라서 과학은 모든 국경을 넘어 공통으로 성립하고 모든 시대의 사람들이 점차 이를 발전시킨다. 과학의 가장 본질적 가치를 여기에 두고자 하는, 이른바 이상주의자들 중 프랑스의 유명한 과학자 푸앵카레는 이를 인류 문화의 본원으로 간주하고 이 가치를 발현하는 데 중요한 의미를 부여하여 '과학을 위한 과학'이라는 표어를 높이 주장했다. 다만 모든 것의 가치는 이를 판단하는 자에 따라 다를 수밖에 없기 때문에, 이미 앞에서 서술했듯이 오늘날 불행하게도 이러한 이상주의는 현실 사회의 실정에 맞지 않은 것이라 하여 별로 관심을 받지 못하고 있다. 그렇지만 과학이 본질적으로 지니는 이러한 객관적 보편성이 그 밖의 환경 요인에 의해 소멸되는 일은 있을 수 없다. 이것이 소멸한다는 것은 곧 과학 그 자체의 파괴일 따름이다. 그러므로 과학이 존립하는 이상 이러한 객관적 보편성이라는 가치 또한 그에 수반되는 것이다. 게다가 동시에 이 가치는 어떤 의미에서 보편적으로 드러날 수 없는 다른 사정을 비판하는 근거로서 유용할 수 있기 때문에 이 점에서 나는 중요성을 부여하고 싶다.

교양으로서 과학을 생각할 경우, 이 점이 더욱 분명히 드러난다. 왜냐하면 여기서는 과학을 곧바로 실제에 활용하자는 것이 아니라 다른 목적에 어떤 식으로든지 간접적으로 도움이 되도록 하고자 하기 때문이다. 그러므로 그러기 위해서는 어떠한 사상적 입장도 과학을 이용할 수 있어야 한다. 이는 곧 앞에서 말한 과학의 본질적 가치로서 제시한 것이어야 한다. 이러한 의미에서 과학이 어떻게 도움이 되는지 생각해 보자.

과학을 전문적으로 연구하는 사람들 외에는 그렇게 상세할 정도로 과학 지식에 정통할 필요는 없다. 그러나 가장 중요한 것은 각각의 과학이 온갖 현상의 심오함을 궁구하고 풍부한 지식을 갖게 된 방법이다. 이는 과학 이외의 경우에도 유용하다. 우리가 일상의 모든 일에서 과학적으로 생각한다는 것은 이 방법의 적용을 의미하며, 이렇게 함으로써 과오를 범하지 않고 일을 처리할 수 있다. 왜냐하면 이는 확실히 과학과 마찬가지로 가장 객관적일 수 있기 때문이다.

한마디로 말하자면, 과학의 방법은 이미 서술했듯이 현상을 추상하여 분석하고 적당한 개념을 정하고 그 사이에 논리적 연결을 찾는 것이다. 이 경우는 어디까지나 철저히 논리적이어야 한다. 그렇지만 여기서 주의해야 할 것은 보통의 복잡한 현상의 경우, 거기에서 어떤 논리적 관계를 찾았다고 그것이 이 현상에 대한 전면적 모습을 보여 주는 것이 아니기 때문에, 거기에만 의존하면 옳지 않은 때가 많을 수 있다는 점이다. 일상생활 속에서는 이런 경우 일반적으로 이치만 따지는 것이 실제에 도움이 되지 않는다고 논리적으로 따지는 것을 배격해 버리기도 한다. 이야말로 비과학적 인습이 드러난 것임을 알아야 한다. 어떤 경우에는 과학적 결과가 재앙이 되기도 한다. 예를 들어 인간이 하루에 섭취하는 음식이 어느 정도의 열량을 공급해야 하는지 과학적으로 도출되면, 이를 역으로 그만큼 열량을 내는 데 충분한 음식을 먹기만 하면 그것으로 되었다고 생각한다. 이는 올바른 논리가 아니다. 아무리 정확하게 그만큼 음식이 주어진다 하더라도 맛이 없어 먹지 못할 수도 있고 충분히 소화시키지 못할 수도 있기 때문에 그것으로는 아무것도 되지 않는다. 즉 앞의 결과는 열량의 관계만을 추상하여 말하고 있는데, 이를 구체적인 음식물상의 관계가 되는 것으로 오해한 것이 잘못된 점이다. 그러므로 애써 만들어 놓은 과학적 결과가 마치 유용하지 않은 것으로 간주되거나 이론과 실제는 다르다는 관념을 확대 해석하는 것은 매우 유감스러운 일이다.

보통 이처럼 논리적으로 따지는 일이 배척되는 경향이 있다. 그래도 사람들은 뭔가 논리를 바란다. 그래서 때로는 전혀 이치가 맞지 않은 일을 이치에 맞는 것처럼 외관을 포장하면 의외로 사람들은 그것을 믿는다. 예를 들어 어떤 계절의 기온이 여느 때와 달리 매우 덥거나 매우 추우면 그것은 태양 흑점의 영향이라고 한다. 그리고 보통 사람들은 거기에 뭔가 과학적인 이유가 있다고 생각하여, 그 이상 깊이 생각하지 않은 채 믿어 버린다. 만일 이것이 태양의 영향이라면 한 지역에 제한되지 않고 당연히 지구 전체에 영향을 미친다. 그러나 사람들은 그런 사실이 있는지조차 고려하지 않고 받아들인다. 결국 상식적으로 일부러 의심조차 하지 않는 것처럼 보인다. 흑점과 기후 사이에 무슨 관계가 있지 않을까 하는 것을 과학자가 예상하여 연구하는 것은 좋지만, 그것이 실증되지 않는 단순한 예상에 불과할 뿐인데 그것을 일반 사회에서는 그대로 믿어 기후상의 어떤 변동을 태양의 흑점과 관련시켜 생각해 버린다. 그러면 인간의 운명이 별의 운행과 관계가 있다고 하던 옛날의 점성술과 마찬가지가 되어 버린다. 즉 전자의 경우, 과학적으로 비슷하게 포장되어 있을 뿐인데도 근대 사람들이 그것을 그냥 믿어 버리는 것이다. 생물의 생명 현상에서 드리슈[3]가 가정한 엔텔레키의 개념도 그것이 어떤 다른 실재 개념과 논리적으로 연결되지 않는 한 단순히 전혀 알 수 없는 어떤 것을 설명하기 위해 사용된 것에 불과하다. 그러므로 설령 다소간 과학적으로 포장되어 있더라도 영혼을 가정하는 것과 거의 오십보백보의 차이밖에 없었다.

또한 최근에는 사람들이 과학을 비교적 많이 신뢰하는 점을 이용하여 과학적 근거가 필요 없는 일까지 과학적으로 유사하게 포장하여 사람들을 속이고자 하는 사례가 많다. 새로운 약품 광고나 민간요법 등에서 과학적 술어를 과장되게 나열하고 과학적으로 유사하게 포장하여 초보자를 속이는 일이 많은 것은 매우 개탄스러운 일이다.

하여간 진실로 과학적이기 위해서는 정확한 논리의 일관성이

3) 드리슈 : Adolf Eduard Hans Driesch, 1867~1941. 독일의 생물학자이자 철학자. 기계론적 생명론을 비판하면서 엔텔레키 인자의 존재를 가정한 신생기론(新生氣論)을 제창했다.

요구된다. 논리에 따라 생각하는 것은 우리 인간에게 특별한 흥미를 느끼도록 해준다. 수학적 문제를 푸는 무한한 즐거움은 수학을 배우는 자가 경험하는 바이다. 자연과학에서는 그러한 논리적 관계가 자연현상 속에서 만족되고 있다는 것이 알려질 때 자연의 경이를 체험할 수 있다. 그러므로 일반인이라도 전문 학자로부터 충분한 설명을 듣기만 하면 동일한 흥미를 느낄 수 있다. 그리고 자연의 사실에 관하여 여러 가지 의미를 찾아낼 수 있다.

그 일례로서 푸앵카레가 천문학에 관해 서술한 것이 과학의 가치를 아는 데 매우 유용하다고 생각되기에 인용하기로 한다.

첫째, 천문학은 위대하고 섬세하다. 이를 통해 우리는 자신을 초월할 수 있다. 우주에서 인간이 얼마나 왜소한가? 그런데도 우리의 오성(悟性)은 대우주를 자기 속에 품고 소리 없는 음악을 즐길 수 있다. 여기에서 우리는 자신의 능력이 위대함을 자각하고 무한한 힘을 받는다. 그렇기 때문에 우리는 어떤 비용을 지불하더라도 결코 아깝지 않다.

둘째, 우리가 천문학을 통해 자연을 이해할 수 있다는 것은 천문학은 다른 유용한 여러 과학의 연구를 진행하기 위해 근본적으로 도움이 되는 학문이기 때문이다. 옛날에는 인간이 우주를 신령하고 불가사의한 존재로 여기고 두려워하면서 다만 그 뜻을 받아들이고자 노력했다. 하지만 오늘날에는 그 비밀스런 자연법칙을 어느 정도까지는 파악할 수 있으므로 이 법칙의 이름으로 자연에 명령도 할 수 있다. 법칙은 자연 그 자체에 속하기 때문에 자연은 그것을 위반할 수 없다. 외견상으로 무질서한 자연 속에 이러한 일정한 법칙이 존재함을 비로소 우리에게 가르쳐 준 것이 바로 천문학이다. 천문학 분야에서 화려한 성공이 없었다면, 물리학 영역은 여러 법칙의 존재를 예상하고 그것을 열심히 탐구하는 사람들을 격려할 수 없었을 것이다. 천문학은 단지 법칙의 존재를 가르쳐 주었을 뿐만 아니라 그것이 공간적 · 시간적으로 불변이라는 점, 무한할 정도로 정밀하다는 점, 현상은 복잡하지만 법칙은 지극히 간단하다는 점 등 매우 중요한 자연의 성질을 우리에게 분명하게 해주었다. 우리가 이러한 것들을 알게 됨으로써 자연을 과학적으로 연구하는 방침을 확립할 수 있게 된 것은 얼마나 다행한 일인지 모른다.

셋째, 천문학은 우리에게 눈으로 보이는 외관이 신뢰할 만하지 않다는 점을 가장 잘 가르쳐 주었다. 즉 우리가 움직이지 않는다고 여겼던 대지가 실제로는 운동하고, 동쪽에서 서쪽으로 하늘을 돌고 있는 태양과 별이 도리어 그렇지 않다는 것은 천문학을 통해 알게 되었다. 단지 감각적으로 나타나는 것이라 하여 반드시 자연의 사실로서 받아들일 수는 없다는 것을 여기에서 알 수 있다.

넷째, 천문학은 만물이 인간을 위해 만들어졌다는 고대 사상의 잘못을 우리에게 가르쳐 주었다. 우주에서 지구의 지위를 천문학적 견지에서 인정한다면, 우리는 이제 이러한 인간중심사상을 바꾸지 않을 수 없다.

다섯째, 천문학은 우리에게 아무리 큰 숫자라도 두려워하지 않도록 해주었다. 오늘날 우리는 무한히 큰 것과 무한히 작은 것에 대해 예사로 말한다. 하지만 고대인에게 그것은 몽상에 속하는 것이었고 쉽게 믿을 수도 없었다. 이러한 곤란을 이겨 낼 수 있었던 것은 실제로 천문학에서 먼저 그것을 필요로 했기 때문이다.

푸앵카레는 이러한 이유를 든 뒤, "태양의 성분을 연구해도 그 지식은 사회학에 이익이 되지 않기 때문에 쓸모가 없다"라고 말한 콩트의 생각이 천박하다고 비판했다. 과거의 천문학이 우리가 신학적 입장에서 실증적 입장으로 바꿀 수 있도록 절대적으로 공헌했던 것과 마찬가지로 장래의 천문학도 우리에게 중요하고 유익할 수 있다고 했다. 또 천체물리학의 최근의 발전은 멀리 있는 별에 관한 놀랄 만한 지식을 이미 우리에게 제공했고 과학적으로 올바른 우주관을 세워 주었다고 언급했다. 과학자에게 실험이 절대적으로 필요하다면, 별이야말로 인간의 작위를 초월한 가장 위대한 실험실이며 우리는 이 실험실에 출입하며 풍부한 지식을 획득할 수 있다. 만일 장래의 천문학이 어떤 다른 유용한 과학에 줄 수 있는 모든 것을 전부 제공해 버리고 하늘이 영원히 암운에 가려져 천문학 연구가 없어지더라도 아무런 지장이 없다고 말하는 자가 있다면, 이는 실로 어리석은 생각이다.

옛날 프톨레마이오스[4] 시대에도 모든 것을 안다고 믿었던 사람

---

4) 프톨레마이오스 : Klaudios Ptolemaeos, 85?~165?. 고대 그리스의 천문학자·지리학자·수학자. 지구가 우주의 중심이라는 천동설에 근거를 둔 수리 천문서 『알마게스트』를 저술했다.

들이 많았지만, 우리는 그후에 거의 모든 것을 배웠다고 푸앵카레는 말했다.

물론 푸앵카레가 천문학이 어떤 유용한 결과를 제공하기 때문에 우리에게 중요하다는 실용주의와는 전혀 반대의 입장에 있었던 것은 이미 서술한 대로이다. 그에게는 진리야말로 유일한 목표였다. 과학의 가치는 실로 인간이 가장 경탄할 만한 무한한 아름다운 조화를 드러내는 진리의 발견에 있다고 한다. 이야말로 인간의 참된 이상이라고 그는 생각했다. 실제로 실용주의를 취할 것인가 혹은 이상주의에 따를 것인가는 사람에 따라 다르겠지만, 옛날부터 지금까지 존중할 만한 위대한 과학자 대부분이 단순히 실용을 위해서가 아니라 오히려 그것을 초월한 순수한 이상을 위해 과학 연구에 열렬한 정열을 스스로 느꼈다. 이를 통해 오늘날 훌륭한 과학이 탄생했다는 엄연한 사실을 인정하지 않을 수 없다. 과학을 교양으로서 생각할 경우, 특히 이 중요한 사실을 간과할 수 없다.

과학이 아무리 발달하더라도 우리가 알 수 있는 것에는 한계가 있다는 것을 부정할 수 없다. 우리가 연구를 깊이 할수록, 언제나 그 앞에 우리의 손이 닿을 수 없는 무한한 세계가 펼쳐지고 있음을 실제로 느낀다. 그러나 우리는 이 한계를 조금씩이라도 넓혀가기를 바란다. 한계 안에서는 모든 일이 우리의 논리에 의해 질서 있게 정리되며 우리는 이에 대해 절대적인 조화의 미를 느낄 수 있다. 우리가 자연과학을 통해 자연 속의 그러한 관계를 드러낼 수 있다는 것은 실로 놀랍다. 이러한 경이의 감정이야말로 우리에게 무한한 가치를 지니는 것이어야 한다. 우리의 종교적 마음, 도덕적 마음, 예술적 마음조차 모두 이와 관련될 수 있기 때문이다.

먼저 자연 속의 그러한 관계는 우리로 하여금 인간보다 한층 위대한 존재를 경험하게 해준다. 사람들은 인간이 과학을 통해 자연을 정복하고 인간이 원하는 방식으로 세계를 만들어 간다고 생각한다. 하지만 이 경우에 우리는 자연법칙을 움직일 수 없음을 더욱 절실하게 느끼며, 이른바 자연의 정복은 이 법칙을 지닌 자연에 복종함으로써만 달성된다. 이렇게 엄연하게 존재하는 자연이야말로 종교의 중심을 이루는 신이라는 사상과 연결되어야 한다. 고대로부터 지금까지 모든 종교는 자연을 불가사의한 것으로 여기는 감정 속에서 생겨났다. 종교는 우리의 모든 논리를 초월하므로 종종 과학과 충돌하는 결과를 초래하더라도 전혀 이상한 일이 아니다. 바꾸어 말하면 그것은 본래 과학적 지식의 한계를 넘어선 저편에서만 성립할 수 있다. 과학의 발달이 그 한계를 넓혔는데도 종교가 최초의 영토를 고수하는 점에서 당연히 충돌이 일어난다. 그러므로 그러한 종교는 과학의 발달과 함께 스스로 후퇴해야 하는 운명에 처하게 된다. 이에 반해 과학적 지식의 한계 안에서 인정되는 여러 사실에 근거하여 종교적 신앙이 생긴다면 여기에서 비로소 과학과 모순되지 않는 종교가 생긴다. 과학이 보여 주는 것을 진리로 믿는 것은, 즉 이러한 종류의 종교적 마음이다. 보통 미신이라 불리는 것은 이와 반대로 과학적 지식에 위배되는 것을 진리로 인정하는 일종의 신앙이기 때문에 그러한 미신에 빠지지 않기 위해 당연히 교양으로서의 과학이 절대적으로 필요하다.

과학적 진리라 하더라도 그 내용은 과학의 발달과 함께 바뀌어 간다는 것이 자주 지적된다. 그래서 바뀌게 된 것은 진리가 아니라고 한다. 그러나 과학의 방법에 대해 우리가 조금만 깊이 생각해 보면 과학이 제공하는 것은 항상 어떤 일정한 것으로 점진적으로 근접해 가고 있다는 점을 믿지 않을 수 없다. 과학의 법칙과 이론이 항상 변하더라도 그것은 무분별한 수정이 아니라 도리어 어떤 하나의 극한으로 유도되는 과정이다. 즉 그러한 극한을 하나의 이념으로 간주하고 그 존재를 믿는 곳에 과학적 진리의 본질적 인식이 가능하다. 그것을 믿는 자에게 이러한 이념은 절대적이며 다른 것으로 대체될 수 없다. 물론 그러한 사고는 일종의 신앙이기 때문에 그 필연성을 실증할 수는 없다. 그렇지만 그것은 실제로 다수 사람들의 심리적 경향으로 나타나는 것이다. 또한 우리에게 대단한 이익을 주고 있다고 설명할 수 있다.

첫째, 그것이 과학 그 자체의 발달에 얼마나 유용한가 하는 점은 이미 앞에서 서술했듯이 거의 모든 위대한 과학자가 이러한 이상주의의 신봉자이다. 그것은 지극히 어려운 연구에 심신을 아끼지 않고 가장 열심히 종사한다는 사실에서 볼 때 분명하다.

둘째, 이는 우리의 온갖 도덕적 마음과 관련된다. 또한 이러한 마음을 고무하는 점에서 우리에게 매우 유용하다고 할 수 있다.

근본적으로 과학적 진리가 객관적이고 보편적이라는 점은 가장 공평하고 엄정하다는 것을 의미한다. 이는 어떤 이익에 의해 좌우되는 것이 아니다. 따라서 그러한 것을 진리로서 사랑한다는 것은 우리의 마음이 가장 청정하도록 이끌어 준다. 또 이 진리가 엄연히 자연에 존재한다는 점에서 위대한 것에 대한 존경의 마음을 불러일으킬 수 있다. 이는 매우 냉정하지만 우리가 거기에 순응만 한다면 언제나 같은 편이 되어 협력한다. 그리고 그것은 가장 엄밀하여 아무리 사소한 것이라도 소홀히 하지 않기 때문에 치밀하고 신중하게 사고하는 습관을 부여한다. 과학자는 매우 사소한 일도 가볍게 다루지 않고 거기에 주의하여 다른 것과 동등한 가치를 갖는 것으로 취급해야 한다. 또 아무리 미세한 잘못이라도 소홀히 하지 않도록 미리 조심해야 한다. 그리하여 과학은 조잡한 사고를 배제하고 모든 사물을 신중하게 다루는 사상을 양성한다.

이 밖에도 중요한 것은 과학적 진리는 결코 한 개인에 의해 이루어지는 것이 아니라 모든 시대, 모든 나라 사람에 의해 추구되어야 한다는 점이다. 과학은 개개의 무수한 돌조각으로 쌓아 올려진 석조물과 같은 것이며, 모든 사람은 그것을 완성하기 위해 항상 공동으로 노력해야 한다. 이 일은 사람들에게 협력의 정신과 연대 책임의 감정을 불어넣어 준다.

이상에서 열거한 여러 가지 도덕적 성질에 반하여 과학은 때로 반도덕적 행위에 가담하기도 한다는 문제가 있다. 예를 들면 어떤 과학적 방법으로 살인과 절도와 같은 범죄를 저지르거나 과학적 무기로 비참한 전쟁이 수행되는 경우이다. 그러나 과학이 우연히 범죄에 이용되더라도 그것은 사용자가 처음부터 나쁜 일을 저지를 의도를 갖고 있었던 점이 도덕적으로 비난받아야 하는 것이며, 당연히 과학 자체에 죄를 씌울 수는 없다. 과학적 무기가 전쟁을 비참하게 하는 것은 때로 사실일 수도 있겠지만, 일반적으로 전쟁은 언제나 정의의 이름으로 행해지는 것이 사실이다. 따라서 이 경우에는 그때마다 전쟁 행위의 도덕성에 관해 근본적으로 논의할 필요가 있다. 전쟁은 가능한 한 피해야 하는 것인 한편, 위력 있는 과학적 무기의 존재가 오히려 전쟁을 불가능하게 만들 수도 있다. 그러한 문제는 과학적인 물질문명이 도리어 인간을 불행하게 만든다는 것과 마찬가지로 사회적 관점에서 한층 깊게 고찰되어야 한다. 단지 그것을 두고 과학에 대해서만 책임을 묻는다면 정당한 결론을 도출할 수 없다.

일반적으로 이상주의의 입장에서는 과학을 현실 사회로부터 추상해서만 생각하는데 이에는 분명 커다란 결점이 있다. 그래서 오늘날에는 오히려 사회적 관점에서 과학을 보는 것이 매우 강조되고 있다. 이 경우에도 사실상 이상주의적으로 본 과학의 본질은 사라지지 않았다. 다만 그것이 여러 가지 방식으로 바뀌어서 드러나는 것이다. 따라서 나는 순수한 교양으로서 과학을 볼 때는 역시 전자의 모습이 중요하게 고려되어야 한다는 것을 강조해서 서술했다.

마지막으로 과학적 진리와 예술적 정신의 연관성인데, 그것이 얼마나 조화의 미를 우리에게 보여 주는가를 주목해 보면 충분하다. 이미 수학에서 그것이 나타난다는 것을 푸앵카레는 우리에게 보여 주고 있다. 자연에 무한한 조화의 미가 있다는 것은 더 말할 나위 없다. 모든 과학은 논리에 의해 성립되지만, 모든 과학적 발견이 반드시 논리에 의해 이루어지는 것은 아니다. 도리어 전적으로 직관적 추리에 의한 것이며 그 근저에 대부분 조화의 미에 대한 감각이 있다는 점을 주목해야 한다. 그러한 조화의 미야말로 모든 미 개념의 기초이다. 한편으로 예술은 단순한 외적 감각의 미를 추구하여 성립된 것이지만 예술의 발달 과정에서 내적 요소가 고려되었다. 마침내 단순한 장식의 미 외에 보다 진실한 것에 나타나는 미를 지향하게 되었다. 사실주의에서는 자연 속에 있는 미를 발견하는 것을, 인상주의와 상징주의에서는 뭔가 진실한 모습을 탐구하는 것을 목표로 했다. 하지만 다시 근대의 온갖 추상적 순수예술에서는 새로운 조화의 미의 구성이 주제가 되었다. 이는 마치 자연과학이 자연의 모습을 탐구하면서 새롭게 과학적 환경을 만들어 내는 것과 마찬가지이다. 더구나 순수하게 과학적으로 만들어진 온갖 기계의 형태가 예술적으로 이른바 구성의 미라는 의미를 지니게 된 것을 보면 미의 본질이 결코 과학과 분리되어 있지 않음을 깨닫기에 충분하다. 이 밖에 과학적으로 분석되는 온갖 형태에서 우리가 미를 느끼는 것은 모두 어떤 목적에 대하여 가장 잘 만들어진 것에 미가 있다는 것, 즉 목적 형태의 미를 우리에게 보여 주는 것이다.

과학에 관해 생각해야 할 문제는 아직도 적지 않다. 가장 중요한 것은 세계관의 문제이지만, 그것은 본질적으로는 철학의 영역에 속하므로 여기에서 자세하게 설명하지 않겠다. 그러나 그러한 논의에서 우리는 어디까지나 과학이 지시하는 바를 무시할 수 없기 때문에 과학을 교양으로서 우리가 직접 배우고 익힘으로써 비로소 이에 관해 타당한 고찰을 할 수 있다는 것도 알아야 한다. 하여간 과학의 일반적 의미를 깊고 철저하게 이해하는 것이 중요하다. 이에 대해서 나는 하여간 예부터 지금까지의 위대한 과학자의 말을 숙독하라고 여러분에게 권하고 싶다. 거기에는 물론 온갖 입장이 있으나, 모두 각각의 의미에서 틀림없이 교양으로서 귀중한 역할을 할 것이다.

이 밖에도 자연과학에 대해 그 진상을 알기 위해서는 실험 관측을 체험하는 것이 필요하다. 스스로 해보지 않으면 실제의 맛을 알 수 없기 때문에 자연 자체를 참으로 이해하는 것도 어렵다. 그러나 보통 실험은 어느 정도 전공에 들어가야 하기 때문에 단지 교양에 도움이 되기 위해서는 적당하고 특수한 것을 선택할 필요가 있다. 이 점에서는 데라다 도라히코[5]의 물리학 연구가 참고할 만하다. 그는 일반적으로 흥미로운 문제를 다루었다. 거기에

5) 데라다 도라히코 : 寺田寅彦, 1878~1935. 물리학자이자 수필가. 저서로는 『만화와 과학』, 『과학과 문학』을 비롯하여 『물리학 서설』, 『물리학자의 마음』, 『지구물리학』 등이 있다.

서 시작하여 학술적으로도 중요한 고찰을 끌어내고 있다. 따라서 그것은 일종의 취미로서도 훌륭한 동시에 지극히 유용하기도 하다. 이는 교양을 위한 과학에서 최고일 것이다. 데라다의 수필이 이미 세상에 널리 읽히게 된 것도 이 점 때문이다. 우리가 이를 통해 온갖 자연을 고찰하고 그 밖의 일상적인 일도 과학적으로 사색한다면 유익한 점이 결코 적지 않을 것이다.

◎ 이시와라 준(石原純, 1881~1947)

물리학자이자 가인. 유학 시절 아인슈타인 밑에서 수학했으며 특수상대성이론과 양자론을 연구했다. 저서로는 『상대성원리』, 『우리의 실험실』, 『자연과학개론』, 『인간애』 등이 있다.

교양을 위한 사회과학

1

최근 교양이 자주 문제가 되고 있는 것 같다. 여러 경우에 교양이라는 말이 사용되고 있다. 경찰관이 법규를 방패 삼아 형식적인 이유에서 사람을 구속하거나 인권을 유린하는 경우 경찰관에게 교양이 부족하기 때문이라고 한다. 또 올림픽에 출전한 선수의 행동이 비난받을 경우 스포츠맨과 교양의 관계가 문제 된다. 학생이 시험을 위한 공부와 일반적으로 지식 교육에 편중된 교육 제도의 희생양이 되어 교양이 부족하다고도 한다. 혹은 일본 국민은 일단 유사시에 자기 몸을 희생하여 국가를 위해 힘을 다하지만, 일상생활과 단체 행동 등에서는 공덕심이 결여된 천박한 행동이 많아 문명 국민으로서 교양이 부족하다고 한다.

이처럼 교양이라는 말이 사용되는 경우는 다양하며 적극적으로 무엇을 가리키는지 명확하지 않다. 어떤 일에서 부분적으로 또는 일반적으로 지나친 점과, 어떤 전체나 완전한 것에 비추어 부족함이 있는 경우를 소극적으로 표현하고 있는 것 같다. 즉 인간으로서 배우고 자라면서 갖추어야 할 것을 갖추고 있지 못한 경우에 이 말이 사용되고 있다.

그러니 인간으로서의 사회적 존재는 다양하며 복잡한 관계를 지니고 있으므로 인간으로서 갖추어야 할 교양도 간단한 말로 표현할 수 없는 복잡한 것이다. 앞에서 든 예에서 보자면 경찰관, 스포츠맨, 학생, 국민은 각각 인간 세상의 다면적인 사회적 존재이다. 그러한 다양한 측면의 사회적 존재에 각각 특수한 교양이 있는 것일까, 아니면 그것을 통일한 인간으로서의 교양이 있는 것일까? 여기에 생각해야 할 심각한 문제가 있다.

최근 '휴머니즘'의 문제가 일본의 사상계에서 논의되고 있다. 그것이 교양의 문제와 관련하여 고찰되고 논의되고 있는 것은 결코 우연이 아니다. 즉 인간의 사회적 존재의 어느 일면이 절대적으로 강조된다. 그것의 기초가 되는 사상, 논리, 실천이 다른 사회적 존재를 압박하게 되는 사태가 발생한 것이 제2차 세계대전 이후 일본의 정세였다. 인간의 계급적 존재라는 구속성에 의거하여 인간의 개성과 국민성을 경시한 것이 마르크시즘이었다. 이에 반해 인간의 국민적 존재를 강조하고 개성과 계급성을 무시하고자 한 것이 파시즘이다. 이처럼 좌우로부터의 사상적 압박의 결과로서, 그 어느 쪽에도 동조할 수 없었던 측에서 다시 인간 존재의 근본 형식으로 돌아가 새로운 사색을 시도한 것이 휴머니즘이다.

휴머니즘과 교양은 이론적으로 반드시 동일한 사상적 문제가 아니며, 실천적으로 각각 서로 다른 측면을 지니고 있는 동시에 깊은 관련을 갖고 결합될 수 있는 면이 있다. 먼저 역사적으로 보아 근대 휴머니즘은 중세적 교권의 종교적 지배와 봉건적 제도의 신분적 속박으로부터 개인을 해방하고자 하는 '자아 자각의 역사'라는 면을 지니고 있다.

또한 인간의 마음을 구속하고 통제하는 구조적 · 제도적 권위에 대항하여 인간 내면에 있는 자아의 창조적 소산인 문화와 예술의 권위를 세우고자 하는 인문주의의 형태를 취했다. 오늘날 구조적 · 제도적 권위가 그 성질을 달리하고 있더라도 마찬가지로 구조적 · 제도적 권위라고 할 수 있는 프롤레타리아 계급의 독재주의와 국민적 공동체의 지도자 조직에 대하여 개인, 특히 단결력을 갖고 있지 못한 지식인의 반항과 자유의 옹호는 외형적으로 휴머니즘과 일치한다.

그리고 외형상의 일치를 넘어서 이 문제에 대한 사색과 검토를 계속해서 재촉하는 것이 있다. 그것은 현대 일본의 국민이 현실에서 체험해 온 사상 문제 자체의 본질적인 발전이다. 개성의 신장과 자유의 확장을 정치적 · 경제적 · 사회적 생활 속으로 파급시키고자 하는 자유주의사상이 자신의 생성과 발전을 위한 충분한 기회를 갖지 못하던 중, 당연한 발전으로서의 일면을 가진 사회주의사상이 대두했다. 더구나 폭풍처럼 밀려온 공산주의 이론과 실천을 통해 일본 국민은 사상적으로 급격하게 발전했다. 동시에 강력한 반동 세력에 의해 실천운동이 분쇄되는 심각한 실패를 경험하게 되었다.

이어서 파시즘으로 흐르는 조류에 모든 국민의 사상이 통제되는 상황에 이르렀다. 이처럼 급격하게 유동하는 사상계의 조류에 봉착하여 사람들의 사상적 입장은 어느 한쪽의 사상을 고수하면서 실천적으로 투쟁하거나 그러한 투쟁의 현실과 결과가 투쟁을 위한 투쟁에 빠질 수밖에 없는 무의미한 사투라는 것을 생각하면서 한 걸음 물러나 사회사상의 배후에 있는 철리(哲理)와 근본 문제를 다시 검토하는 경향을 보여 왔다. 이것이 현대 휴머니즘의 입장이며 실천적 · 사회적 운동보다 개인적 · 문화적 교양에 대한 논의가 생겨난 계기이다. 이 입장은 소극적이면서도 오늘날 지배적 경향인 파시즘에 대한 비판적이고 건설적인 반대의 역할을 담당하고 있다.

교양의 문제는 이같이 각자의 일상생활과 사회적 지위와 관련하여 생활환경 그리고 직업적 구속을 떠나 인간으로서 더욱 넓고 깊은 소질, 품격, 능력을 의미하는 심성과 소양의 문제일 뿐만 아니라 인간 개성의 일반 역사, 사회, 국가 등에 대한 관계를 분명히 하는 철학적 문제이기도 하다. 따라서 이것을 철저하게 탐구하고 논의하는 것은 이 짧은 글로서는 다할 수 없다. 교양의 문제는 그만큼 깊이와 넓이를 지니는 사상적인 문제라는 점을 전제하면서 사회과학과의 관계를 서술하기로 한다.

2

교양의 문제를 고찰할 때, 특히 교양과 사회과학의 관계를 고찰할 때 먼저 상기할 것은 교양과 지식의 관계이다. 교양은 물론 지적 교양을 포함하고 있지만 교양의 본질은 지적인 것만이 아니다. 때로는 지적 요소 그리고 그것을 주로 하는 지적 태도는 오히려 반교양적인 것으로 보이기도 한다.

교양의 본질은 윤리적 · 심미적 혹은 정서적 요소에 있다. 개인의 신장, 자아의 발양, 개성의 개발이 주장되고 실천되는 장소는 먼저 문화적 행위와 예술적 창작이라는 점에서 그것을 쉽게 알 수 있다. 교양을 중시하는 사람들이 단체의 권위와 전통의 압박에 저항하여 자신을 지키고 자아의 권위를 주장하는 것은 사색과 창작에 근거를 찾고 있기 때문이다. 그러한 근거가 가장 쉽게 드러나는 것은 문화적 · 예술적 영역이다.

이 점에서 생각나는 것은 필자가 일고 재학 중에 경험한 일이다. 대체로 어느 시대에나 그렇겠지만 고등학교 시절 학생의 생활은 두 경향으로 나뉜다. 하나는 독서와 창작에 흥미를 갖고 정진하는 부류이며, 다른 하나는 운동과 단체 행사에 참가하여 열의를 드러내는 부류이다.

그런데 반드시 정확한 표현은 아니겠지만, 전자의 경향을 지닌 부류는 교양파 혹은 온건파로 불리고, 후자는 이와 대조적으로 행동파 또는 강경파로 불린다. 교양이 온건파로 불리는 것은 이 경우 떠올리게 되는 문학과 예술, 철학과 사상이 비행동적 내면성을 보이기 때문이다. 교양이 소설과 시작(詩作)에 한정된 것이 아니며, 또한 그렇게 한정되면 의미가 매우 협소해지나 그렇게 연상되는 데에는 어느 정도 이유가 있다.

개성의 개발과 성장의 예술 또는 미의 세계에서 가장 쉽게 인정된다면 교양의 문제가 역사적으로도 이론적으로도 우선 이 방면과 관련되는 점은 일리가 있다. 미적 교양이 단순한 취미, 기호, 도락을 넘어서지 못하고 결국 스스로 타락한 비윤리적이고 이기적인 활동에 빠지게 되는 경우가 있더라도 올바른 의미에서의 미적 교양이 교양의 첫째 의미로 간주되는 까닭은 교양의 본질이 자기개발에 있기 때문이다. 자기개발을 위한 가장 쉽고 정당한 분야가 예술과 문학이기 때문이다.

내가 고등학교에 다니던 시절 선배들이 권유해 준 책 중에 휴 블랙[1]의 『교양과 억제(*Culture and Restraint*)』가 있었다. 그중에서 '괴테의 자기개발주의와 도덕'을 논하며 휴 블랙은, 글자 그대로의 의미에서 이기주의라고 해서는 맞지 않지만 괴테는 인생의 모든 사물을 예술상의 재료로 보고 모두 자기 발현의 수단으로 간주하는 유혹에 시달리면서 한순간도 자아의식을 잃지 않았다고 평하고 있다. 윤리와 종교의 입장에서 보아 괴테의 생애와 행동에 납득이 가지 않는 어떤 경우에는 용서할 수 없는 점이 있다고 설

1) 휴 블랙 : Hugh Black, 1868~1953. 스코틀랜드 출신 미국의 신학자. 뉴욕의 유니언 신학교에서 실천신학 교수를 역임했으며 저서로는 『새로운 세상』, 『교양과 억제』, 『인간 존재의 모험』 등이 있다.

명하여 나도 공감했으나, 요즘의 학생들이 휴 블랙의 책 따위는 거들떠보지도 않음에 반해 점점 활발하게 진행되고 있는 괴테 연구에는 오늘날 많은 청년이 매력을 느끼고 있다. 이것을 보면 괴테의 전 생애에 걸친 예술적 계획은 인간 교양의 문제로서 도덕적 관점에서 간단히 평가할 수 없는 위대한 실례라고 보아야 한다.

미적 교양이 단순히 예술적 가상 세계에 그친다면 인간 교양으로서의 가치는 지극히 한정될 것이며, 윤리적 · 도덕적 세계에서의 실천이 이와 모순되면 용납될 수 없다. 그러나 괴테의 경우처럼 예술적 세계에서의 활동이 이윽고 실천적 활동으로 옮겨 가 전자에서의 개체의 창조성이 후자에서의 전체성 속에서 자기 유한성을 자각하여 협동에 대한 윤리 관념을 불태운다면, 미적 교양과 윤리적 교양은 모순되는 것이 아니라 오히려 후자의 형식성을 내면적으로 보충하고 충실하게 하는 중대한 역할을 담당하는 것이다. 이는 단지 윤리적 교양과의 관계에서 중요시되어야 하는 것이 아니라 현대와 현대인의 정치적 교양에서 미적 교양이 중요한데도 근본이 결여되어 있음이 중대한 결함이라고 할 수 있다. 실러가 괴테의 『빌헬름 마이스터의 편력 시대』를 평하면서 "빌헬름은 공허하고 불안한 이상에서 확정된 활동 세계로 들어가고 있다. 그때 이상화하는 힘을 버리지 않고"라고 말한 것은 미적 교양과 윤리적 · 정치적 교양의 내면적 · 발전적 관련성을 말한다고 할 수 있다.

3

교양의 문제가 심미적 · 예술적 생활 태도의 중대한 시원적 요소라는 것은 결국 지성 또는 지적 태도와의 배반 관계를 보여 주는 것 같다. 지성은 그 근원에서 교양이 목적으로 삼는 것과는 거리가 먼 것에서 발생했다. 그것은 인간의 물질적 생활의 경험에서 생겨난 사유의 소산이다. 그것은 기껏해야 처세 또는 세상을 살아가는 길에 불과하다. 인간이 그 주변의 자연과 싸워야 하는 생활상의 노력은 인간이 가진 오성의 힘을 점차 도야하게 했고, 베이컨이 말했듯이 "아는 것이 힘이다"라는 격언까지 만들어 냈다.

동시에 지식은 경험의 집적을 통해 확립되거나 발견과 탐구에 의해 만들어질 때 인간이 보편적으로 지니고 있는 살아가기 위한 노력과 결부되어 점차 보급된다. 본래 생활을 위한 지식은 생활 자체의 대중화와 더불어 대중적인 경향을 지닌다. 한정된 소수의 사람들이 전승 혹은 비밀스런 전수로 소유했던 특정한 지식은 신비한 힘을 지니고 있었지만, 지식의 보급 앞에서는 그러한 매력도 권위도 모두 없어진다. 이 점에서 보면 지식은 대중적이며 민주성을 띠고 있다.

이러한 두 경향 때문에 지성의 문제는 교양의 요소로서 지극히 불안정한 지위에 처하게 된다. 즉 한쪽의 경향에서 보자면 지식은 이것을 지닌 자에게는 힘이 되지만 지니지 못한 자에는 재앙일 뿐만 아니라, 어떤 처세술 혹은 기술로 발전할 가능성이 있기 때문에 비속화 혹은 직업화를 수반하기 쉽다. 다른 한편으로 지식은 끊임없이 진보하고 보급되기 때문에 역사와 전통과 권위의 안정성을 위협하고 생활의 평준화를 야기한다. 사람들이 지식의 평등을 얻기 위해 기회의 평등을 주장하고 생존경쟁과 사회 투쟁의 무기로 삼고자 하는 것은 이 때문이다.

인간의 생존을 위한 지식이 넓은 의미에서 인간의 자기개발에 필요하고 개성의 발양에 필수 조건이라는 것은 말할 나위 없다. 자연과 사회를 지배하는 인과 법칙을 아는 것이 인간 생활에 필요한 것은 분명하다. 지적 계획이 인간 생활에 커다란 요소를 차지한다는 것도 명백하다. 특히 지성의 성질상 그것이 발달한다는 것은 분화하고 전문화하는 것이므로 지식과 과학의 구조는 사회와 직업의 구조와 마찬가지로 분화하고 전문화해 간다. 사람들은 그중에서 지식 일부를 습득하는 데 생애의 대부분을 사용한다. 이는 직업을 얻어 생활해 가는 데 절대적으로 필요하기 때문이다. 이처럼 사람들은 자기개발을 위해서보다는 살기 위하여 그 전제조건을 얻기 위하여 지식을 습득하고자 노력하고 학교에서도 역시 지식 편중에 치우칠 수밖에 없다면 지식이 곧 교양의 목적이 되는 것은 아니다. 특히 지식의 대중적 성격을 고려한다면 단지 지식을 갖고 있다는 것은 그것을 습득할 기회를 가지고 있다는 것을 말할 뿐, 인간적 교양에서 불가결한 요소로 보기는 어렵다.

덧붙이자면 지적 태도는 미적 교양과는 달리 형식적 · 분석적 · 대립적이며 배타적이기 쉽다. 지식을 지식답게 만드는 이성은 어쨌든 모가 나기 쉽고 내용은 보지 않고 형식을 존중하는 경향이 있다. 사태의 전체를 보지 않고 부분만 거론하는 데 힘쓴다. 사람과 사람의 결합보다 사람과 사람의 차이에 착안하여 결과적으로는 통일보다 대립을, 협동보다 배타를 초래한다. 그러한 지적 태도는 교양의 요소로서는 결함, 즉 소극성을 보여 준다.

본래 자연과학도 대체로 마찬가지이겠지만 사회과학이 사회현상에 관한 계통적 지식인 이상, 그 대상인 사회의 특질로부터 오는 한계는 별도로 치더라도 앞에서 서술한 지식의 공리성과 대중성 그리고 지적 태도에 일반적으로 통용되는 부분적 성격을 면할 수 없다. 이러한 특질은 지식에 포함된 인생 가치를 보여 주는 것이며 인생이 자연적 · 물질적 기초를 떠나 존재할 수 없는 한 그 생활상의 의의는 무시할 수 없다. 인간이 생존하기 위해 사회적으로 생존경쟁을 하지 않을 수 없는 한 지적 작업은 불가결한 무기이며 수단이다. 인생의 목적보다 수단을 중시하는 가치의 전도가 일어나더라도 인생의 부분적 현상으로서 어쩔 수 없다. 이는 결코 지적 계획의 중요성을 무시하는 것이 아니다.

그런데 우리가 문제로 삼고 있는 것은 교양으로서 사회과학의 지식이다. 따라서 교양이 인생의 최고 목적이라고 단정할 수 없는 이상, 인생의 가치를 지닌 과학적 지식을 따로 교양의 요소로 간주하면서 교양의 의의를 찾을 필요가 없다고 말하는 사람이 있다. 인생의 실천에서 각각의 생활 투쟁의 무기를 제공하고 있는 지식은 그 공리성만으로 충분하며 대중성에서 충분한 가치가 있고 미신과 신비를 타파하는 분석력만으로도 예찬받을 만하다는 사람도 있다. 실제로 자본가는 자신의 목적을 달성하기 위해 지식과 기술을 추구한다. 정부는 그 목적에 부합하는 졸업생을 요구한다. 계급투쟁에는 그것을 해명하고 지도하는 이론이 있으므로, 이러한 실천을 떠난 지식의 기능은 존재하지 않고 사람들이 그것을 추구하지 않는다는 주장도 있을 수 있다. 그러나 여기에 주어진 문제는 교양으로서의 사회과학인 만큼 교양 자체의 인생 가치를 어떻게 인정할 것인가 하는 근본 문제는 잠시 제쳐 두고 교양의 관점에서 사회과학을 논의해야 한다.

4

사회과학은 오늘날 그 내용이 매우 다양하다. 역사적으로 가장 오래된 사회과학은 오늘날의 윤리학과 정치학을 합한 국가학이며 그리스에서 발달한 것이다. 그리스적인 국가학의 발생과 성립에서 이미 우리는 사회과학의 공리성과 대중성을 찾을 수 있다. 즉 아테네 같은 민주적 정치 형태가 취해진 국가에서야 비로소 국가와 정치에 관한 지식이 교육된 것이다. 전제적 정치 형태를 실행했던 동양의 여러 나라에서 국가에 관한 과학적 지식이 발생하지 않은 이유를 생각해 보면 이는 명료하다.

오래전부터 그리스에 자연철학이 있었더라도 국가에 관한 최초의 지식은 정치가에게 필요한 수사학과 공민이 반드시 알아야 할 사항이었다. 그것을 가르친 것이 소피스트라 불리는 학자들이었던 것은 그리스 사상사에서 유명한 이야기이다. 공리적 의미에서 사회에 관한 지식, 즉 정치와 공공생활에 참여하는 데 유용한 수단으로서의 지식이 최초의 학문 형태였던 점에 주의해야 한다. 이 점은 공리성의 측면에서 근대 자본주의 국가의 국민 교육이 읽기, 쓰기, 산수의 세 가지 기술을 기본 교과목으로 삼고 있는 것과 유사하다. 따라서 처세술 또는 세상살이를 위한 학문이 과학적 정밀성을 더해서 전문적으로 분화하더라도 공리성이라는 점은 변함없다.

그리스 시민을 계몽하고 미신과 전통에서 성립된 폴리스 관념을 타파하고 인간의 이성에 의한 사회질서를 만들기 위해 노력했던 소피스트들의 진보적 역할은 인정하더라도, 이 경우 그들의 활동 대상인 지적 교양은 실천적 수단으로서 기술을 가르친 것이다. 그 응용은 시민이 정치적으로 적절하게 행동하고 처세 목적을 성공적으로 실현하도록 하는 데 있었다. 소크라테스가 나타나 "너 자신을 알라"라고 말한 것은 이러한 기술적 지식을 경멸한 것이 아니라 사람들로 하여금 지식의 본질에 주의하라고 한 것이다. 기술의 배후에 있는 지식의 본체를 알고 단순한 기술적 지식의 이기주의적 응용과 개인을 만물의 척도로 삼는 개인주의적 회의에 빠지는 것을 막고자 한 것이었다. 사태의 본질을 아는 것이 중요하고 지식을 이용하는 것은 그 다음 일이다. 폴리스의 정치도 폴리스의 본질에 대한 이해가 있고 나서 올바르게 행해진다. 근본을 잊고 말단을 실천하는 것은 국가 공동체의 파괴를 초래한다. 정의의 관념 같은 국가의 본질에 대한 이해가 빠진 정치적 지식은 도리어 국가의 존립을 파괴한다. 소크라테스 자신이 국법의 재판 앞에서 담담하게 독배를 든 것은 이러한 정의의 윤리를 스스로 실천한 것이다.

사물의 본질적 개념에 대한 이해를 관념적으로 발전시킨 사람은 플라톤이다. 경제적 판단을 가미하여 다시 풍부한 내용으로 근대적 과학에 물려줄 유산을 만들어 놓은 사람은 아리스토텔레스이다. 그리스 철학의 특징은 지적 교양의 공리주의와 대중적 평준화를 방지하고 교양으로서의 의의를 높인 것이라고 할 수 있다. 인간 지성의 발전에 따른 타락이 일어날 때 이상주의적 · 윤리적 관념의 부흥을 주장하고, 그때 그리스 철학을 되돌아보게 되는 것은 결코 우연이 아니다. 18세기 말부터 19세기 초에 걸쳐 칸트, 피히테, 헤겔로 이어지는 독일 이상주의 철학과 1880년대 영국의 옥스퍼드대학을 중심으로 그린, 브래들리,[2] 보즌킷[3] 등의 이상주의적 사회철학이 발흥한 것은 그에 대한 예증이다.

지적 교양이 대체로 교양의 의의를 배반하지 않기 위해서는 인간 지성의 관념적 기초를 자각함으로써 지식과 기술 이용의 인간

---

2) 브래들리 : Francis Herbert Bradley, 1846~1924. 영국의 철학자. 독일 관념론의 영향을 받아 영국 경험론의 전통에 반대했다. 저서로는 『논리학 원리』, 『현상과 실재』, 『진실과 실재』 등이 있다.

3) 보즌킷 : Bernard Bosanquet, 1848~1923. 영국의 철학자이자 정치사상가. 저서로는 『지식과 실재』, 『개성 원리와 가치 원리』 등이 있다.

적 의의를 한정하는 것이 매우 긴요하다. 지식의 유물론적·감각적 내용은 실천적 이데올로기와 함께 무시할 수 없지만, 내용에 객관적 보편성을 부여하는 것은 이성의 법칙이지 감각적 내용 자체가 아니다. 유럽의 문예부흥을 계기로 그후 여러 나라에서 학문과 예술의 진보와 발전이 있었지만 이러한 지식의 역사적 내용을 떠나 지식 자체를 학문의 대상으로 하기에 이른 근세 철학의 인식론, 특히 이상주의적 철학은 지적 교양의 대상으로서 불가결한 요소이다. 예를 들면 그것이 직접 그 자체의 이용성, 감각성에 전혀 기여하지 않는 형식적이고 관념적인 것이라고 할지라도 철학적 교양이 빠진 지적 교양은 기형이다.

이 점에서 유럽의 문예부흥과 그후의 발전을 경험하지 못한 나라들의 지적 교양에는 일종의 부족함이 있다. 과학이 있고 학문이 있고 기술이 있어도 교양이라는 점에서 편협함과 기형성이 보이는 것은 이러한 이상주의 철학의 시대를 가지지 못했기 때문이라고 해도 지나친 말이 아니다. 일례로서 러시아를 들 수 있다. 같은 마르크시즘이더라도 러시아의 레닌주의가 마르크스의 역사적 진화주의보다 엥겔스의 유물론적 과학주의 측면을 더 발전시킨 까닭은 러시아의 정신사는 유럽의 문예부흥 시기를 갖고 있지 않았기 때문이다.

지적 교양은 과학적 지식 외에 지식 자체의 학문인 철학적 교양을 지녀야 한다. 지식의 공리성과 실천성을 경멸하는 것이 아니라 그것이 한정되어야 한다. 이러한 제한이야말로 지적 교양의 본질이며 자신의 무지를 앎으로써 더욱 큰 지식에 이를 수 있었던 소크라테스의 지혜이다.

5

지적 교양으로서 과학의 의의는 과학적 지식의 근저에 있는 합리적 정신의 철학적 이해에 있다. 철학적 이해가 빠진 합리주의의 주장과 실천은 과학적 지식의 공리주의와 비속화를 초래하고 국가 공동체의 유기적 윤리성을 파괴하기에 이른다. 자본주의의 합리성은 적절한 예이며 국가 공동체의 물질적 기초의 발전에 유용하고 국민 생활에 진전을 가져온 것이 사실이다. 그 결과 오늘날 같은 경제적 위기를 야기하고 비합리주의를 대두하도록 했다. 지성의 패배라는 현상은 지식 자체의 무용을 의미하는 것이 아니라 다름 아닌 지성의 남용을 경고하는 것이다.

르네상스에서 시작된 인문적 교양은 중세의 신비와 몽롱과 우둔을 대신하여 분석적 · 비평적 정신을 낳았다. 이는 철학적으로는 방법으로서의 합리주의였고 개인적 · 계급적 이익의 달성을 위한 수단으로서 사회적 기능과는 구별될 수 있다. 다른 방면에서도 마찬가지이겠지만 정치학에서 마키아벨리가 남긴 업적은 하나의 과학적 방법으로서 역사적 시대의 실존성을 떠나 존중될 수 있다. 존 시몬즈가 평했듯이 "한편으로 그는 국민의 역사가 확정적 원리를 인식하고, 동시에 극적인 개인의 삽화를 예술적 감정으로 서술할 수 있다는 것을 보여 주었다. 다른 한편으로 그는 정치적 존재로서의 인간의 분석, 헌법의 해부와 정체의 분류, 공적인 행동의 근저에 놓인 동기의 연구, 사무적 행위에서 성공의 비결과 실패의 원인 연구에 몸을 바쳤던" 것이다. 결코 단순한 사회과학자는 아니다. 그의 사상과 생애가 오늘에 이르기까지 흥미롭게 연구되는 까닭은 한 교양인으로서 그의 전 인격의 문제이며, 그 일부에 해당하는 지성의 자각된 방법이 오늘날도 여전히 주목받기 때문이다. 그가 자신의 과학적 방법을 적용하면서 보여 준 거리낌 없는 용기와 자신의 방법에 의한 결과로부터 유도된 결론을 정당화한 곡설에는, 마키아벨리즘이라 하여 사람들이 공포와 혐오를 느꼈지만 과학적 방법 자체를 자각했던 그의 지성은 인류 사상사에 새로운 영역을 덧붙여 주었다. 그리고 지성 자체는 그가 지닌 교양의 한 요소였다는 점을 주의해야 한다.

"아는 것이 힘이다"라는 격언을 남긴 프랜시스 베이컨은 지식과 학문을 공리주의적으로 해석한 사람이지만 지식과 학문을 교양과 분리하여 이해한 것은 아니다. 지적 작업을 절대시하지는 않았다. 그는 수필집 『학문에 관하여』에서 "학문은 즐거움과 수식과 능력의 연마에 유용하다. 즐거움으로서의 주된 효용은 홀로 한거하고 있을 때 나타난다. 수식은 담화를 할 때에, 능력의 연마는 일을 판단하고 처리할 때에 나타난다. 숙련된 사람은 일을 하나하나 정리하고, 또한 각각을 판단할 수 있다. 그러나 전체에 걸친 숙고, 일의 계획과 통제는 학문 있는 사람이 가장 뛰어나다"라고 말했다. 따라서 "학문 자체는 단순한 방법과 수단이며 그 사용법은 학문 속에 있지 않고 학문을 초월한 지혜이다. 영리한 사람은 학문을 경멸하고 단순한 사람은 그것을 숭배하지만 오직 현명한 사람은 그것을 사용한다. 즉 학문 자체는 스스로 사용법을 가르쳐 주지 않는다. 그것은 학문 밖에서 학문을 초월한 관찰에 의해 얻어지는 지혜이다"라고 말했다.

학문을 사용하는 방법 자체가 베이컨이 말한 대로 관찰에 의해 얻어지는가 하는 문제는 별도로 하더라도 학문의 사용이 인간의 인격 가운데 내재하고 있는 힘에 의존하고 있다는 것은 틀림없다. 학문을 살리고 죽이는 것은 그것을 사용하는 인간에게 달려 있고 인간의 판단력을 떠나 있을 수 없다.

인간의 판단력 혹은 사고력에 대해서 일정한 고찰 없이 주관과 객관의 대립, 자연과 정신의 관계를 올바르게 이해할 수 있는 사람은 괴테같이 풍부하고 직접적인 인간이라야 비로소 가능하다. 평범한 사람은 오히려 칸트의 철학이 가르쳐 주는 대로 이 문제에 대한 이해를 확실하게 하는 것이 온당하다. 짐멜은 다음과 같이 말했다.

"칸트의 위대한 이원성이라고 할 수 있는 자연과 정신 그리고 물체와 영혼의 통일은 단지 자연과학적 인식 영상과 일치시키고자 하는 희망을 희생하고서 달성된다. 과학적 실험은 법칙의 일의성으로써 틀을 이루는 것이며 그 틀은 드러나 있는 모든 내용을 하나의 형식, 즉 오성에 부합하도록 파악하는 성질의 형식 가운데에 포괄되는 것이기 때문이다."

이러한 자연과학적 세계관을 지켜 가면서 자연과학적 방법의 효용을 깨닫는 것은 인간의 역사와 문화 그리고 정신세계에서 발생하는 일들을 동시에 이해해야 하는 현대인에게는 필수 교양이다. 유물론적 과학의 끊임없는 진보에 눈멀게 된 문명인은 동시에 과학적 진보의 은택을 입지 못하는 경우에는 비합리적인 신비한 힘의 노예가 되기 쉬운 미개인이기도 하다. 칸트의 철학은 양쪽 극단에 있는 유물론과 신비론의 잘못된 길로부터 사람들을 방지해 주는 부적이며 이정표이다.

6

사회과학의 학습이 단지 실천상의 공리적 수단으로 시작되었다는 것은 그리스의 소피스트에게도, 이탈리아의 문예부흥 초기 인문주의자에게도 보인다. 동시에 사회과학이 좁은 분야에서 이론과 실천의 종합으로 치달아 당파의 전술적 무기가 되기 쉽다는 것도 우리의 경험에 비추어 보아 분명하다.

비속한 공리성과 천박한 실천으로부터 우리를 구해 준 칸트 철학의 의의를 생각할 경우, 일본에서 칸트의 철학과 사회과학의 관계에 관해 한마디 하는 것도 결코 쓸모없는 일은 아닐 것이다. 제1차 세계대전 이전에 일본의 사회과학이 다양한 개별 과학으로서, 즉 법률학 · 경제학 · 정치학 · 사회학으로서 각 분야에서 실천적 요구에 응하여 발달하고 수많은 학생을 배출해 온 것은 말할 것도 없다. 법령의 발포, 법전의 제정, 판례의 집적으로 법률 해석학이 발달하고 사법관과 행정관 그리고 다른 방면으로 취직의 기회를 찾고 있던 학생을 가르치는 일에 공헌했다. 이러한 실증주의적 법률학의 경향은 결코 법률학에만 보이는 고립된 현상이 아니라 정치학과 경제학도 기존의 제도 해석, 기성 개념의 주석, 실증적 자료의 계통화로 일관했다. 이들 사회과학의 과학적 의의에 관해 굳이 방법론적 반성을 하지 않았던 것이다. 대학의 연구와 교육은 국가와 사회에 직업을 구하고 이른바 입신출세의 동기를 갖고 학교로 모인 청년들에게 직업적 훈련의 서론 혹은 총론의 역할을 담당한 것에 불과했다.

그런데 제1차 세계대전은 일본의 국내외 정세에 비상한 자극을 주었다. 자본주의의 발전과 의회 정당의 대두, 사회운동의 앙양은 종래의 실증적 개별 과학에 불만과 회의를 일으켰다. 비로소 사회과학의 방법론적 검토의 필요성을 촉진하고 과학으로서의 임무를 자각하도록 했다. '사회'와 '사회과학'의 발달은 이 시대와 관련해서 이해되어야 할 일본의 특수한 현상이었다. 이것은 유럽 여러 나라의 Social Science 또는 Sozial wissenshaft의 의의와 단순히 동일하게 간주될 수 없는 일종의 복합적 의미를 지니고 있었다. 즉 사회과학은 종래의 실증주의와 달리 인간의 가치 현상을 취급하는 것이다.

이념과 규범이 관련되어 있는 점에서 이상주의적 인생관과 결합되어 있다. 다른 한편으로 개인이 아니라 사회가 그 학문의 대상이다. 종래의 학문에서 무시되어 있던 국민 대중과 사회 집단의 이해득실에 관련된 것으로 종래의 학문에 대해 비판적이며 기성 세력에 대한 반항 학문으로서 출현한 것이다.

전자의 경향은 신칸트학파 철학의 문화과학 또는 역사과학의 방법론에 헤겔 철학의 재생인 정신과학적 방법과 결부되어 일본의 사회과학계에 새로운 면모를 개척했다. 후자의 반항 과학으로서의 사회과학은 초기 단계에서는 사회 · 국가 · 계급 · 개인 등 다양한 이론이 병립했지만, 후기에 들어오면서 마르크시즘의 유물변증법을 중심으로 하는 특정한 내용을 지닌 것으로 발전했다.

전자의 방법론적 색채를 선명하게 한 사회과학과 사회를 담지자로서 어떤 실체를 강조하는 사회과학 사이에는 복잡하지만 일정한 연관이 있다. 칸트의 문화과학은 개인에 내재하는 이성의 존중에 주목하므로 사회에 관해서는 실체적 해석을 취하지 않고 기능적 해석을 취한다. 헤겔의 정신과학은 역사의 창조자 또는 관념의 구현자로서 민족을 사회의 실체로 생각하는 경향이 있다. 마르크시즘의 유물사관이 계급의 실체화를 기본으로 하여 사회운동을 이론적으로 구성하고 지성 또는 인식의 물질화, 즉 이데올로기를 고조시킨 것은 새삼 말할 필요 없다. 그러나 방법론과 실체론의 관계는 최근에 이르러 민족 개념의 절대화를 주장하는 파시즘 이론이 대두함에 따라 한층 복잡해졌다.

최근 주목할 만한 현상은, 사회과학의 방법론과 사회의 담지자로서 이데올로기적 실체론과 상관없이 가치와 이데올로기와 정치로부터 중립적 입장에서 개별 과학의 순수 대상화를 기도하는 것이 법률학과 경제학에 나타나 종래의 무비판적 실증주의가 아니라 비판적 순화 작업을 거치면서 기존 과학의 발전에 정진하고 있는 점이다. 법률학에서 순수법학, 경제학에서 균형 이론 같은 것이다. 리카도의 경제학에서부터 마르크시즘으로의 발전 경로 그리고 오스트리아학파의 순수경제학으로의 발전을 생각해 보더라도 사회과학의 다면성을 생각하지 않을 수 없다.

사회과학과 밀접한 관계에 있는 사회학도 콩트와 스펜서의 경우에 생각되었던 지도적 과학으로서의 사회과학의 역할을 담당할 수 없고, 앞에서 서술한 여러 개별 과학과 마찬가지로 방법론이나 대상론에서 다방면으로 분열하고 있다. 한때 칸트 철학의 영향으로 발전한 형식사회학은 사회 결합의 일반 형식에 관한 이론을 제공했다. 사회현상에 관한 과학인 이상 그 '형식'의 이론을 고려하지 않을 수 없었다. 또한 그것을 이용함으로써 자신의 대상이 지니는 사회성을 분명하게 할 수 있도록 하는 데 기여했다. 그러나 그 형식이 시간과 공간 형식과 같은 논리적 범주가 아니라 역사적 · 사회적 현상의 윤리적 추상에 불과하다면, 사회 그 자체의 형식적 연구는 결국 사회의 정신적 실체로 중점이 옮겨 가지 않을 수 없다. 사회학이 이데올로기 이론으로 이동하고 계급인가 민족인가 하는 논쟁에 주목하고 그 조화적 중립론으로서 지식사회학이 출현하게 된 것은 당연한 일이다.

7

일본에서 사회과학의 현상은 제1차 세계대전 이후의 계몽적 역할을 한 번 거친 뒤 앞에서 묘사한 대로 참으로 분화·대립하는 상태이며, 하나의 '사회과학'을 가리키지는 않는다. 교육의 대상으로서 사회과학은 여전히 대학과 그 밖의 기관에 존재하고 있다. 이는 언어의 전승적 의미에서 그러하거나 국가시험 또는 취직 요건을 위한 편의적 과목에 불과하다. 그 학문적 성격의 내용을 살펴보면 참으로 다양한 갈래로 나뉘어 있다.

그렇지만 오늘날 사회과학의 분열 상태에 반드시 비관할 이유는 없다. 일찍이 '사회과학'이라는 명칭 자체가 새로운 시대의 상징으로 생각되었듯이 어떤 특정한 '사회과학'이 일체의 과학을 통일하는 왕좌를 노린 적도 있다. 하지만 그러한 값싼 낙관과 자신을 모르는 야망이 청산된 지금, 여기에 나타난 분열과 대립은 오히려 참된 의미에서 학문적 세계의 건설에 필요한 소재로 생각되기도 한다. 즉 개별 과학으로서 각 분야에서 겸허한 노력을 계속하거나 나아가 새로운 철학적 탐구를 통해 학문적 통일을 재건할 길이 주어진 것이다. 어떤 길이라도 과학의 본질을 구성하는 상한선과 하한선을 넘어가는 노력이며 장래의 대성과 모순된 것은 아니다.

예를 들어 나의 전공인 정치학과 행정학 분야에서 오늘날의 과제와 성질에 관해 지금까지 서술한 사정을 설명하고자 한다. 정치학에서 현재 최대의 과제는 '정치적 통일' 이론이다. 정치의 권력

현상이란 예나 지금이나 변함없지만 권력의 구성과 기능이 오늘날만큼 동요와 파괴와 재건의 문제로 고민한 적은 없었다. 따라서 권력에 의거한 통일의 가능성에 관한 이론이 대립하는 것도 드물다. 이를 크게 나누어 보면 입헌주의적 통일과 공산주의적 통일과 파시즘적 통일, 세 가지이다. 어느 쪽을 취하더라도 이론적 증명을 확립하고 장래의 실현성을 예상할 수 없는 것은 과학적 이론이라고 말할 수 없다. 더구나 현실은 과학보다 더욱 복잡하며 세계는 이론보다 급격히 동요하고 있다. 이런 사태에 직면하여 과학적 연구에 종사하는 것은 조용히 사태의 추이를 정관하든지 아니면 앞서서 모든 인간 지성의 작용을 동원하여 철학과의 협력 아래 종합적 통일 이론을 창조해야 한다. 그리고 전자는 일시적이고 소극적 태도에 불과하며 그러한 소극적 태도에서 세계의 안정이 도래하지 않는다는 것은 명백하다.

행정학의 경우에도 지극히 어려운 과제는 현대 국가의 정치적 기능 범위가 부단히 동요하고 국가 내부의 여러 세력이 행정을 지배하고 이용하고자 할 때, 행정에 고유한 법칙이 인정될 수 있을 것인가, 정치의 수단으로 또 국책의 도구로 간주되는 행정의 인간적 가치를 어떻게 규정할 것인가 하는 문제이다. 이는 인간의 삶에서 기술적인 것을 철학적 가치로 규정하여 결정될 문제이며, 단지 행정만의 실증적 연구가 밝힐 수 있는 것이 아니다. 여기에서도 사회과학은 자신의 좁은 분야에서 경험적 자료의 탐구를 계속하는 동시에 철학, 특히 노동과 기술에 대한 일반 과학인 인간

행위의 철학에게 힘을 빌려야 한다.

이처럼 정치학에서도 행정학에서도 이론상의 대립과 분열이 있고 단순히 상식과 기성 관념에 의해 해결될 수 없는 문제에 직면하고 있다. '낡은 부대에 새 술을 붓는' 일이 불가능한 경우에 개별과학은 그 대상인 객관적 실재의 처리 방법인 철학에서 지도적 이념을 찾도록 노력해야 한다. 18세기의 사회과학이 물리학에, 19세기의 사회과학이 생물학에, 20세기의 사회과학이 사회학에 협력을 구했듯이 앞으로의 사회과학은 새로운 철학에 지도력을 구해야 한다. 여기에 교양으로서 사회과학의 근본 문제가 있다.

8

마지막으로 현재의 상황 아래 사회과학의 구성과 연관에 관해 편의적 의미에서, 즉 학습과 교육의 입장에서 한마디 더하고자 한다. 왜냐하면 근본적으로는 앞에서 서술한 것같이 사회과학의 대립적 · 분열적 현상이 근본적으로 해결되기까지는 누가 보아도 이의 없는 보편타당한 교육 내용을 찾아내는 것이 불가능하다. 그러한 근본적 이론의 확립이 언제 이루어질지 알 수 없을 뿐만 아니라 그때까지 학습도 교육도 중단할 수 없기 때문이다. 그렇다고 오늘날처럼 대립하고 있는 과학 가운데 무비판적으로 그 하나를 취하여 단지 실천적 이유에서 그 주의와 원리에 따르고 다른 것을 무시하는 것은 위험한 일이다. 그러므로 현 상황 아래에서도 뭔가 올바른 학습과 교육의 태도가 있어야 한다. 동시에 개별 과학을 기계적으로 학습하는 것은 학문을 공리주의에 빠지게 하고 교양상의 결함을 초래할 뿐만 아니라 개별 과학의 연구와 학습을 무미건조하게 한다. 그러므로 약간의 예비적 교양을 준비하지 않을 수 없다.

첫째, 사회과학의 대상은 각 개별 과학의 성립을 가능하게 하고 개별 과학의 독자성을 인정해야 하지만 대상의 사태는 상호 밀접한 연관이 있기 때문에 그 상호 관계를 잃지 않도록 협동적 존재와 통일적 연관을 파악해야 한다. J. S. 밀이 『논리학』 제4편 제10장에서 시도했던 사회현상의 개별적 정적 관찰과 전체적 동적 관찰의 구별과 종합을 가능하게 하는 중간 원리(axiomata media)에 대한 탐구와 설명이 필요하다. 혹은 리카도가 말했듯이 자연과학적 방법과 역사적 방법 사이의 중간 구역이 지니는 의의를 이해할 필요가 있다. 요컨대 어떤 개별 과학에 몰두하기 전에 우선 사회과학의 학문적 방법의 특질에 대한 지식을 지니는 것이 바람직하다. 이러한 의미에서 다나베 하지메의 『과학개론』과 『철학통론』, J. S. 밀의 『논리학』, 빌헬름 빈델반트의 『철학개론』, 모리스 긴즈버그의 『사회학』은 견해의 차이가 있지만 일단 읽어 두는 것이 바람직하다.

둘째, 사회과학의 대상이 되는 소재의 역사적 발달과 과학적 이론의 역사를 별도로 연구하기 전에—대학에서는 개별 과학 위주로 가르치기 때문에 사실과 제도의 역사는 각각의 역사학으로, 이론사는 각각의 학설사로 구별해서 가르치는 것이 원칙이다 — 양자의 관련을 문제로 삼고 있는 사회사상사를 공부해 두면 개별 과학의 학습에 큰 도움이 될 것이다. 특히 철학적·방법론적 연구와 이론적·개념적 연구를 하기 전에 사상의 역사를 연구하면 전자의 이해를 도와줄 뿐만 아니라 흥미를 갖고 그 목적에 도달할 수 있다. 예를 들면 대학에 들어가기 전에 고교 생활에서 이러한 사상사를 학습하거나 가르치는 것이 바람직하다. 이런 의미에서 앨버트 다이시의 『19세기 영국의 법률과 여론』, 레슬리 스티븐의 『영국의 공리주의자』와 『18세기의 영국 사상사』, 카를 마르크스의 『독일 이데올로기』, 헤르만 헬러의 『현대의 사상권』, 헤럴드 조지프 래스키의 『유럽 자유주의의 발흥』과 가와이 에이지로의 『사회사상가 평전』과 같은 서적은 다소 어렵지만 고교 시절 혹은 대학 초기에 읽는다면 단지 학습뿐만 아니라 교양에도 도움이 된다.

셋째, 사회철학 및 각종 정책학의 학습이다. 전자는 개별 과학을 구성하는 논리를 검토하고 그 방법 및 원리의 보편성을 음미하면서, 동시에 다른 한편으로 인간의 사회적·문화적 가치의 타당성을 검토하고 사회의 여러 제도와 행위가 안고 있는 이상을 건설적으로 비판하는 것이다. 이러한 사회철학의 비판과 지도를 받아 가면서 개별 과학이 제공하는 개념 또는 법칙의 대상적 기초 위에 각 정책학이 성립한다. 따라서 사회철학과 정책학이 빠진 이론적 개별 과학의 학습은, 머리는 있지만 밝은 식견이 부족하고 이지(理智)는 있지만 정감이 없고 내용은 있지만 실현에 이르는 방도를 지니지 못한 기형적 지식을 면할 수 없다. 물론 이는 대체로 개별 과학의 학습을 마친 사람들의 문제이다. 대학의 경우를 말하자면 후기에 속하는 일이다. 그러나 어디까지나 개별 과학 위주로 가르치는 현재의 대학에서는 사회철학이라는 것이 없고 법리학, 정치철학, 경제철학과 같이 개별적으로 가르치고 있기 때문에 학습에 편리할지 모르겠지만 교양에 도움이 될지는 의심스럽다. 정책학도 마찬가지로 상업 정책, 공업 정책, 농업 정책, 사회 정책, 외교 정책, 식민 정책과 같이 나뉘어 있기 때문에 국가 정책같이 국가의 가치 또는 이상에 의해 통일된 정책학을 학습할 기회가 없다. 그러한 결함을 보충하기 위해서는 각 개인이 사회철학과 정책학 일반에 관해 자신의 견해를 가질 수밖에 없다. 이러한 통일적 정책의 연구에는 웹스의 『소비에트 공산주의』, 찰스 오스틴 비어드의 『국민의 이익』과 『국내의 문호 개방』, 베르너 좀바르트의 『독일 사회주의』, G. D. H. 콜의 『다음 10년을 위한 경제 · 사회 정책』, 고트프리트 페더의 『나치스의 프로그램과 그 세계적 근본 사상』 등 비교적 새로운 내용이나 혹은 오래된 것으로는 마르크스의 『공산당 선언』, 라살레의 『노동자 강령』, 페이비언협회의 『사회주의 논집』이 일독할 만하다.

요컨대 이상에서 서술한 세 가지 조목은 개별적 사회과학의 연구와 교육을 기본 방법으로 삼고 있는 현재의 대학과 학생들의 국가시험 및 취직 조건에 맞도록 편의를 제공해야 하는 오늘날의 대학 교육과 학습에서 생겨나는 공리주의적 폐단을 제거하고, 조금이나마 지적 교양에 도움이 될 수 있도록 사회과학의 학습에서 미리 보충 학습을 할 수 있는 것을 나열한 것에 불과하다. 이 때문에 개별 과학의 중요성이 줄어드는 것이 아니라 오히려 이들 개별 학문과 지식이 활용되고 베이컨이 말했듯이 '관찰을 통해 얻게 되는 지혜'가 될 수 있음을 강조한 것이다.

◎ 로야마 마사미치(蠟山政道, 1895~1980)

정치학자. 도쿄대학 법학부를 졸업하고 오차노미즈여자대학의 학장을 지냈으며, 행정학의 기초를 닦고 쇼와 시기 민주사회주의를 제창했다. 저서로는 『휴머니즘의 정치사상』, 『행정학 원론』, 『신일본의 비전』 등이 있다.

3장

학교 생활의 회고

학창 시절의 회고 도하타 세이이치

어느 학생의 회상 기무라 다케야스

알찬 결실의 시절 쓰치야 기요시

학창 시절의 회고

고등학교와 대학을 통틀어 이른바 학창 시절은 새삼 말할 것도 없이 우리의 생애 가운데 심신이 모두 가장 왕성하게 발육하는 단계이다. 정말로 가장 청년다운 시절을 보내는 시기이다. 이것은 누구나 인정할 것이다. 확실히 우리는 이때 육체적으로 한 인간으로서 자기 몫을 할 수 있는 사람이 된다. 또 정신생활에서 훗날의 활동, 직업, 공부 등을 위해서도 가장 깊은 기초적 준비가 이루어진다. 인간의 일생이 어떤 수수께끼의 연속이라면 최초로 하나의 수수께끼가 풀리기 시작한다. 아마 학생 시절로부터 멀어지면서 누구나 이러한 사실이 도리어 강하게 느껴질 것이다. 보통 청년들은 공장에 들어가거나 농장에서 자신과 가족을 위한 생활의 양식을 구하기 위해 일하거나 부모로부터 가업을 물려받아 상업에 종사한다. 재능과 재력이 뛰어난 일부 청년은 초등학교와 중학교 동창생과 헤어져 상급 학교에서 다시 학업을 계속해 간다. 특히 대학 과정을 밟을 수 있는 사람은 생애 가운데 가장 활발한 성장기인 고등학교와 대학을 긴 시간 아무것에도 얽매이지 않고 다른 일로 번거롭지도 않고 가장 자유롭게 보내는 것이다. 따라서 확실히 자신의 학업과 하고 싶은 운동을 할 수 있는 가장 혜택 받은 시간을 보낸다. 특히 학자금에 어려움을 겪지 않는 사람이 그렇다. 이 기간에 지금까지의 생활이 한 걸음씩 기초를 갖추어 간다.

이러한 학생 생활을 거친 자는 이사이에 세상의 직업 생활로부터 비교적 독립된 일들을 많이 경험한다. 이는 앞에서 서술한 보통 청년들의 경우와는 다르다. 첫째, 특히 여유를 누리고 고등 학문 연구를 배우면서 얻게 되는 경험이다. 둘째, 학생 집단으로서 넓은 범위에 걸쳐 다양한 개성을 지닌 학생들과 함께 사회생활을 하면서 비로소 얻을 수 있는 경험이다. 사람들이 종종 '고교 3년의 생활'이라고 부르며 하나의 특별한 시기로 생각하는 것도 젊은 날 특유의 경험, 환경, 성장을 가리키고 있기 대문이다.

지금 나는 이러한 학생 시절을 겪은 사람으로서 개인적 회고를 써달라는 요청을 받았다. 이것은 분명 중요한 과제이며 지극히 어려운 과제이다. 솔직히 말해 이러한 개인적 회고, 특히 이를 글로 남겨 객관화하는 것이 실로 매우 어렵다는 것을 먼저 느끼지 않을 수 없다. 회고라도 단순한 회고가 아니다. 이것은 남에게 말하는 것이므로 뭔가 문제를 제공해야 한다. 학생 시절 하나하나의 행동 · 처신 · 사상 · 감정 중 어떤 것은 이미 사라져 버렸고, 어떤 것은 이미 현재의 나 자신 속에 충분히 섭취되어 인식 영역 밑에 감추어져 있으며, 어떤 것은 점점 분명하게 떠오른다. 이것이 개인에게 타당한 영역을 넘어서 어떤 객관적 의미를 지닐 수 있을까? 현재의 나에게는 유감스럽게도 이것을 올바르게 적출해서 다른 사람에게 보여 줄 수 있을 만큼 과제를 만들어 낼 수 있는 공부가 구비되어 있지 않다. 자신을 말하고자 할 때만큼 자신의 공부가 부족함을 깨닫게 하는 것은 없다. 또 오늘 나에게 선명하게 떠오르는 학생 시절 자신의 처신에 대한 평가도 평가의 방법도 항상 변하고 있으며, 어제와 오늘이 다르다는 것을 절실하게 느낀다. 개인의 방정식에서 미지수만큼 파악하기 어려운 것이 없다. 나는 공부 부족을 한탄하면서 동시에 학생 시절에 아무런 거리낌 없이 쉬지 않고 섭취한 것을 아직 본래적 의미에서 정비하고 조정하지 못한 나 자신의 나태함과 연륜의 부족을 느낀다.

단지 회고의 객관화가 어려운 것만은 아니다. 또 나는 이것을 원하지 않는다. 스스로 회고할 만한 것 또는 회고하지 않을 수 없는 것은 대부분의 경우 남에게는 그만한 가치가 없다. 누구에게나 마찬가지이겠지만 나 역시 학생 시절과 청년 시절을 되돌아보면 가장 친숙한 자신, 가장 그리운 자신을 발견한다. 사람들이 자문자답하면서 혼잣말로 자신을 되돌아볼 때 결국 마주치게 되는 자신은 그러한 시절의 자신이다. 그리고 그것이 점점 더 친밀하게 다가온다. 그러한 친밀함 때문에 그것을 쉽게 객관화할 수 없다. '다른 사람'으로서 이야기할 수 없다. 참으로 말할 가치가 있는 것은 실제로는 쉽게 서술할 수 없다. 결국 대부분의 경우 변명과 수식과 과장과 부분적 은폐가 따른다. 의식적으로 숨기고자 하는 것이 아니라 공부가 부족한 사람은 아무래도 그렇게 된다. 아집과 허영심이 있을 때 자신을 말하는 것은 삼가야 한다. 굳이 이런 일을 하고자 한다면 마치 수년 전에 자신이 쓴 옛 편지를 상대방이 다시 자기에게 보여 주었을 때와 같은 기분이 들어 왠지 마음에 걸리는 것이 있다. 적어도 보지 않았더라면 훨씬 마음의 평정이 유지되었을 것이다. 또 자식의 처신을 꾸짖고자 하는 순간, 종종 자신의 과거가 그대로 재현되는 것을 알고 꾸짖고자 하는 마음이 돌연 사라지고 다만 쓴웃음만 남는 것과 같다. 자신의 회고 속에 드러나는 것은 분명 다른 사람에게는 가치가 적고, 설령 그렇지 않더라도 그것을 글로 표현하면 결국 앞에서 말한 옛 편지나 쓴웃음을 다른 사람 앞에 드러내는 것에 불과하다.

여기에서 '학생 시절의 회고'라고 말했지만 단지 나에게 주관적으로 관계가 많았다기보다는 오히려 객관적이고 제도적인 문제에 대해 조금 서술하고자 한다. 이것은 원래 학생 시절에도 내 문제였지만 오늘 내게는 여전히 문제로 남아 있다.

2

특히 고등학생과 대학생을 염두에 두면서 서술하는데, 일본의 학생들은 오늘날 사회 전체에서 몇 가지 특징을 지니고 있는 사회집단이다. 이 학생들에게 특유한, 그리고 외적으로 주어진 생활 조건의 한두 가지에 관해 생각하기로 한다.

학교에 입학한 학생은 반드시 정해진 교칙에 따라야 한다. 또 정해진 학급, 교과서, 시험, 방학, 수업과 교사가 있다. 그리고 정해진 교복과 교모가 있으며 어떤 학교를 선택해서 입학하면 그러한 외적 조건들을 따라야 한다. 오래된 학교에서는 교풍이 굳어져 일종의 관행으로 객관화되어 그것에 복종하거나 순종할 것이 요구되고 학생 스스로 심리적으로 이에 따르는 경우가 많다. 메이지 신궁 외원의 야구장을 들여다보면 묘하게도 학교마다 집단적으로 응원하는 모습이 다르다는 점을 알게 되는데 바로 이 때문이다.

이러한 외적 조건들 또는 제도적인 것은 대개 학생 자신에게 의문으로 여겨지지 않는다. 즐겁게 시험을 치는 자는 아무도 없을 것이고 교사에 대해서도 당연히 좋고 싫음이 있고 학과에 대해서도 당연히 마찬가지이다. 이러한 개인적 차이는 무한하겠지만, 이보다 한 걸음 나아가 제도 자체에 대해 근본 태도가 쉽게 정해질 수 없고 그대로 체념하는 것이 일반적이다. 나 자신도 학생 시절에 그랬고 이러한 몇 가지 외적 조건을 자신의 문제로 삼아 좋고 싫음이 매우 분명했다. 그러나 제도 자체를 개혁하고자 하는 희망은 별로 강하지도 깊지도 않았다. 다만 다음과 같은 것은 학생 시절에도 그리고 지금도 개정하고자 하는 희망을 계속 지니고 있다. 하나는 교복 제도이며, 다른 하나는 학과 제도이다. 내가 말하고자 하는 전자에 대해서는 학생들을 사회의 일반인과 동등하게 대우하는 것이며, 후자에 대해서는 오히려 그것과는 다른 내용을 제시하고자 한다.

일본에서 학생들을 가장 쉽게 식별하게 해주는 것은 교복과 교모이다. 이를 통해 그들은 누구에게나 한눈에 학생임을 인정받는다. 그런데 일단 학교를 마치고 학생 생활을 떠나면 곧장 교복과 교모를 팽개쳐 버리고 그들은 세상 사람들처럼 양복으로 갈아입은 다음 "세상으로 나간다"라고 말하며, 교사드 새로운 양복으로 치장한 무리를 향해 "사회로 보낸다"라고 말한다. 먼저 학생들은 이런 복장을 통해 외면적으로 사회의 다른 성원들과 구별되는 특별한 지위를 부여받는 것이다.

나 자신의 좋고 싫음을 솔직히 말하면, 나는 학생 시절부터 아무래도 그러한 복장의 구별 그리고 이에 따라 학생들이 특수한 지위를 갖게 되는 이유에 의문을 품었으며, 그것을 좋아하지 않았다. 가능하면 폐지했으면 하고 생각한다. 왜 고교생과 대학생을 '특수한 복장 집단'으로 한정하는 것인가? 어느 나라에도 그러한 집단은 없으며 나 자신이 외국에서 학생 생활을 잠시 보냈을 때가 오히려 좋았다. 외국과 비교하는 것은 그만두고 먼저 저 볼품없는 복장은 성장하고 있는 청년의 신체를 완전히 폐쇄하고 있다. 특히 여름에는 두드러지게 신체를 막는다. 한창 성장하는 청년의 경우, 낡은 옷에서 배가 비어져 나오기도 하고 한여름에 바람이 통하도록 목과 단추를 한두 개 풀어헤치고 있는 모습은 바로 쳐다볼 수 없다. 둘째로 복장 자체가 그런 것은 아니지만 일본 재래의 도덕적 결함을 상징하는 것으로도 충분히 관찰할 만하다. 대체로 폐쇄성에 수반되는 은폐성이 바로 그것이다. 여며져 있는 옷이기 때문에 그 속이 보이지 않는 점에서 아무리 더러운 셔츠와 속옷이라도 유유히 입을 수 있다. 더구나 그러한 '편의'가 의식적으로 이용된다. 남 앞에서는 체면을 세우고 더러운 물건은 덮는다는 말이 있듯이 생활의 내용보다 오직 외면에만 관심을 두는 인간의 교활함과 방편 의식은 여전히 일본 사회에 뿌리 깊게 이어지고 있다. 하지만 아무래도 나에게는 이러한 교복의 폐쇄 장치와 뭔가 공통점이 있는 것으로 느껴진다. 나아가 내가 부정적으로 보고 있는지는 모르겠지만, 이 장치가 그러한 심정을 배양하는 데 어느 정도 역할을 하고 있는 것으로도 보인다.

그런데 세 번째 사실은 훨씬 더 중요하다. 그렇다. 학생이기 때문에 그리고 이는 교복과 교모 때문에 곧바로 인식된다. 하지만 교복을 착용하기 때문에 양복과 일본 전통 의상을 착용하는 사람들과 사회적으로 다른 대우를 받기 쉽다는 점이다. 약간의 악의가 있는 지나친 장난도 쉽게 묵인되고, 또 이에 대해 관대한 조치가 취해진다. 『도쿄아사히신문』에 이런 기사가 실려 있었다.

"초가을 긴자 거리에서는 여름방학을 마친 학생들이 멋대로 활보하며 만취 상태에서 간판을 넘어뜨리고 네온사인을 부수고 쓰레기통을 뒤집는 난폭한 행동이 해마다 발생하고 있다. 쓰키지(築地), 교바시(京橋) 두 경찰서에서는 이러한 천진한 장난을 관대하게 보아 왔지만 올해는 장난의 정도가 좀 심해져 음식점의 식기를 들고 가는 자가 속출하고 있으므로 16일 밤부터 단호하게 처벌할 방침을 세웠다."

야구 시합에 이기고 나서 집단적으로 긴자 거리로 나와 유리를 깨는 것은 종종 있었던 일이다. 나는 도저히 이를 천진한 장난으로 볼 수 없다. 어쩐지 비겁한 집단행동이라고 생각된다. 물론 어떤 관점에서, 예컨대 '동양 호걸'의 입장에서는 그러한 '천진함'을 보아 넘길 수도 있다. 이 경우에 학생이 교복과 교모가 아니라 일반인과 같은 복장을 하고 있었다면 관대하게 다루어지기보다는 일반인과 똑같이 취급될 가능성이 높다. 왜 학생복이기 때문에, 학생이기 때문에 특별 대우를 받는 집단을 형성하는 것일까? 사회적 행동에서 왜 사회의 일반인과 분리되어 별도의 대우와 취급을 받는 것일까? 나아가 그러한 난폭한 행위 문제 외에도 별도로 대우 받는 경우가 있다. 교복과 교모 착용의 입장과 금지의 경우이다. 이때에는 경찰의 탐정으로 매우 편리한 표적이며 감시하기에 좋은 대상이다. 요령 좋은 학생은 두 복장을 구별해서 사용하여 이러한 형식적인 금지를 빠져나간다. 이러한 금지에 의해 인간의 간사함과 교활함이 저절로 길러진다. 어쨌든 이러한 복장 때문에 학생을 특별하게 대우하고 특수한 지위에 두기 쉽다는 의미에서, 나는 교복과 교모 제도를 좋은 것으로 생각하지 않는다. 이는 앞에서 서술한 악용되는 예가 보여 주듯이 인간의 진실한 인격적 훈련에 도움이 되지 않는다. 또 종종 교복과 교모 때문에 체면상 일정한 행동을 제어할 수 있다고 하는 경우도 있지만, 이것이 분명 좋은 일이라고 하더라도 자발적인 것이 아니다. 결과적으로 좋게 되었을 뿐이다. 단지 외적 조건에 의거해 생겨난 체면에 불과하다. 이런 것은 어쨌든 일부러 특별한 복장을 제정했기 때문에 생긴 장면에 불과하다.

하여간 이미 서술했듯이 학생이 학교를 떠날 때는 양복으로 갈아입고 "사회로 나간다"라고 한다. 그렇다면 지금까지는 사회에 있지 않았던가. 물론 그렇지 않다. 다만 사회의 종류가 다를 뿐이지 일반 사회와 조금도 격리된 것이 아니다. "사회로 나간다"라며 이상하게 여기지 않는 점에, 학생이 의식적이든 무의식적이든 지금까지 자기가 처한 사회적 지위를 특별화하거나 나아가 특권화해서, 참된 사회적 훈련과 진지한 사회적 언동을 기를 기회를 오히려 축소하고 있는 모습이 나타나는 것은 아닐까? 굳이 학생만이 아니다. 사회의 다른 사람들도 이런 습관에 빠져 학생 집단을 특별하게 바라본다. 고등학교 특히 대학과 사회의 접촉 부족, 정확하게 말하자면 대학 생활을 통해 사회생활의 훈련 부족, 학문은 학문이고 실제는 전혀 다르다는 학문과 실제에 대한 관점의 모순, 학문을 한다는 것을 실생활과 매우 거리가 먼 것처럼 바라보는 사고방식, 지식의 편중을 수정하기 위해서는 오히려 지식을 저하시키고 낮게 평가하는 것을 방책으로 삼아 지식과 병행해야 할 여러 공부를 지식의 수준으로 끌어올리는 것을 완전히 무시하는 논의 등이 유래한 이유는 모두 일본 사회에 매우 중요한 연구거리를 제공하고 있다. 또한 현재의 학교 체제에 대해서도 충분히 자기반성이 필요한 중요 과제를 던져 주고 있다. 매우 비근하고 간단한 교복과 교모에 한정해서 보더라도 오늘날 여전히 특별한 복장의 집단을 존속시키고 있는 점에 자기반성 능력이 결여된 마음가짐이 사람들 사이에 은밀하게 작용하고 있는 것이 아닐까? 학생들에게 적어도 일반인과 같은 복장을 하게 하자. 그렇게 하면 그들을 특별하게 바라보는 하나의 외적 조건을 줄이고 일반인과 함께 사회적 훈련을 할 수 있는 기회를 줄 수 있다. 또 참으로 자신의 내적 개성을 기를 수 있는 편의도 많아진다. 매우 특수하고 특별한 지위를 외적 조건으로 가진 자는 자발적으로 자신을 개성 있는 사람으로 길러 가는 것을 종종 잊어버린다. 이러한 의미에서 나는 오늘날의 교복과 교모 제도를 좋아하지 않는다.

3

다음으로 외적 조건으로 고려하고자 하는 것은 학과제, 특히 고정적이고 경직된 성질에 관해서이다. 일단 어떤 학교의 어떤 학과에 입학하면 그 학교 안에서도 전과하기 위해서는 다시 입학하는 길을 밟아야 한다. 하물며 전문학교 이상에서는 같은 유형의 학교 사이에서도 전학은 도저히 불가능하다. 중등 정도의 학교에서 허용될 수 있는 전학이 여기에서는 전혀 허용되지 않는다. 한 공립 고등학교에서 1년 동안 인정받은 학점은 다른 공립학교에서는 통하지 않는다. 어떤 대학의 학과 사이에서는 같은 범주의 강의라도 이것이 통하지 않는다. 어디에나 벽이 있다. 이것이 현상이다. 그렇다고 해서 전학과 전과를 임의로 허용하자는 것은 아니다. 현재의 구조대로 이를 허용한다면 학생들의 일부 집중—예를 들면 도쿄 집중—은 오늘날보다 한층 증가해서 다 수용할 수 없고, 특히 자연과학 전공의 여러 학부와 학과에서는 설비의 필요상 기술적으로 이를 허용할 수 없는 경우가 많다. 하여간 일본의 현상으로서는 독일 학생들의 이른바 자유 전학은 사실상 실행하기 어려운 일에 속한다. 여러 가지 편의와 권력이 한 지역과 한 도시에 집중되는 현상이 타파되고 지역의 문화가 더 확립되지 않는 한 이는 도저히 실현 불가능하다.

자유 전학을 그대로 시인하거나 칭찬하는 것은 아니다. 다만 항상 이 점에 관해 하나의 희망을 강하게 갖고 있다. 그렇다. 오늘의 학과 제도는 일정한 질서를 정비해 가는 데 필요한 것 외에는 적어도 외적 제도만이라도 한층 탄력성과 융통성이 있어야 한다. 고정화와 경직화를 적극적으로 막아야 한다. 그 이유는 다음과 같다.

첫째, 우리는 자신의 타고난 재주와 적성을 쉽게 발견하기 어렵다. 나이가 어릴수록 더욱 그러하다. 따라서 자신이 지망할 방향과 전공을 정할 수 없다. 때로는 말도 안 되는 영역이 자신의 적성이라고 자부하기도 한다. 그러한 완고한 자부심과 기대가 커다란 비극을 초래하는 예를 자주 볼 수 있다. 우리의 고등학교 시절에는 다음과 같이 여러 학과가 정해져 있었다. 제1부 갑류(영국법) · 을류(문과) · 병류(독일법) · 정류(프랑스법), 제2부 갑류(공과) · 을류

(이과 및 약학과) · 병류(농과), 제3부(의과)로 학과가 구분되었다. 그 사이에는 융통성이 없었고 이러한 고등학교의 학과 구별 위에 대학의 학과 구분이 있었다. 하나의 정해진 계통적 조직이 만들어져 있었다. 그래서 보통의 경우에는 이미 중학교 졸업 또는 고등학교 수험에 응시할 때, 일찍이 자신이 대학에서 공부하고자 하는 방향이 매우 분명하게 정해져 있어야 한다. 또 거의 대다수의 경우 그때 정한 방향이 평생의 직업을 결정한다. 대학의 졸업 성적이 관료의 평생을 따라 다닌다고 하지만, 오히려 중학교를 막 졸업한 학생의 학과 결정이 평생의 직업을 결정한다는 것이 훨씬 적절한 상태이다.

나는 학제뿐만 아니라 사회가 비교적 융통성을 갖지 못한 — 그리고 대학의 전공 학과만이 특히 형식적으로 존중되는 — 일본에서 이러한 것은 매우 위험하며 사람의 직업을 인생의 너무 이른 단계에서 결정하고 너무 빨리 특수인, 전문인으로 만들어 버린다고 생각한다. 중학교를 졸업하고서는 이 같은 것을 쉽게 결정할 수 없다. 또한 결정할 필요도 별로 없다. 무엇이든 태어나면서부터 정해지는 봉건 시대는 많은 기회의 가능성과 기회의 대체성이 부족한데, 학과를 이른 시기에 결정해야 하고 결정한 학과를 바꿀 수 없는 경우도 사정은 마찬가지이다. 고등학교, 아니 대학 생활을 보내는 동안 비로소 자신의 공부 방향과 직업의 범주를 구체적으로 결정하더라도 결코 늦지 않다. 오히려 늦게 결정하는 편이 대학 과정을 밟을 수 있는 혜택을 받은 이들에게는 그때까지 일반교양의 개발과 인간적 훈육을 받을 기회가 훨씬 많아지고, 더구나 이를 바탕으로 직업 교육을 받을 수 있다. 전체 생활에서 자신의 전공이 차지하는 위치, 인생에서 전공의 가치는 전공 자체에 의해 정해지는 것이 아니라 일반교양을 넓게 습득해야 비로소 인식될 수 있다. 일본에서 가장 부족한 점이 이러한 교양이라고 본다면 전공의 조기 결정은 더 깊이 반성되어야 한다.

다행히 오늘날은 우리 시대와 비교하면 한층 진보—나에게는 확실히 진보로 보인다—하고 있다. 고등학교는 소분류의 학과 제도를 버리고 단지 문과와 이과로 나누어져 있다. 그리고—그 유래는 아마도 다른 데 있겠지만—법문학부라는 것이 생겨 비교적 상급 학년에 이르러 전공의 분화가 이루어지기 때문이다. 학생에 대한 외적 조건에 탄력성이 늘어나고 너무 일찍 전공을 결정하도록 강요받지 않아도 되기 때문이다. 그러나 내 개인적인 생각으로는, 고등학교의 문과와 이과의 구별도 오히려 없는 것만 못하다. 특히 대학의 학부가 문과와 이과의 어느 한쪽에만 열려 있고 이 둘이 평등하게 개방되어 있지 않은 상태에서는 없는 것만 못하다.

학과의 분류 문제에 관해서 아직도 말하고 싶은 것이 많다. 여기에서 장면을 바꾸어 나 자신이 겪었던 비교적 아픈 경험을 말하고자 한다.

나는 위에서 말한 제8고등학교의 제2부 병류에 있었다. 그때 제2부의 을류와 합병하여 한 반에 약 40명 정도 있었다. 고등학교 3학년이 되어 약간의 학과목은 을과 병이 달라 별도로 강의를 듣고 있었지만, 그 밖의 과목은 공통으로 같은 교실에서 수업을 받았다. 그렇지만 당시 제8고의 제2부 을류와 병류를 1지망으로 선택한 학생은 매주 적어 우리 반에서 그런 학생은 겨우 몇 명에 불과했던 것으로 기억된다. 대다수의 학생은 제2부 갑류에 들어가지 못하고 2지망으로 을류와 병류에 입학한 자들이었다. 그때는 제1차 세계대전을 계기로 일본의 공업이 눈부시게 발전하고 있었으므로 응용공학은 이른바 인기 학과였고 세상의 부모가 자식을 공과에 보내고자 다그치고 있을 때였기에 이런 일도 일리가 있는 이야기였다. 그래서 을류와 병류의 재학생은 고등학교에 입학은 했지만 자신의 원래 지망과 다른데도 온 학생이 많았다. 따라서 불평분자가 많은 반이었다. 수업 자체는 제2부 갑류와 크게 차이가 없었으나, 당시는 형식적으로 장래의 전공 나아가 직업의 입구가 결정되어 버린 것이므로 이러한 불평분자들은 침착하지 못했다. 또 2지망으로는 자존심이 다소 약해지는 것도 무리는 아니다. 이런 이유로 말미암은 탓인지 하나 둘씩 떠나기 시작하여 결국 고등학교 3년이 지나는 사이에 40명이 있던 반에 겨우 20명 미만이 남게 되었다.

이제 돌아보면 떠난 학생은 거의 1지망 학과에 재입학했다. 그리고 우리보다 1년 혹은 몇 년 뒤에 대학을 졸업했다. 남은 학생들도 오히려 2지망 학과에서 자신의 재능을 새롭게 발견하고 오늘날 각각 유능한 인재가 되어 있다. 어쨌든 그 반의 분위기가 위축되어 있다고 느꼈었다. 안정과 차분함이 없고 다른 반에 비해 생기 있게 약동하는 모습도 부족했다. 그리고 이러한 모습은 단지 고등학교 생활에서만 그런 것이 아니고 대학, 특히 병류를 마친 학생이 입학하기로 정해진 농과대학에까지 이어진다는 느낌이 들었다. 고등학교와 대학을 통해 당시 나의 솔직한 느낌을 여기에서 서술하더라도 다른 사람들이 화내지 않기를 충심으로 바라지만 거기에 있었던 것은 이른바 '궁핍함'이거나 일종의 열등감이었다.

오쿠마 노부유키[1]의 유럽 여행기 중에서 이런 이야기를 읽은 적이 있다. 유럽에 가본 사람은 누구나 인상기를 많이 쓴다. 그러나 그들의 마음 한구석에 가장 깊이 새겨지고 아주 강하게 심어져 풀리지 않는 인상으로, 누구든지 피할 수 없는 어떤 것이 있다. 그것은 유럽에 유학 중인 일본인의 얼굴과 관련된 문제이다. 바로 그러한 얼굴 문제에서 일본의 분위기 같은 것을 나는 유럽이 아니라 일본에 있는 학생들의 생활 속에서 느꼈다. 이것이 나의 잘못된 느낌이기를 바라지만 하여간 당시 그렇게 느꼈다. 일본에서 농업의 만성적 쇠퇴 양상과 섬나라 백성의 생활 상태가, 각각 일본의 전체 사회에서 차지하고 있던 지위가 이런 점에도 반영되어 있던 것 같다. 어쨌든 분과할 필요가 거의 없는 고등학교의 형식적인 학과제의 구성 때문에, 제2부 을류와 병류에서 탈퇴한 집단

1) 오쿠마 노부유키 : 大熊信行, 1893~1977. 경제학자이자 평론가. 1929~1931년 문부성 재외 연구원 자격으로 영국, 독일, 미국에서 유학했다.

이나 남아 있던 집단이 그 사이에서 많은 희생을 치르고 힘을 낭비하지 않았던가 하는 것을 나는 지금도 선명하게 느낀다.

지금까지 서술한 사정은 오늘날의 고등학교 제도에서는 흔적도 남아 있지 않다. 그렇지만 또 다른 점에서 새로운 종류의 문제가 일어나고 있다.

나는 현재 도쿄제국대학의 농학부, 특히 그중에서 농업경제학과에 재직하고 있다. 여기에서는 입학 시기가 되거나 신입생을 접할 때면 언제나 다음과 같은 것을 느낀다. 하나는 고등학교 시기에 문과에 재학한 학생은 농촌 문제에 널리 흥미를 갖고 농업경제학과에 입학하고자 한다. 하지만 이과 졸업생 지원자가 정원에 차지 않을 때만 시험을 볼 수 있을 뿐이므로 사실상 입학이 불가능하다. 그리고 다른 학부에서는 농촌 문제를 탐구할 수 있도록 제공되는 편의가 매우 부족하다. 한편 고등학교에서 이과를 이수한 학생 중에서 자연현상에 대한 관심보다는 오히려 사회현상에 흥미를 지닌 자는 대학의 법과, 문과, 경제학과 중 어느 곳에도 가기 힘들다. 그런 학생들은 대학을 갈 때 자신의 흥미와 가장 거리가 가까운 농업경제학과에 입학할 수밖에 없다. 이러한 이유로 농업경제학과는 이과 계통의 불만분자가 모여들기 쉽다. 그리고 이런 부류의 학생 중에는 오늘의 농업 문제를 이해하는 데 필수적 보조 수단인 기술학 지식이 필요함에도 때로는 크게 오해하고 있는 사람도 많다. 이 점에 대해서는 여기에서 더 거론하고 싶지 않다. 다만 오늘날 고등학교와 대학 사이의 연계에 관한 문제점이 충분히 해결되지 않았다고 보이는 점만을 지적하고 싶다. 개개인 각자의 희망을 모두 만족시킬 제도는 본래 있을 수 없다지만, 각자의 재능에 따른 진지한 희망에 대해서는 어디엔가 다소의 탄력성과 윤기를 덧붙일 수 있는 외적 조건을 정비할 필요가 있다. 또 비교적 가능하지 않을까? 예를 들면 대학의 각 학부에 대한 수험 자격의 변경이다. 나처럼 자연과학을 가르치고 동시에 비교적 사회과학 문제를 연구하면서 자연과학 중심의 학부에 속하고 있는 자로서는, 오늘날의 대학이 종합대학이라는 이름 아래 실제로는 여전히 각 학부가 독자적으로 고립되어 있는 상황을 여러 측면에서 불만스럽게 생각하고 있다. 이름은 종합이지만 사실은 혼합인 듯하다. 고등학교와 대학 각 학부의 연계 문제에 관해서는 특히 그런 느낌이 강하다.

4

고등학교와 대학, 특히 가능한 한 고등학교에서의 전공 학과 선택을 늦추고 기술적으로 전문화는 학생 생활의 후반기로 늦추고자 하는 것이 내 희망이다. 그 이유로 전공의 조기 결정은 다양한 재능이 최적의 길을 가도록 하지 못하며 도중에 재능이 많지 않다는 것을 자각한 때에는 오늘날처럼 학과 학부제가 고착된 경우 상당한 희생을 치를 위험성이 많다는 점을 앞에서 들었다. 그러나 이유는 단지 여기에만 그치지 않는다. 두 번째 이유는 더 적극적이다.

나는 앞에서 학생의 교복과 교모와 관련해서 사회의 일반인과 학생 사이에 그러한 외관의 구별이 있는 것을 좋아하지 않고 학생은 모름지기 사회의 일반인과 동등하게 대우받아야 한다고 주장했다. 지금 전공 선택의 문제에서는 이와 반대로 학생은 사회의 일반인과 오히려 동등하지 않아야 한다고 주장하고자 한다. 내 이야기는 두 가지가 서로 반대된다. 다음과 같이 생각하기 때문이다.

일본에서는 취직 과정에서 고려되는 조건이 전공에 너무 얽매여 있지 않은가? 대학을 졸업하기까지 습득한 전공과목만 너무 중요하게 간주되어 일생의 취직 방향을 정해 버린다. 때로는 졸업 성적이 평생 따라다닌다. 그가 활동할 수 있는 영역이 졸업할 때에 좁은 범위로 한정되고, 그로부터 일탈하는 것도 혹은 다른 영역에서 그 직업으로 들어가는 것도 모두 커다란 저항이 수반된다. 모든 것을 조기에 결정해 버리는 일종의 직업적 카스트 제도가 여기에서 생겨나고 전문가라는 점이 지나치게 강조되고 자격 및 자격의 객관적 검증을 위한 시험이 먼저 주어진다. 어떤 직업에서 당사자의 노력과 공부가 어떠한가에 대한 평가보다 자격 획득의 관문이 과도하게 중시되고 있다. 또 전공 지식이 거의 필요하지 않은 경우에도 사람의 채용에는 전통적 습관으로 일정한 전공이나 졸업 학과가 고정적으로 정해져 있다. 채용하는 측과 채용에 응하는 측이 모두 선택과 또 다른 기회를 추구하고자 하는 탄력성을 고려하지 않고 일정한 고정된 직선 위를 달리면서 다른 것을 생각할 여유가 거의 없다. 그래서 학생 생활도 영향을 받는다.

말할 것도 없이 전문 기술을 습득하고자 하는 초조함이 있고 자격 획득을 위한 일종의 형식주의가 강하게 지배하고 있다. 본래 전문적인 기술 공부가 중요하다. 그러나 그것만을 중시하면 일반적인 인격과 교양이 경시되는 결과를 초래하기 쉽다. 특히 자신의 전공 대상이 인간 생활이 아니라 물질적인 것인 경우, 하나를 중시하고 다른 것을 경시하거나 무시하게 되는 폐단은 매우 크다. 아무튼 전공에 얽매인 결과는 일단 자신의 전공을 떠나면 사물의 관찰력도 비판력도 모두 둔해진다. 나아가 자신이 공부한 전공에만 특별하게 해당하는 규칙과 법칙을 그대로 적용할 수 없는 다른 영역에 응용하거나 적용한다. 대학을 갓 졸업한 사람보다도 그 뒤 오랜 시간이 지난 사람에게 도리어 이런 폐단이 많다. 기묘한 사회관과 인간관이 생겨나는 것은 이런 부류에서이다.

그리하여 원래 자신의 전공이 다른 전공과 어떻게 관련되고 그 관계는 무엇인가, 자신의 전공 지식은 전체적으로 인간의 교양에서 어떤 위치를 차지하고 있는가 하는 성찰을 잊어버린다. 전공 지식이 수단적 가치에서 목적적 가치로 상승한다. 나아가 고립된 지식과 기능의 전문화가 또한 전공 그 자체의 윤기를 잃어버리게 한다. 거기에는 비전이 사라진 건조하고 고갈된 상태만 남는다. 결국 전문적 학문에서 자발적 창조와 발전을 배양할 수 없다. 일반적으로 지식이 지식인 까닭은 이미 만들어진 지식을 얻는 것이 아니라 지식의 발전적 성질을 아는 것에 있다. 아무리 뛰어난 내용을 가진 강의도 그것이 없다면 젊은 학생들에게는 졸리는 강의이다.

나는 또 생각한다. 일반적으로 일본에서는 전문 지식이 다만 지식 자체로서만 지나치게 존중되고 있다. 그러한 지식을 획득한 사람들의 재능과 지식에 대한 지향은 경시되는 경향이 있다. 지식의 바탕에는 재능과 지혜가 있다. 그것은 마치 인간의 교제가 존경을 기초로 하고 결혼이 애정을 기초로 하고 있는 것과 같다. 그리고 중요한 것은 기초에 해당하는 재능과 지혜 그 자체는 원래 어떤 전문 지식과 함께 단련되는 것이기는 하지만, 비교적 쉽게 다른 전문 영역의 기초로 옮겨 간다는 점이다. 다양하게 분화된 전공에 보편적인 공통점이다. 생리학 지식 그 자체는 법률과는 다르다. 두 종류의 지식은 통약 가능한 것은 아니지만, 각각의 학습에 기초가 되는 인간의 재능과 지혜는 공통적이며 서로 이동이 가능하다. 지식은 쉽게 망각된다. 그러나 뿌리박힌 재능과 지혜는 그 사람의 일부이다. 중요한 것은 이러한 재능과 지혜의 개발이며, 더 중요한 것은 이러한 개발을 억압하고 있는 태도와 제도의 타파이다.

유감스럽게도 일본의 현상이 앞에서 서술한 지혜의 중요성을 잊어버린 상태에 놓인 것은 아닐까? 그리고 그 때문에 반동적으로 일부 인사에게는 지식의 편중이 보이고 지식을 공연히 경시하면서 자만하는 태도로 나오는 것은 아닐까? 이는 조만간 개선되어야 한다. 그래서 나는 적어도 학생 시기만큼은 일찍부터 전문화된 교육을 받지 않고 만인에 통하고 인간의 진실한 욕구에 충실한 일반교양과 인생관과 세계관을 확립하는 데 도움이 되는 공부를 할 필요가 있다고 생각한다. 일본 사회에는 이것이 지극히 부족하다. 노년에 이른 전문가가 직업을 그만두었을 때 지금까지 평생 오직 전공 분야만 다루어 온 폐해를 비로소 자각하더라도 때는 이미 늦어 다시 일반교양에 널리 접근할 기력이 없다. 그래서 일반적으로 일종의 안일과 자기도피로 우울한 나날을 보낸다. 이는 젊은 시절 그의 일반교양이 부족했음에 기인하는 점이 많지 않을까? 이러한 의미에서 특히 고등학교와 대학의 초년생에게 전공 학문 이외에 다른 훈련도 필요하다. 아니, 경우에 따라서는 후자가 더욱 중요하다. 이러한 의미에서 나는 고등학교와 대학 생활에서 조기 전공 교육을 찬성하지 않는다. 그리고 오늘날의 학제를 개편하고 싶다. 이러한 개편을 통해 사회 일반의 '전공'관이 점차 변화할 것이다.

5

지금까지의 서술은 '나' 자신의 문제를 너무 떠난 논의였다. 다시 내 '학생 시절의 회고' 속에서 이와 관계가 깊은 내용을 기술하면서 이 원고를 마치고자 한다.

나는 1916년(다이쇼 5년) 9월 나고야의 제8고등학교 제2부 병류에 입학했다. 그때는 9월에 입학하여 7월에 졸업하는 학년 제도였다. 여름 두 달을 마음껏 재미있게 놀고 난 뒤 새로운 학교에 왔기 때문에 생기발랄한 기세로 제8고에 들어갔다. 지금도 그날을 머릿속에 또렷이 재현할 수 있다. 그러나 제8고를 떠날 때는 완전히 기력이 없고 희망을 잃은 청년이 되었다. 당시 내 불만스런 얼굴은 지금도 쉽게 떠올릴 수 있다. 그 기억은 지금 다시 다른 사람에게 말하기도 글로 쓰기도 싫다. 고등학교 재학 중 특히 마지막 무렵 자신의 진로 문제로 심하게 방황하다 그대로 대학에 입학했다. 그해 처음으로 개설된 농학부의 농학과 제2부에 입학했다. 물론 입학시험이 없었기 때문에 다만 고향에서 입학 허가증이 오기를 기다릴 뿐이었다. 제2부는 지금의 농업경제학과의 전신이다. 하지만 지금보다도 훨씬 제1부, 즉 농학과에 가까운 과목이 많았고 학과로서 독립된 교수, 강사, 조수의 숫자는 매우 적었다. 고등학교 시절의 나는 그 내용을 전혀 알 수 없었다.

고등학교의 제2부 병류, 즉 농과에 입학한 것은 자각적으로 명료한 이유가 있었던 것이 아니었다. 아무 생각 없이 시험을 본 것 같다. 하긴 우리 집은 농가였다. 그래서 부모님도 농과를 선택한 것에 틀림없이 찬성했다. 중학교 시절부터 나는 역사와 법제, 경제 분야의 좋은 선생을 만났다. N 선생의 강의는 실로 재미있었고 인상에 깊이 남았다. 중학교를 졸업할 때 스모를 좋아했던 나는 졸업 논문으로 「스모 흥망사론」이라는 이상한 글을 써서 제출했는데 선생으로부터 커다란 영향을 받았다. 지금 그 글만은 다시 보고 싶다. 중학교의 책장 어딘가에 있을지도 모르겠다. 제1차 세계대전이 시작되던 무렵 중학교 상급생이었는데, 마침 요시노 사쿠조[2]가 『중앙공론』에 연재했던 「유럽 동란사론」을 즐겨 읽었던 기억이 있다. 지금도 내 장서 중에는 당시 잡지 논문의 제본이 있다. 오자키 유키오[3]가 번역 혹은 저술한 디즈레일리 전기—이것도 제목이 『경세위훈(經世偉勳)』인 것 같은데 지금은 완전히 잊어버렸다—도 즐겨 읽었다. 그래서 상식적으로 보면, 당시에 내가 대학에 간다면 법과대학에 입학하고 싶은 학생처럼 보였을 것이다. 그러나 특별히 그런 자각이 있었던 것은 아니고 지금 생각하면 태평스러웠다. 또 수학과 그 밖의 자연과학이 싫은 것도 아니었다. 아버지는 그 무렵 법학사라는 것을 확실히 싫어했던 것 같다. 왜냐하면 그 무렵 시골에서 아버지가 만나는 법학사라면 먼저 변호사나 국회의원 혹은 지방의회 의원 정도였는데 아버지는 그런 부류의 사람, 특히 시골에 있는 그런 부류의 사람들을 극단적으로 싫어했던 것 같다. 이 때문에 결국 법학사나 법과대학을 싫어하는 마음을 가졌음이 틀림없다. 그래서 내가 농과대학을 선택한 것은 전혀 아니지만 소극적으로 그런 결과가 되었는지 모르겠다. 다만 중학교 졸업 전에 태연하게 제8고 제2부 병류에 응시하겠다고 써서 학교에 제출했는데, 앞에서 말한 N 선생과 한문을 멋지게 읽던 이미 작고하신 S 선생 두 분이 당시 내가 머물고 있던

---

2) 요시노 사쿠조 : 吉野作造, 1878~1933. 정치학자이자 사상가. 도쿄제국대학 법과대학 교수를 역임했으며 '다이쇼 데모크라시'의 대표적 민본주의 · 민주주의 이론가였다.

3) 오자키 유키오 : 尾崎行雄, 1858~1954. 의회정치가. 1920~1930년대 군부정권에 대항하며 민주헌정 수호에 힘썼으며 일본인 사이에서 '헌정의 신'으로 추앙받고 있다.

할머니 댁의 조그만 방까지 찾아와 법과대학에 진학하라고 열심히 권유하신 것을 잘 기억하고 있다. 이런 권유에 별로 반대할 생각이 없었다. 그렇다고 그것을 따를 기분도 아니어서 그대로 지나쳐 버렸다.

앞에서 말했지만 N 선생은 젊은 시절 법과대학에 진학하고 싶었지만 뭔가 사정이 있어 고등사범학교에 진학했다고 한다. 우리의 중학교 시절에 N 선생은 법과대학 특별 과정에 입학하기 위해 준비하고 있다는 소문도 있었다. 그런 탓인지 이유는 분명하지 않지만 중학교 5학년 무렵 독일어 단어를 많이 가르쳤다. 또 서양사 수업 시간에는 영문으로 된 큰 책을 교실로 갖고 왔으며 영어의 필립 혹은 독일어로 된 지도를 사용했다. 비스마르크의 '철과 피'라는 유명한 문구가 나오는 연설의 구절을 독일어로 가르치며 암기하라고 했다. 지금 이 글을 쓰면서도 그 연설 문장을 소리 내어 외워 보고 싶지만, 오랫동안 기억하고 있었는데 아무래도 말이 나오지 않는다. 또 중학교 5학년 때, 도쿠가와 시대의 역사 강의는 경제에 관한 이야기가 많았던 것으로 기억한다. 도쿠가와 시기의 화폐 개혁과 그레셤법칙에 관한 이야기는 재미있었다. 나에게는 특별히 좋은 선생이었으며 지금도 건재하면서 활발하게 활동하고 있다.

이야기를 고등학교 시절로 돌려 보자. 멍하게 지내던 나는 이때 갑자기 성장했다. 확실히 고등학교 1학년 동안 기숙사 생활을 하는 사이에 키도 10센티미터가 넘게 자랐다. 중학교 시절의 어린아이가 갑자기 남자로 변했다. 그 때문인지 확실하지 않지만, 1학년이 끝날 무렵 신체 내부에 결함이 생겼던 것 같다. 맹렬한 위경련으로 고생했고 결국 학년말 시험을 치르지 못한 채 진급했다. 어쨌든 그 무렵 나는 청년이 되어 뒷날의 모든 준비를 시작했다. 인생의 길은 그 무렵에 비로소 하나씩 성숙해져 갔다. 시대는 마침 제1차 세계대전의 말기였다. 일본은 왠지 모르게 성장해 가고 있었다. 기숙사와 하숙집의 식비가 거의 2~3개월마다 인상되었던 것은 우리에게 직접 관련된 일이었던 만큼 기억이 선명하다. 고등학교 2학년을 마치고 여름방학에 일본 알프스를 넘어 북쪽으로 갔을 때, 마침 도야마현(富山県)의 해안에서 어부의 아내가 쌀가게를 습격했다. 이것이 쌀 소동의 발단이 되었는데 내가 북쪽 대륙에서 동북 지역으로, 도쿄에서 나고야를 돌아서 이세(伊勢)로 돌아오는 동안 가는 곳마다 쌀 소동이 있었다. 그리고 가는 곳마다 파업이 발생했다. 노동조합운동이 일어났다. 나는 물론 당시 그것이 무엇을 의미하는지 모르는 것이 많았다. 다만 뭐라 할 수 없지만 새로운 일이 일본에서 생겨나고 있다는 사실 그리고 집단의 존재가 분명히 인상에 남았다. 이윽고 평화가 찾아왔다. 사회의 개조, 데모크라시, 평화사상 등의 글자가 신문에도 매일 크게 쓰이고 다달이 잡지에도 다양하게 논의되었다. 나는 당시 이런 것들을 탐독했다. 『와레라(我等)』라는 잡지는 창간호부터 계속 읽었다. 특히 권두에 나와 있는 하세가와 뇨제칸[4)]이 쓴 한 쪽 분량의 단문

4) 하세가와 뇨제칸 : 長谷川如是閑, 1875~1969. 저널리스트 · 문명비평가 · 평론가 · 작가.

을 자주 읽었다. 그 무렵 가와카미 하지메[5]가 『오사카아사히신문』에 연재한 「가난 이야기(貧乏物語)」는 친구들과 함께 읽으며 감격했던 것으로 잊을 수 없다. 어쨌든 당시 학교에서 교과서보다도 스스로 멋대로 선택한 책을 훨씬 열렬히 읽게 된 것도 무리는 아니었다. 나는 물리학과 동식물, 화학의 평형이론과 지질학보다도 이런 책들을 통해 뭔가 생동하고 있는 것을 느꼈다. 누구인지 잊어버렸지만 어떤 친구와 함께 밤늦게 독일어 N 선생의 집으로 찾아가, 당시 배우고 있던 리히텐슈타인이라는 작가에 대해 독일어가 아니라 문학으로서 배우고 싶다고 부탁해서 선생의 허락을 받은 일도 있었다.

이런 일들과 함께 나에게 일찍이 의식되지 않았던 세계가 선명히 눈앞에 전개되었다. 보는 것마다 모두 특징을 띠고 나타났다. 가옥 하나하나도 실로 서로 달라 보였으며 나무 한 그루도 풀 한 포기도 각각 특징을 가진 존재로 비쳤다. 어디를 가나 풍부한 색채가 인상적으로 비쳤다. 지금까지 오히려 일반적으로 개념적으로 생각되어 온 다수의 인간이 개개인으로 분해되어, 그 한 사람 한 사람이 모두 다른 인간으로 보였다. 친구들 한 사람 한 사람이 각각 다른 얼굴이었으며 각각 다른 사고방식을 지닌 사람으로 보였다. 각자가 개성적이었다. 그중에서도 특히 여자와 어린이는 한

5) 가와카미 하지메 : 河上肇, 1879~1946. 경제학자이자 사회사상가. 교토제국대학에서 마르크스주의 경제학을 강의하다가 교수직을 그만두고 공산주의운동에 참여했다.

사람 한 사람이 웃는 얼굴을 달리하고 말하는 방식도 달리하는 것으로 보였다. 무엇이든지 공통되는 관계를 갖고 있지 않는 것이 되어 버렸다. 이것이 만물의 구체적 존재 방식이었다. 그래서 여행을 하든 다른 사람과 이야기를 하든 언제나 나에게는 각각 다른 느낌으로 다가왔다. 나는 무엇이든지 흡수했는데도 모두 흡수하지 못한 느낌이었다. 나이 차이와 세월의 흐름으로 나는 실로 놀랄 만큼 변했다. 지금의 나에게는 아무래도 모든 것이 같아 보일 뿐이다. 모든 남자와 모든 여자가 각각 다르지 않고 실로 일반적이어야만 구체적인 존재이며, 차이는 피상적이고 추상적이라고 느껴질 때가 많았다. 만원 전차를 타면 거기에는 모두 똑같은 다수의 인간이 줄서 있다고만 비쳤고 만원 전차에서 내린 경우에도 바로 그런 느낌이 드는 때가 많아졌다. 개체의 미가 점차 사라져 가고 있었던 것이다.

얼마 전의 일이다. 자비로 여행을 떠난 친한 S 선생이 여행지에서 보낸 편지 가운데 "처음으로 남쪽 바다에 여행을 와서 새로운 것을 발견하기 위해서는 지금 내 몇 배의 에너지와 노력이 필요하다"라는 취지의 글을 읽었을 때, 왠지 내 마음이 찔린 듯 전율을 느꼈다. 어쨌든 지금의 나 자신과 고등학교 시절에 지녔던 생활 의식과 인간 의식 사이에는 커다란 차이가 있다.

나는 이처럼 새로운 세계를 접하면서 스스로 흥미를 느끼는 학문과 학과에 점차 커다란 변화가 생기고 있음을 알게 되었다. 고등학교 시절이 반쯤 지날 무렵 더욱 그러했던 것 같다. 왠지 인간의 생활과 사고를 다룬 서적을 줄곧 찾게 되었다. 어떤 것은 이미 거론했지만 그 밖에 이와나미출판사의 철학총서, 특히 다나베 하지메[6]의 『과학개론』, 나가이 히소무[7]의 『생물과 철학의 경계』, 와쓰지 데쓰로[8]의 『니체 연구』, 특히 후자가 포함된 총서가 내 책꽂이에 많아졌다. 그리고 손 닿는 대로 이런 종류의 책을 탐독했다. 물론 반 정도 이해했다. 특히 니시다 기타로[9]의 『자각』은 완전히 오리무중이었다고 기억된다. 『선의 연구』는 아무리 찾아봐도 나고야의 서점에는 없었다. 기숙사의 실장으로 1년 반을 지낸 A는 이즈반도(伊豆半島)에 있는 오시마(大島)의 하부(波浮)항 출신으로 학생 시절 젊은 나이에 세상을 떠난 다감한 친구였다. 그가 읽으라고 빌려 준 번역서 『헤르만과 도로테아』[10]에 완전히 감동했고, 그가 가

6) 다나베 하지메 : 田辺元, 1885~1962. 철학자. 불교학자 ㄴ시다 기타로와 함께 교토 학파를 대표하는 사상가.

7) 나가이 히소무 : 永井潛, 1876~1957. 생리학자. 도쿄제국대학 의과대학을 졸업하고 독일 유학을 했으며 생명론과 우생학에 관한 집필 · 강연 활동을 했다. 1930년 일본 민족위생학회를 설립하여 국민우생법 제정에 공헌했다. 성교육과 성과학의 계몽에 노력했다.

8) 와쓰지 데쓰로 : 和 哲郎, 1889~1960. 철학자 · 윤리학자 · 문화사가. 교토대학과 도쿄대학에서 교수를지냈으며 윤리학의 체계화와 문화사 연구에 크게 공헌했다. 특히 윤리학 체계는 '와쓰지 윤리학'으로 불린다. 일본적인 사상과 서양 철학의 융합에 노력한 철학자로 평가된다. 저서로는 『고사순례』와 『풍토』 등이 있다.

9) 니시다 기타로 : 西田幾多郎, 1870~1945. 일본을 대표하는 철학자이자 교토학파의 창시자. 도쿄대학 시절 선에 빠져 동양 철학과 서양 철학을 융합하려는 노력을 했다. 1911년 니시다사상이 세상에 널리 알려지게 되는 『선의 연구』를 발표했다.

10) 『헤르만과 도로테아』 : Hermann und Dorothea. 독일의 시인 괴테가 1797년 48세 때 쓴 서사시.

르쳐 준 『노래 책(*Buch der Lieder*)』은 사전을 찾아가면서 열심히 읽었다. 자주 불렀던 「로렐라이」가 하이네[11]가 쓴 시라는 것을 그때까지 몰랐다. 왠지 요즘은 책을 버리거나 파는 것이 싫다. 요즘 하이네의 책을 펼치면 단어의 뜻이 일본어로 빽빽하게 쓰여 있는 것이 오히려 이상하게 보이고 사전을 찾아보면서 시를 읽었다는 것이 매우 산문적이라고 쓴웃음을 지을 뿐이다.

이런 세계에서 방황—'방황'이라는 느낌은 당시에는 없었다—하고 있는 사이 학교에는 점점 소홀해졌다. 결석하기 시작했다. 나고야 시외의 무밭 가운데 있는 시골집에 방을 빌려서 사용하던 무렵 이층에 사는 S는 진짜 순진한 남자였는데 금방 수줍어하며 얼굴이 빨개지므로 우리는 그를 '빨간 S'라고 부르며 '파란 S'와 구별했다. 키가 커서 '훗호'라고도 불렀다. 그림만 그리던 그는— 고흐와 비슷한 발음이었기에 오히려 이 별명을 좋아했던 것 같다—공과대학에 다녔지만, "나는 기계가 싫어, 싫어" 하면서 어린아이처럼 응석을 부리며 금방 울었다. 그래서 S는 그후 꽤 방황했던 것 같고 아주 늦게야 건축가가 되었다. 아마 그는 그 일로 예술에 대한 욕망을 만족시켰을 것이다. 아래층에 있던 나는 날마다 밤늦게까지 S와 이야기를 했다. 졸리지 않았다. 아침이 되면 학교에 갈 기운이 전혀 없었지만, 그래도 나는 특별히 비정상이라고 여기지 않았다.

---

11) 하이네 : Heinrich Heine, 1797~1856. 독일의 시인. 낭만주의와 고전주의 전통을 잇는 서정 시인인 동시에 반전통적이고 혁명적인 저널리스트였다.

자연과학 과목은 이제 강의를 알아들을 수 없어서 방치하게 되었다. 지금 그 당시의 기분을 회상해 보면 첫째, 그러한 과목들이 다루는 대상이 이미 인간과 관련이 없는 것이라는 데 불만이 있었다. 나는 인간의 생활을 문제 삼는 마음이 훨씬 강했다. 둘째, 너무 개괄적이었다. 한 사람 한 사람의 각기 달리 웃는 얼굴과 말투를 무시하고 하나의 생물학적 전형으로 만들어 버리는 것이 대체로 내 기분에 맞지 않았다. 나는 대학 과정에서 그런 방면의 학문만 다루는 학과를 선택하고 싶지 않았다. 처음에 서술했듯이, 그런 기분은 특히 고등학교 마지막 무렵 제1차 세계대전 뒤 일본의 사회 문제를 논한 서적을 많이 읽었기 때문에 더 강해졌다.

지금 다시 생각해 보면, 당시 내 마음에 전혀 여유가 없었던 것은 당연하다. 조금이라도 철이 든 선배가 있었더라면 좋았을 것이다. 진지하기는 했지만 확실히 전적으로 유치한 생각이었다. 내 눈에 비친 나무 한 그루, 풀 한 포기, 인간, 남녀 각각의 개성은 단지 감각적이고 생리학적이며 오감적인 개별성에 불과했다. 오감에 나타난 각각 다른 형태가 그대로 그 사물의 개성으로 비친 것에 불과했다. 자연과학이 인간과 거리가 멀다고 간주하고 뭔가 더 인간미 띤 것을 요구한다고 하더라도 내 경우에는 감각적 인간을 요구한 것에 불과했다. 자연과학이라 하더라도 지극히 초기 단계에서는 그러한 감각 본위의 것이었다. 오늘날 어떤 물리학자가 전기라고 하면 마찰한 호박(琥珀)을 생각하고, 자기(磁氣)라고 하면 소아시아에 있는 최초의 천연 자석 산지를 떠올릴까? 또 음성학, 광학, 열학에서는 특수한 감각이 단연코 제외된다.

"음 · 색 · 온도의 물리학적 정의는 결코 각각의 감관에 의한 직접 지각을 통해 얻어지는 것이 아니다. 음과 색은 각각 진동수와 파장에 의해 정의된다. 온도는 이론적으로 열학의 제2법칙에서 얻은 절대 온도에 의한다. 기체운동론에서는 분자운동의 운동에너지에 의한다. 그리고 실제로는 각각의 한란계, 재료의 체적 변화, 복사열계 혹은 열전기 더미에 의해 정해진다. 어떤 경우에도 이제는 온도를 말할 때 온각(溫覺)에 의거하는 일은 없다."[12]

이러한 진실하고 수준 높은 물리학과 그 밖의 여러 학문은 물론 나에게는 닫혀 있었다. 학교의 강의는 단지 학교에서 시험 답지에 내가 쓸데없이 앵무새처럼 반복하여 외워서 쓰는 것일 뿐, 정말로 마음속으로 추구하던 것은 오히려 호박과 소아시아의 천연 자석에 불과했다. 자연과학이 너무 발달해 있었기에 나는 그것을 피했다. 확실히 자연과학에 대한 중대한 오해와 몰이해가 있었다. 그렇기는 하지만 이러한 오해 자체에도 오히려 나를 강력하게 움직이는 어떤 것이 가로놓여 있었던 것은 분명하다.

고등학교 졸업 시험은 병을 핑계로 치르지 않았다. 그리고 몰래 상경했다. 용감하게도 당시 새롭게 개설된 경제학부 사무실에 특

---

12) 막스 플랑크의 『물리학적 세계상의 통일(*Die Einheit des physikalischen Weltbildes*)』의 한 구절이다.

별과 입학 수속을 하기 위해서였지만, 그해는 본과 지망생이 많아 특별과를 뽑지 않는다고 한마디로 거절당했다. 교토에서도 사정은 마찬가지라는 말을 들었다. 완전히 낙담하고 고향으로 돌아가 아버지에게 모든 것을 이야기했다. 별다른 말씀이 없었지만, 아버지는 내가 취한 행동에 불만스러웠던지 낙담하는 모습이었다. 그러나 나는 만일 가능하다면 누나 부부가 있는 미국으로 건너가 자신이 정말로 하고 싶은 공부를 하기를 희망했다. 물론 미국의 대학이 어떤지 아무런 예비지식도 없었다. 지금은 아무리 생각해 봐도 그 유래가 분명하지는 않지만, 노스캐롤라이나대학이 경제와 사회문제를 연구하기에 좋다고 들었다. 미국에 다녀온 뒤로 모든 것을 혼자서 결정했을 때는 왠지 어깨에서 짐을 내려놓은 기분이었다.

그동안의 낙담도 부모님과의 사이에 있었던 어색함도 날아가 버렸다. 시골에서 어린 시절부터 눈에 익은 개천에서 물고기를 잡거나 소설을 읽었다. 훨씬 뒤의 일이다. 1927년 마지막 여름날, 미국의 롤리 교외에 있는 노스캐롤라이나대학을 찾아갔다. 이미 위스콘신대학, 컬럼비아대학, 하버드대학을 알고 있었던 나는 외관이 매우 빈약하고 설비가 부족한 대학이라는 사실에 놀랐다. 그리고 옛날의 저돌적인 내 모습이 그대로 이어졌다면, 이 대학을 졸업해서 아메리칸 보이가 되어 일본으로 돌아가 지금은 무엇을 하고 있을까 하는 상상을 할 수 있었다.

그러면 그 이후의 내 삶은 어떠했을까? 고향의 평화로운 품에 안겨 있던 며칠 동안, 전보 한 통을 받고 아버지는 제8고등학교

교장에게 소환되었다. 이를 전후하여 고등학교 친구가 일부러 나를 찾아왔다.

모든 사정이 명백하게 드러나 학교에서는 나의 불성실함과 방자한 행동에 대해 처분 문제를 논의하고 있었다. 나도 아버지를 따라 나고야로 갔다. 학교 당국과 만난 아버지는 그 문제에 관해서 새삼 아무 말도 하지 않았다. 단지 한마디, 너희가 매우 실례가 되는 별명으로 부르던 H 선생은 실로 위대한 사람이라고 말했을 뿐이다. O 교장은 간곡하게 나를 타일렀다. "지금 학교에서 퇴학을 당하는 것이 너를 위해서는 도리어 좋은 일일지도 모른다"라고 엄숙하게 타이르던 말이 지금도 귓전에 남아 있다. 나는 그 자리에서 특유의 불만스런 표정을 결코 드러내지 않을 셈이었다. 한마디도 하지 않고 교장실을 물러났다. 하여간 자신을 강하게 믿는 마음가짐이었다.

제8고에는 지도 교수 제도가 있었다. 일종의 튜터 제도로 각 교수가 일정한 수의 학생 이른바 보증인이 되는 것이다. 각 학과 각 학년의 학생이 한 사람의 지도 교수 아래 때로는 가족처럼 화목하게 지내고 때로는 학교 이외의 문제로 상담을 나누었다. 이러한 제도가 있는 이유는 매우 크다.

이마와 옆얼굴이 슈티르너[13)]를 닮았던 수학 담당 S 교수가 내

13) 슈티르너 : Max Stirner, 1806~1856. 독일의 헤겔 좌파로 분류되는 철학자이며 개인주의적 무정부주의자.

지도 교수였다. 졸업 결정 회의가 있었던 날, 밤늦게 선생으로부터 농학부에 가는 조건으로 내 졸업이 허가되었다는 연락을 받았다. 그리고 농학 제2부에 들어가면 공부에 대한 내 희망이 이루어질 것이라고 격려해 주었고 사랑이 듬뿍 담긴 여러 가지 충고를 해주었다. 자신의 앞뒤를 가릴 줄 몰랐던 내 단순한 행동으로 모든 사람으로부터 크게 질책 받을 것이라 생각하고 있었는데, 그러한 일은 없었다. 자신의 응석에 자조하고 자책하면서 하숙방으로 돌아왔지만 쉽게 잠을 이루지 못했다. 옛날의 이 사건은 그렇게 막을 내렸다.

그리고 대학 시절에 대해서도 말하고 싶지만, 지면이 남아 있지 않고 평범한 생활이었기에 특별히 서술할 것도 없다. 학과의 일과 학교 제도는 생각하기도 싫다. 공부는 혼자서 하고 친한 친구와 토론하는 일밖에 없었던 것이 내 대학 생활이었다. 당시 학생으로서 이런 교수라면 좋겠다고 느낀 것 중에서 오늘날 대학에 교수로 재직하고 있는 내가 얼마만큼 실천하고 있는지 반성하면 마음에 평정을 찾기 어려울 정도로 부끄러운 점이 많다. 이에 관해서는 또 다른 기회에 글로 옮기고 싶다.

여기에 다른 사람에게 전혀 말할 가치도 없는 개인적인 일을 썼다. 굳이 다른 항목의 기술 속에 현행 학제 중에서 개정해야 할 점을 거론했지만, 내가 걸어온 경로에 사로잡혀 나 자신을 변명하고 옹호하기 위한 의도는 전혀 없다. 이 두 가지는 전혀 별개의 일이다. 그러나 학제의 어떤 점에 특히—혹은 부당하다고 비난받을 수도 있지만—많은 관심을 갖게 된 내 심적 과정은 독자들이 이해해 주었으면 한다.

◎ **도하타 세이이치(東畑精一, 1899~1983)**
농업경제학자. 도쿄대학과 독일 유학을 거쳐 도쿄대학 교수가 되었고 일본의 자본주의와 농업 문제에 대해 연구했다. 제2차 세계대전 이후 농정에 참여하여 영향을 미쳤다. 저서로는 『협동조합과 농업 문제』, 『일본 농업의 전개 과정』, 『일본 농업의 과제』 등이 있다.

어느 학생의 회상

1

학생 시절의 꿈과 시와 감동이 가장 생동감 있게 잘 드러난 표현을 찾는다면 아마도 W. 마이어푀르스터의 희곡『알트 하이델베르크』(「황태자의 첫사랑」으로 알려진 작품)만 한 것은 없다. 도덕적 · 사회적 그리고 일상의 전통이 점차 자기의 내면 깊은 곳에서 생겨나 급속히 성장해 온 인간적 요구와 충돌하면서 무겁고 고통스런 질곡으로 변하기 시작한 카를 하인리히는 네카 강변의 하이델베르크에서, 그곳의 대학에서 자기의 구원과 해방을 발견했다. 하이델베르크의 생활은 모든 것이 감격이요 시였으며, 청년의 꿈이었다. 우정, 연애, 노래, 결투 이 모든 것이 젊은이들의 생을 뿌리째 뒤흔들었다. 거기에는 젊은 사람들의 즐거움을 즐거움으로, 그들의 고민을 모두 자기 속에서 드러낸, 요컨대 감격을 있는 그대로 감격한 노(老)박사 유트나가 있었다. 그러나 이것은 어디까지나 시인의 꿈이다.

이 『알트 하이델베르크』의 무대에 도취되었다가 깨어났을 때, 관객은 학생 생활에 대한 감회를 참기 힘들어한다. 한편으로 그것이 시인의 꿈, 아니 젊은이의 꿈이 이상적으로 넘쳐흐른 것에 불과했다는 것을 깨닫는다. 본래 학생 생활을 순수하게, 오직 회상으로 추억할 수 있는 사람들이 있다. 학교를 떠나 수십 년 자기의 공적은 거의 달성되고, 그중에서도 자기 자신의 것을 확보하게 된 사람들에게 학생 생활은 이른바 과거의 자기이다. 그때 경험한 과오와 실패와 고뇌는 모든 세월과 함께 순화되어 젊은 날의 즐거움과 자랑과 함께 모든 것이 '지나간 젊은 날'의 희미한 안개 속에 가려진다. 그렇지만 나는 그렇지 않다. 회상이라는 단어에 수반되는 온화하고 그리운 기분은 현재의 나와 거리가 상당히 멀다. 현재까지 내 인생의 3분의 2를 차지하는 학생 생활은 확실히 시간적으로는 과거의 생활이며, 거기에 살았던 나는 과거의 나라고 말할 수 있다. 그러나 학생 시절 안고 있던 문제는 아직 하나도 해결되지 않고 있다. 과거에 간절했던 희망은 단지 바라기만 했을 뿐 채워지지 않는다. 과거의 나는 비판받고 부정되었지만 지금껏 긍정되고 확보되지 않았다. 그래서 현재 자신의 것을 조금도 자랑할 수 없는 나에게는 과거의 과오로 가득 찬, 혐오하지 않을 수 없는 자신이 유일한 나의 자기이다. 학생 시절의 자기는, 나의 내면에서는 결코 과거의 것이 아니라 도리어 현재의 자기이다. 나는 그것을 혐오하고 경멸하고 폄하한다. 그래도 그것에 끊기 어려운 집착을 느끼지 않을 수 없다. 그리하여 학생 생활의 회상은, 많은 사람이 떠들어대기 좋아하는 학창 시절의 회상은 나에게는 가장 힘든 일이다. 나는 과거의 자기를, 즉 현재의 자기를, 상처 받고 신음하며 발버둥치는 자기를, 많은 사람 앞에 차마 남김없이 드러낼 수 없기 때문이다. 따라서 이 회상의 글에 나타난 나는 있는 그대로의 모습이 아닐지도 모르며 오히려 다분히 내 이상과 희망으로 분장한 모습을 정리한 것이다. 이는 내 학생 생활의 꿈이다. 그렇지만 이것은 『알트 하이델베르크』와 같은 시인의 아름다운 꿈이 아니라 어느 속인의 조그마한 꿈에 불과하다.

2

고등학교에 입학한, 1924~1925년(다이쇼 13~14년) 무렵의 나는 자신에게도 어렴풋할 뿐 그것을 표상할 수 없다. 그 무렵 나는 서해 바닷가의 거친 기풍의 전통이 단단히 뿌리박힌 중학교에서 극단의 스파르타식 교육에 특별히 반항도 찬동도 하지 못했다. 대수와 기하 문제를 묵묵히 풀고 오직 학교 공부에만 전념하고 만족했던 이른바 선량한 소년이었다. 이러한 소년에게는 엄격한 교칙도 선생의 명령도 일반의 사회적 · 도덕적 규칙도 모두 하나의 여건이며 그 존재의 근거를 물을 수 없었다. 그렇다기보다는 오히려 그는 그러한 물음을 제기할 필요를 전혀 느끼지 않고, 그리하여 주어진 명령 체계의 틀 안에서 거기에 대해 아무런 모순과 반발을 느끼지 않았다. 그래도 자신의 욕구와 흥미를 충분히 만족시키는 방법을 알고 있었다. 그러한 소년에게 고등학교 생활은 하나의 혁명을, 새로운 세계로의 한 걸음을 의미했다. 지금까지는 의심할 여지없이 복종을 강요한 모든 권위에 대해 존재 근거에 물음을 제기하는 것을 배우고, 적어도 입에 담지 말아야 한다고 했던 여러 문제에 대해 소리 높여 논의할 수 있게 되었다. 사실 고등학교의 강령은 처음부터 '자유 · 자치 정신의 함양'을 들고 있었다. 자유는 자각에 이르는 하나의 통로이다. 젊은 나의 자기는 속박에 대한 반항이 아니라 오히려 외부로부터 주어진 자유에 의해 깨어난 것이라고 해야 한다.

그러나 자기를 구성하는 것이 모두 자기가 아니다. 외계의 원리가 곧 자기의 원리였던 나에게는, 주어진 자유는 해방이 아니라 도리어 추방이었다. 내 앞에 쌓인 모든 문제에서 내가 갖고 있던 비판의 원리는 모두 외계를 지배하는 원리일 뿐이었으며 주어진 자유는 지금 이 원리마저 의심해야 한다고 강요한다. 이는 마치 안주하던 곳으로부터의 추방이며 자기 자신을 방기하라는 명령이다. 광막한 황야로 해방된 조랑말처럼 나는 어디로 갈지 알 수 없는 맹목적적인 질주를 계속했다. 이유를 알 수 없는 불안과 동요가 비판 원리의 결여, 아니 자기 자신의 결여에 유래하는 것조차 나는 의식하지 못했다.

고등학교 1학년 가을은 나와 내 친구들에게 잊을 수 없는 충격을 주었다. 1923~1924년의 사상계는 무정부주의와의 항쟁에서 이긴 과학적 사회주의가 융성했다. 오야마 이쿠오,[1] 모리토 다쓰오,[2] 가와카미 하지메의 현란한 문장이 평론 잡지를 장식하면서 세계사적 규모에서 위기의 절박성을 경고하고 있었다. 진보적인 학생들이 모여 있던 '학련(學連)'은 점차 중앙에서 지방으로 촉수를 뻗어 가기 시작했다. 우리 학교 안에도 사회과학 연구단체가 학교 안팎에서 활발한 토론을 벌이면서 열정적으로 사람들에게 외치고 있었다. 때로는 우리 고등학교에서 니나가와 아라타[3]의 강연회가 개최되었고 이를 계기로 학교에 폭풍우가 불어 닥쳤다. 나는 그 강연회의 모습을 지금도 생생하게 떠올릴 수 있다. 그날 오후 긴 사각형의 강당에 전교생이 모였다. 정면에 있는 강단 좌우에 모든 교수가 나란히 서 있는 가운데 야위고 반 백발에 나이 든 박사가 유유히 단상에 올랐다. '사상과 외교'라는 제목의 논지가 열기와 힘을 느끼게 하는 말투로 뭔가 이상한 정적 속에 전달

---

1) 오야마 이쿠오 : 大山郁夫, 1880~1955. 사회운동가. 요시노 사쿠조(吉野作造) 등과 함께 민본주의적 계몽단체인 여명회에 참여했다. 무산운동을 지도했으며 제2차 세계대전 중에는 미국에 망명했으며 전후에 귀국하여 평화운동에 전념했다.

2) 모리토 다쓰오 : 森戸辰男, 1888~1984. 사회학자. 1920년에 발표한 논문 「크로포트킨의 사회사상 연구」가 위험 사상으로 지목되어 투옥되었으며 제2차 세계대전 종전 후 일본사회당 창당에 참여했다.

3) 니나가와 아라타 : 蜷川新, 1873~1959. 법학자. 도쿄대학 법학부를 졸업하고 박사학위를 받았다. 하급관리, 기자, 대학 교수, 적십자사 이사 등 다양한 직업을 가졌다. 저서로는 『천황—누가 일본 민족의 주인인가』, 『일본을 구하는 것, 멸망케 하는 것』, 『메이지 천황』 등이 있다.

되었다. 제1차 세계대전 후의 유럽 외교를 논했다. 이어서 파리의 교통 노동자 파업이 학생들의 행동 때문에 실패로 끝나게 되었다고 말했다. 학생들의 희생정신을 열렬히 칭찬하자마자 돌연 장내의 정적이 깨졌다. 일찍부터 강단 바로 밑 첫 번째 줄을 점령하고 있던 좌익 학생들은 강연자에게 일제히 성난 소리를 질렀다. 늙은 박사의 질타, 마르크시스트의 응수, 이에 대한 우익 학생의 질책, 교수들의 혼란, 학생들의 소란, 장내는 수습할 수 없는 혼돈에 빠졌다. 이후 좌익 학생이 처벌되었고 좌익의 교묘한 선동으로 전교생 사이에 처분받은 학생을 옹호하는 기운이 형성되었고 수차례에 걸쳐 비합법적인 학생 대회가 계속해서 개최되었다. 선동자들은 격한 어조로 처분의 부당성을 주장했고 교수와 학생 사이의 계급투쟁은 고조했다. 이는 고등학교의 현실적인 생활에 점점 환멸을 느끼고 있던 우리에게 이상한 격동을 안겨 주었다. 그렇지 않아도 주목을 끌고 있던 과학적 사회주의에 대한 관심이 학교 친구들 사이에 널리 급속하게 높아졌다. 유치하고 소박한 토론은 일단 유물변증법으로 확고한 기초를 마련했고 압박받는 계급에 대한 인도주의적 동정과 맞물리면서 젊은이만이 갖고 있는 외곬의 열정으로 전개되었다. 사적 유물론의 과학성을 완전히 평가할 수 없는 사람들에 대해서도, 마르크시즘은 피지배 계급을 위한 과학이라는 점에서 청년의 정의감과 일치했다. 요컨대 이 사건을 계기로 마르크시즘은 급우들 대부분의 관심 그리고 굳이 말하자면 동정을 쟁취했다고 해도 좋다.

나 자신에게도 이 사건이 준 충격은 실로 컸다. 강연회에서 좌익 학생이 취한 불손한 태도에서 나는 먼저 반감을 느꼈지만, 권위에 대한 그들의 과감한 반항은 나를 놀라게 하고도 남았다. 나 자신은 권위에 대한 복종을 자신의 원리로 삼고 있었는데, 그 권위가 이처럼 쉽게 흔들리고 저항을 받는 것이었다. 뿐만 아니라 피압박자의 친구는 청년의 대의명분이었다. 내가 그때까지 거의 만져 보지도 않았던 사회과학의 해설서를 펼치기 시작한 것은 그 무렵부터였다. 그렇지만 빛은 마르크시즘에 있지 않았다. 거기에는 정치, 법률, 경제뿐만 아니라 예술, 도덕, 사상 등 모든 문화 현상에 대한 설명이 주어져 있었다. 그러나 그러한 기존의 것은 모두 '부르주아적'인 것이요, 모든 것이 부정되고 지양되어야 할 운명이었다. 그때까지의 내 원리는, 나의 자기는 그 정도로 가치 없는 '반동적' 존재에 불과할까? 인류 역사의 성과는 그 정도로 처참하고 오욕에 찬 것에 불과할까? 나는 원래 이론적으로 마르크시즘을 비판하고 극복한 것이 아니다. 그렇지만 현재의 나에 대한 집착은 뿌리가 깊고, 외계가 나를 파악하는 힘은 컸다. 무엇보다도 마음에 들지 않은 것은 과학적 사회주의가 청년의 꿈과 감격을 일격에 깨트리는 것이었다. 압박받는 계급의 친구는 동시에 모든 규정자로서의 경제 관계 앞에 무력하다는 것을 의미할까? 당시의 나에게 경제란 매우 비속한 의미에서 필요악에 지나지 않았다. 나 자신으로부터의 추방 그리고 이어지는, 물론 유치한 사상적 방랑은 아직도 끝나지 않았다. 신흥 과학을 지극히 쉽게 쟁취한 사람들의 자신에 찬 모습 그리고 오만에 가까운 태도는 내 선망과 노심초사를 부채질할 뿐이었다. 그러나 광명이 가까이 다가오고 있었다.

3

신흥 과학이 학교에 폭풍을 일으키던 그해 가을, 나는 우연히 구라타 햐쿠조의 『출가와 그 제자』를 구했다. 이는 일찍이 사상계와 문예계에 선풍을 일으킨 희극이었는데, 중학교 시절 내 주위에 이러한 책을 읽는 분위기는 조금도 없었다. 이 책을 구했을 때도 이 희곡이 문학 · 사상 영역에서 가지는 의의에 대해 나는 전혀 몰랐다. 나는 그것을 무심코 펼쳤다. 이 희곡의 서곡은 나에게 이미 뭔가 비범한 것, 위대한 것의 존재를 암시했다. 외계의 원리에 대한 회의는 동시에 '상식'에 대한 경멸이다. 그런데 이 희곡은 나에게 반(半)상식적, 더 적절하게 말하자면 초(超)상식적 세계를 살짝 보여 주었다. 나는 정신없이 1막 1막을 탐독했다. 스스로 마음 속 깊이 감동을 받았으며, 용솟음쳐 오르는 감격과 흥분으로 밤새도록 한숨도 자지 못했던 것으로 기억한다. 신란은 형해만 남고 영혼이 빠진 규범화된 모든 계율을 깨트리고 법칙이 존립하는 근거, 그것이 타당한 까닭을 남김없이 탐구했다. 인간 내면의 요구는 속박되어야 할 것이 아니다. 이야말로 일체의 근원이었다. 인간은 다만 묵묵히 법에 복종할 줄만 아는 노예가 아니라 스스로 지배자요 입법자이다. 인간의 존엄성과 위대함은 내 앞에 밝게 빛나고 있는 것이다. 지금도 나는 구라타 희곡의 문학적 가치를 잘 모르지만, 그것이 나 개인에게 준 충격과 혁명은 마음속 깊이 감사하면서 평생 잊을 수 없다.

지금 나는 외계의 원리를, 즉 자기 자신을 결연히 버릴 수 있다. 나는 이미 추방된 자가 아니라 씩씩한 자유인이었다.『출가와 그 제자』가 나에게 준 영향은 여기에 그치지 않았다. 그것은 나에게 문학의 위대한 힘을 가르쳐 주었다. 문학은 긴긴날의 무료함을 달래 주는 것만이 아니었다. 도리어 그것은 인간 존재의 근원을 다루고 마음의 깊은 내면을 울리는 것이었다. 나는 내가 어두운 밤에 찾고 있던 빛이 문학에 있음을 알았다. 문학은 내 모든 생활을 독점했다. 기쿠치 간,[4] 아쿠타가와 류노스케,[5] 야마모토 유조,[6] 시가 나오야,[7] 무샤노코지 사네아쓰[8] 등 닥치는 대로 모든 문학 서

4) 기쿠치 간 : 菊池寛, 1888~1948. 소설가. 본명은 기쿠치 히로시(菊池寛). 경제적 사정이 어려워 주변 사람의 도움으로 메이지대학과 와세다대학을 거쳐 교토대학을 졸업했고 신문기자를 하다 소설가가 되었다.『문예춘추』를 창간하여 성공을 거두고 아쿠타가와상 · 나오키상을 설립했다. 대표작으로는「진주부인」,「어떤 사랑 이야기」 등이 있다.

5) 아쿠타가와 류노스케 : 芥川龍之介, 1892~1927. 소설가. 도쿄제국대학 영문과를 졸업했으며 나쓰메 소세키의 제자이다. 일본 문단의 유명한 문학상인 아쿠타가와상은 그의 업적을 기념하기 위해 만들어진 것이다.

6) 야마모토 유조 : 山本有三, 1887~1974. 소설가이자 극작가. 도쿄제국대학 독문과를 졸업했으며 기쿠치 간, 아쿠타가와 류노스케와 함께 동인지『신사조』를 간행했다.

7) 시가 나오야 : 志賀直哉, 1883~1971. 소설가. 객관적인 사실 파악, 엄격한 문체로 독자적 사실주의를 지향했다. 대표작으로는「암야행로」,「화해」 등이 있다.

8) 무샤노코지 사네아쓰 : 武者小路実篤, 1885~1976. 소설가. 1910년 시가 나오야, 아

적을 섭렵했다. 내가 그것들을 충분히 감상하고 평가했다는 것은 아니다. 내 특유의 관점에서 특유의 읽기로 독파해 간 것에 불과하다. 때마침 문학은 마르크시즘의 융성과 나란히 교내에 하나의 세력을 형성했다. 문단에서는 요코미쓰 리이치[9] 등 신진 작가의 신감각파 운동이 대두하고 있었는데, 그것이 규슈의 제1고등학교에도 파급되어 신감각파 특유의 문장이 교우회 잡지에 차례차례 게재되고 있었다.

그러나 그것들은 나에게 관계없었다. 나는 내가 추구하는 것을 문학에서 찾고 있었다. 당연한 결과이지만 문학에 대한 기대는 차차 무너져 갔다. 아리시마 다케오[10]와 그 밖의 몇몇을 제외하면 내 가슴을 울리는 문장은 마침내 찾아볼 수 없었다. 그렇다고 문학의 매력이 사라진 것은 결코 아니었다. 반대로 문학은 불가사의한 힘으로 나를 속박했다. 내 독서는 난독이 되었고 문학이라는 심연으로 빠져 들어갔다. 그중에서 다니자키 준이치로[11]의 글에

리시마 다케오(有島武郎)와 함께 문학잡지 『시라카바(白樺)』를 창간했다. 인도주의 이념을 가진 그를 아쿠타가와는 음울한 문단에 밝은 빛을 들어오게 하는 사람이라고 평가했다. 대표작으로는 「사랑과 죽음」, 「애욕」 등이 있다.

9) 요코미쓰 리이치 : 横光利一, 1898~1947. 소설가이자 하이쿠 시인. 기쿠치 간으로부터 배웠으며, 가와바타 야스나리(川端康成)와 함께 『문예시대』를 창간했고 신감각파로 활약했다.

10) 아리시마 다케오 : 有島武郎, 1878~1923. 소설가. 관료이자 대농장주 집안에서 태어났으며 기독교에 입교했다. 1903년 하버드대학에서 공부하며 사회주의사상에 심취했고 동인지 『시라카바』 창간에 참여했다. 소유하고 있던 농장을 소작인들에게 증여한 후 자살했다. 대표작으로는 「어떤 여자」, 「돌에 짓눌린 잡초」 등이 있다.

11) 다니자키 준이치로 : 谷崎潤一郎, 1886~1965. 소설가. 탐미주의의 새로운 경지를 개

나타난 요염하고 화려함, 소름 끼침, 알 수 없는 두려움이 나를 사로잡았다. 나는 소름이 돋을 정도로 작중인물의 불건전함, 비굴함, 음험함을 혐오하면서 그의 문장이 뿜는 요기로부터 벗어날 수 없었다. 나는 그의 문장을 두려워했다. 예를 들면 「죽」에 나오는 고등학생이 지닌 증오할 만한 계기가 내 마음속에 깃들어 있지 않다고 단언할 수 있었을까? 그의 문장은 나 자신 속에 들어 있는 '악'을 기탄없이 도려냈다. 나는 자신 속에서 조금이라도 악의 요소를 발견할 때마다 아연실색하지 않을 수 없었다. 친한 친구에게 이런 이야기했을 때, 그는 "누구나 그런 요소를 갖고 있어"라고 말했다. 그렇지만 이 말은 나에게 아무런 위안도 주지 못했다. 도리어 나는 그의 무관심한 태도에 분노를 느낄 뿐이었다.

고등학교 1학년은 이렇게 저물어 갔다. 겨우 1년 동안의 '자유'는 처음에는 대부분 순진하고 단순했던 급우들의 개성을 놀랄 만한 속도로 신장시켰다. 2년째가 시작되면서 각자 자신의 본색을 점차 드러내고 서로 의기투합한 학생들의 그룹은 각각의 색깔로 구별될 수 있었다. 당시 내 관점에서 보자면, 제1의 그룹은 세속에 적응한 학생들이다. 그들은 어떻게 하면 세속적 인기와 신용과 부와 권세를 획득하는지 잘 알고 있었다. 더구나 이런 것들을 확보하는 데 결정적인 것은 자신의 가치와 힘이 아니라 오직 음모와

척했으며 간사이(關西) 지방으로 이주한 후 고전적 일본미에 경도되어 독자적인 작품 세계를 구축했다. 대표작으로는 「춘금초」, 「세설」, 「치인의 사랑」 등이 있다.

술책, 세속적인 타산뿐이라고 생각했다. 그들에게는 학문도 연애도 전체의 생활을 위한 하나의 수단에 불과했다. 그들은 젊은 내가 들어주기 힘든 말을 소리 높여 떠들고 그 밖의 점에 관한, 즉 학문과 문예 문제에 관한 그들의 언행은 아이들의 장난과 유사했다. 나는 그들과 거의 교류하지 않았다. 그들은 나보다 서너 살 정도 많았는데, 그들을 멀리서 바라보면서 나이가 들었기 때문에 그들이 그러한 생각을 하게 된 것이라면 나는 나이를 먹지 않겠다고 혼자서 생각했다.

제2의 그룹은 작은 위악자(僞惡者) 집단이다. 그들의 논리는 이렇다. 더럽고 추악함은 인간의 본성이므로 그것을 초극하는 것은 불가능하며 무의미하다. 오히려 이를 긍정하고 이를 거리끼지 않고 실행하는 것이 인생을 철저하게 살아가는 방법이다. 그들의 이야기는 과장되어 있고 추악했다. 나는 그들에게 반감과 혐오감을 금할 수 없었다. 이는 내가 그들의 논리를 긍정할 수 없었기 때문만은 아니다. 다니자키 준이치로의 문장과 마찬가지로 그들의 언동은 내 마음속에 잠재하는 '악'을 정면으로 지적하는 것처럼 보였다. 그들에 대한 혐오는 또한 나 자신에 대한 혐오였다.

이에 비하면, 스포츠에 몰두하고 긴 머리와 찢어진 옷과 모자에 만족하는 제3의 그룹은 훨씬 친하기 쉽고 그들과의 거짓 없는 대화는 유쾌했고 그들의 비분강개는 순진했다. 그렇지만 니체라는 이름을 모르고 낭만주의와 자연주의를 구별할 줄 모르는 그들은 필경 나와는 인연이 닿지 않는 중생에 불과했다.

주로 나이 어린 몇몇은 근면파라고도 할 수 있는 제4의 그룹을 형성하고 있었다. 근면파라고는 하나 노트 필기를 잘하고 시험을 잘 치를 생각만 하는 무리를 의미하는 것은 아니다. 그러한 유형이 전혀 없지는 않았지만 매우 적었다. 이 집단이 강독에서 실패하는 경우는 드물었다. 어쨌든 교실의 강의에 정도의 차는 있지만 만족하지 못하는 사람들이었다. 그들은 각자 자기의 관심을 교실 밖에 두고 있었다. 사상이나 학문 혹은 문예 등 각자의 흥미에 따라 일정한 식견과 열정을 지니고 있었다.

신흥 과학의 학생임을 자타가 인정하고 있던 사람들은 그 숫자가 적었다. 하지만 그들의 특징인 강렬한 색채와 그들이 반 전체에 미친 어떤 종류의 압력으로 볼 때, 제5의 그룹으로 분류될 수 있다. 평상시 그들은 자주 침묵했으며 다른 것을 완전히 무시하든가 그렇지 않으면 노려보고 있었다. 그들은 자주 학교에 나오지 않았는데 어떤 사회운동을 하고 있기 때문인 듯했고 눈은 충혈되어 있는 때가 많았다. 어떤 일에 즈음하여 한번 입을 열면 그들의 선동적 변론과 반항적 태도는 신흥 과학의 사도에 걸맞은 열기와 힘을 떠올리게 했다. 동료 중에 그들로부터 어떤 종류의 압력을 느끼지 않은 자는 별로 많지 않았다.

내가 가장 친하고 많이 교류한 것은 제4의 그룹이었다. 그 그룹이 나를 자기들의 친구로 생각해 주었는지도 모른다. 그들은 각각 존경스럽고 사랑스러운 청년이었고 그들과의 이야기는 나에게 시사하는 점이 많았다. 학문, 문예, 역사, 사상에 관해 꽤 높은 목소리로 열심히 논의할 수 있었던 것은 이 그룹뿐이다. 그렇지만 나는 그들과 한 가지 점에서 거리가 있었다. 과학적 사회주의에 대한 그들의 사상적 거리는 나보다 훨씬 가까웠다. 나는 그들의 반수 이상이 장래에 마르크스주의 진영에 굴복할 것이라고 예상하지 않을 수 없었다. 나는 마르크스주의의 사도들과 사실상 교섭이 전혀 없었지만 그들이 나에게 끼친 영향은 매우 컸다. 마르크스주의의 근본 명제는 도저히 내가 수용할 수 없었다. 그래도 그들의 정밀한 논리, 특히 힘과 정열은 어디서 솟아나는 것일까? 그들과의 대립은 나를 자극하고 채찍질하고 고심하게 했다. 그래서 사회와 경제 문제에 관해서 도저히 그들의 적이 될 수 없다는 것을 자각하게 되었을 때 나는 자신에 대해 탄식의 소리를 냈다. 마침 사상계 일반의 과학적 사회주의가 점차 공세로 돌아서기 시작한 때였다. 따라서 학생의 사회운동도 활발한 움직임을 보였다. 모리토 다쓰오의 사상과 투쟁이 청년 학생들의 행로에 횃불을 밝히고 있었으며 후쿠모토 가즈오[12)]의 이론 투쟁이 일세의 이목을 집중시키고 있었다. 압박을 받는 계급의 정치운동은 사회민중당과 노농당(勞農黨) 등으로 결집되고 오야마 이쿠오가 와세다로부

12) 후쿠모토 가즈오 : 福本和夫, 1894~1983. 철학자. 1922년 유럽 유학 중에 마르크스주의를 연구하고 2년 후 귀국하여 일본공산당에 들어갔다. 이후 다수의 논문을 발표했고 1920년대 사회 정세에 입각하여 학생층에 모더니즘으로 널리 퍼진 '후쿠모토이즘'으로 각광받았다. 1928년 공산당 일제 검거로 체포되어 투옥 생활을 했으나 1958년 일본공산당으로부터 제명 처분되었고 이후에는 문화사 연구에 몰두했다.

터 쫓겨난 사건은 청년 학생들 사이에 이상할 만큼 선풍을 불러 일으켰다. 나와 가까운 제4의 그룹 친구들도 점차 과학적 사회주의로 전향하고 있었다. 그들 중 몇몇은 독서회를 만들어 서로 격려하며 공부했다. 별이 높게 빛나는 늦은 가을밤이었다. 공원의 숲을 걸어가면서 나는 어떤 친구에게 말하며 마음속 깊이 고독을 느꼈다.

"나는 나의 진리를 추구하네. 많은 사람이 갈망하고 찬탄하는 그 진리는 나에게 진리가 아니지."

4

문학에서 내 방랑은 점차 종말에 가까워지고 있었다. 방랑자인 나는 『출가와 그 제자』로부터 받은 격동을 때때로 떠올렸다. 일찍이 내 온몸을 흔들어 놓았던 문장이 이처럼 희망 없어 보이는 까닭은 무엇일까? 저항할 수 없는 것으로 보이던 문학의 위력이 이처럼 급속히 쇠퇴해 간 까닭은 또 무엇일까? 내 모든 열의를 쏟아부었던 문학은 결국 내 요구에 대답하지 못한단 말인가? 문학을 포기해야 할 것인가? 그렇지만 문학은 내가 지닌 '유일한 자기'였다. 문학의 포기는 바로 내 자신을 포기하는 것이었다. 나는 문학의 풍성함을 의심할 수 없었다. 문학의 궁핍은 문학의 본질에서 유래한 것이 아니라 내 방랑 때문이라고 나는 생각했다. 그리하여 문학을 학문적으로 연구하기 시작했다.

예전에 읽고 던져 두었던 하가 야이치[13]의 『일본문학사 10강』을 다시 책상 위에 펼쳤다. 가끔 학교에서 강의되던 『겐지모노가타리』에 먼저 주목했다. 나는 갑자기 이 이야기에 매료되었다. 얼마나 풍부한 정서인가? 얼마나 함축성이 풍부한 표현인가? 내가 일상적으로 접하고 있던 일본 국민이 이 정도로 풍부한 감수성을 갖고 있을 줄 나는 거의 모르고 있었다. 내가 별 생각 없이 사용하고 있던 말이 이 정도의 표현력을 감추고 있을 줄은 상상도 할 수 없는 일이었다. 나는 방과 후 몇 시간 동안이나 하기와라 히로미치[14]의 『평석(評釋)』과 『호월초(湖月抄)』에 몰두하면서 학교 도서관에서 살았다.

그리고 그 다음에는 『만요슈』가, 그전에는 『고사기』가 있었다. 이런 책들을 차례로 섭렵하던 나에게 당시의 사상적 · 사회적 소요는 없는 것과 마찬가지였다. 이런 종류의 연구를 시작하면 사람들은 다만 시간이 부족하다는 것을 느낄 뿐이다. 『마쿠라노소시』, 『오카가미(大鏡)』, 『마스카가미(增鏡)』, 『고킨(古今)』, 『신코킨(新古今)』 등 헤이안 시대 문학을 대충 훑어보는 것만도 쉬운 일이 아니지만, 나아가 가마쿠라 문학과 에도 문학으로 눈을 돌리면 바로 망망대해의 느낌을 갖지 않을 수 없다. 나는 내가 원래 문학에서 무

---

13) 하가 야이치 : 芳賀矢一, 1867~1927. 국문학자. 도쿄제국대학 일본문학과 교수와 국학원대학장을 역임했으며 일본 최초의 유의어 사전을 편찬했다.

14) 하기와라 히로미치 : 萩原広道, 1815~1863. 에도 시대 후기의 국학자. 대표적 국학자인 모토오리 노리나가(本居宣長) 밑에서 공부했다. 그의 저서 『겐지모노가타리 평석』은 에도 시대 『겐지모노가타리』의 주석서 가운데 최고봉으로 꼽힌다.

엇을 찾고 있었는지를 잊었다. 다만 '영험한 일본어가 행복을 가져다 준 나라'의 예찬자였다. 지금도 나는 내 조국을 사랑한다. 그렇지만 이는 끝없는 팽창력과 세계에 자랑하는 군비 때문이 아니라 야마노우에노오쿠라[15]와 무라사키 시키부[16]와 마쓰오 바쇼가 있었기 때문이다.

국문학에 몰두하면서 내 내면의 요구가 충족되었을까? 대답은 분명하다. 바빌론적 혼란에 신음하는 사상계와 경천동지할 만한 변혁의 전야에 놓였다고 하는 사회 앞에서는 풍부한 정서도 섬세한 표현도 '천지를 움직이고 귀신도 드러낼' 만한 위력을 상실한다고 생각했다. 무엇보다 문제는 이런 종류의 연구가 자칫하면 훈고와 고증만 하는 공부로 전락한다는 것이다. 고전의 문장이 현대어와 거리가 멀다는 것이 사실인 한 훈고의 학이 고전 연구의 중요한 하나의 계기가 된 것은 분명하지만, 여기에 반 이상의 정력을 경주했던 당시의 나에게는 너무나 싫었다는 평가가 가장 적절할 것이다. 그렇지만 일본 문학이 나에게 아무런 도움이 되지 않

15) 야마노우에노오쿠라 : 山上憶良, 660?~733?. 나라 시대 초기의 가인. 702년 당나라에 건너가 유교와 불교 등 학문을 닦으며 사회적 모순을 관찰했다. 사회적 약자에 관한 노래를 다수 남겼으며 또한 서정적 묘사에도 뛰어나 나라 시대를 대표하는 가인으로 평가된다.

16) 무라사키 시키부 : 紫式部, 973?~1014?. 헤이안 시대 중기의 여류 작가. 1001년 남편과 사별한 후 쓰기 시작한 『겐지모노가타리』는 일본 고전문학의 최고봉으로 꼽힌다. 이치조천황(一条天皇) 때 궁에 들어가 궁 생활을 하다 40세 무렵에 세상을 떠났다. 이 밖에 일기와 가집 등을 남겼다.

았다고 한다면 지나친 말이다. 그전과는 다른 의미에서 일본 문학은 문학의 위력을 가르쳐 주었으며, 그 이상으로 내가 '일본 정신'에 관해 조금이라도 알 수 있었다면 그것은 일본 문학 공부를 통해서였다. 이런 관점에서 보면 이가라시 지카라[17]의 『신일본문학사』는 잊을 수 없는 책 중의 하나이다.

이른바 문학에 대한 내 '학문적' 연구는 일본 문학에 한정되어 있지 않았다. 당시 출판되기 시작한 염가판은 외국 문학에 대한 흥미를 자극했고 나뿐만 아니라 일반적으로 고등학교 학생들에게 널리 보급되었다. 외국 문학을 안내해 준 것은 구리야가와 하쿠손[18]의 저작들이었다. 나는 이미 구리야가와의 『근대문학 10강』을 통해 외국 문학에 관심을 갖게 되었고, 이 책에 해설되어 있는 문학가들을 계통적으로 독파할 계획을 세웠다. 셰익스피어, 괴테, 실러, 톨스토이, 투르게네프, 도스토예프스키, 입센, 스트린드베리[19] 등을 읽을 기회를 가진 것은 실로 구리야가와의 주도면밀한 해설 덕분이었다. 이 계획은 현재에도 아직 끝나지 않았다. 당시 나는

---

17) 이가라시 지카라 : 五十嵐力, 1874?~1947. 국문학자. 일본 근대 문학의 선구자 쓰보우치 쇼요(坪内逍遥) 문하에서 공부했으며 국문학의 문예학적 연구에 업적을 남겼다.

18) 구리야가와 하쿠손 : 厨川白村, 1880~1923. 영문학자이자 문명평론가. 도쿄제국대학 영문학과에서 나쓰메 소세키에게 배웠으며 미국 유학 후 교토대학에서 교편을 잡았다. 서양의 근대문학을 체계적으로 소개하여 널리 영향을 미쳤다.

19) 스트린드베리 : Johan August Strindberg, 1849~1912. 스웨덴의 극작가 · 소설가. 불우한 환경에서 성장하여 반항과 조소로 평생을 방황으로 일관했다. 1877년 「빨간 방」으로 명성으로 얻었고 자전적 소설 「하녀의 아들」, 「지옥」 등의 대표작을 남겼다.

고등학교 학생으로는 너무 많은 것을 바라고 있었기 때문에, 그리고 또 어렸기 때문에 외국 문학에서 흡수해야 할 것을 충분히 섭취하지 못했다. 톨스토이의 많은 저작은 주체하지 못했으며 현재 한없이 흥미를 느끼는 스트린드베리는 지루했다. 그 당시 내가 애독할 수 있었던 것은 괴테의 두세 작품과 체호프, 비외른손[20] 등이었다. 나쓰메 소세키의 문학론과 문학평론은 구리야가와의 저작과 마찬가지로 내 문학적 순례의 나침반이었다. 나는 한때 나쓰메를 세계 최대의 문학가라고 생각했다. 그 무렵 나쓰메의 문장을 열심히 모방했지만, 그 당시의 원고를 상자의 구석에서 발견할 때마다 쓴웃음을 지으면서 예전의 자신을 그리워한다.

외국 문학에 대한 내 독서는 원래 불완전한 것이었지만 일본 문학에 비해 수확이 훨씬 많았다. 일본 문학에는 거의 부족한 철학사상을 외국 문학은 항상 간직하고 있었다. 철학은 내가 멀리 떨어져서 경모하고 있던 학문이었는데, 그 이름만으로도 나는 겁을 먹고 멀리했다. 그렇지만 철학이야말로 문학을 위대하게 하고 문학을 빛내 주는 것이었다. 『출가와 그 제자』가 나를 그 정도로 움직였던 것은 실로 거기에 감추어진 철학 때문이었다는 사실을 깨달았다. 지금 나는 문학을 통해서가 아니라 문학 가운데서 내가 추구하는 것을 직접 찾아야 한다. 고등학교 2학년 여름 나는 서점

20) 비외른손 : Bjørnstjerne Bjørnson, 1832~1910. 노르웨이의 극작가이자 소설가 겸 시인. 저서로는 『행운아』, 『파산』 등이 있으며 1903년 노벨 문학상을 받았다.

의 서가에서 파울젠[21]의 『철학개론』을 찾았다. 무더운 남해의 여름날 밤을 새워 가면서 서투른 독일어로 그 책을 읽었다. 놀랄 만한 일이었다. 철학은 무엇보다도 우선 학문이었고 더구나 여러 학문의 왕이었다. 더 놀라운 점은 이것이 실재의 학문이며 세계의 근본 원리라는 것이다. 나는 내가 찾고 있는 것에 다다른 듯했다. 철학자 스스로 경고하듯이 철학적 사색이 설령 '자신을 감옥에 던져 넣는' 일이라 하더라도 나는 그 감옥을 향해 용감하고 과감하게 전진해야 한다.

5

여기에서 고등학교 과목 중에 이미 내가 찾고 있던 것이 있지 않았느냐고 반문할 것이다. 실제로 철학개론을 제외하고도 이미 2학년까지의 과목 중에 철학 관련 과목으로 윤리학과 논리학이 있다. 그런데 그런 강의가 왜 내 주의를 끌지 못했을까? 교수의 설명은 지나치게 친절하고 정중했다. 강의는 담담한 목소리로 막힘이 없었다. 학생은 일제히 연필을 잡고 한마디도 놓치지 않고 공책에 옮겨 적었다. 한 단락이 끝날 때마다 설명이 추가되었다. 그리고 설명은 매우 친절했다. 이 과정이 날마다 반복되면서 우리는

---

21) 파울젠 : Friedrich Paulsen, 1846~1908. 독일의 철학자이자 윤리학자. 윤리학을 철학의 근본으로 하고 있으며 저서로는 『윤리학 체계』, 『철학개론』, 『교육학』 등이 있다.

점차 필기 기계가 되어 갔다. 강의하는 목소리에 따라서 우리는 연필을 잡았다. 필기는 반(半)의식적으로, 거의 무의식적으로 계속 되었고 한 단락이 끝날 때마다 반사적으로 연필을 놓았다. 막힘없는 설명은 어떤 학생에게는 편안한 자장가였으며 어떤 학생에게는 단순한 음향에 불과했다. 나의 정신은, 때르는 기뻐하고 슬퍼하고 고뇌하는 나의 마음은 거의 아타락시아[22]의 상태였다. 요컨대 나는 하나의 기계가 되어 가고 있었다. 이는 단지 철학 관련 학과만의 일이 아니었다. 문과 학생에게 자연과학 강의는 특히 그러했다. 그래서 현재 나는 현대 문화를 이해하기 위해서는 절대적으로 필요한 자연과학의 기초 기식이 부족하여 매우 어려움을 느끼고 있다.

본래 모든 강의가 그러했던 것은 아니지만, 그렇지 않은 과목도 수업 시간이 제한된 탓으로 부자연스럽게 중단되었다. 책임의 절반은 당연히 학생에게 있다. 그런 점에서 나는 자신의 게으름과 무감각을 깊이 부끄러워하고 또한 후회한다.

그러나 고등학교 3학년인 나에게 예기치 않은 행운이 다가왔다. 마침 윤리학 교수가 병원에 입원했기 때문에 규슈대학의 오시마 나오지(大島直治) 교수가 대신 강단에 서게 되었다. 고등학교의 강의에 무감각해져 있던 우리는 이 교수에게 많든 적든 기대를

---

22) 아타락시아 : 그리스어로 ataraxia. 에피쿠로스의 철학에서 이것은 행복의 필수 조건이며 철학의 궁극적인 목표이다. 잡념에 사로잡히지 않고 동요가 없는 고요한 마음 상태를 말한다.

걸고 있었던지 그 기대는 예상 이상으로 충족되었다. 첫 강의는 지금도 내 눈앞에 어른거린다. 일찍이 니나가와가 우리에게 대단한 충격을 주었던 그 강당의 강단에 언뜻 시골 사람처럼 보이는 오시마가 소탈한 걸음걸이로 올라섰다. 우리는 연필을 잡고 '윤리학의 의의'에 관한 명쾌한 설명이 있을 것으로 기대하고 있었다. 그러나 의외였다. 교수의 첫마디는 난삽하고 이해하기 어려운 '윤리학의 정의'가 아니었다. 그것은 P. B. 셸리의 유명한 시 「종달새」의 한 구절이었다.

We look before and after,
And pine for what is not ;
Our sincerest laughter
With some pain is fraught ;
…

우리는 앞을 보고 뒤를 본다.
그리고 존재치 않는 것을 보고 그리워한다.
우리의 가장 진지한 웃음은
어떤 고통으로 가득 차 있다.
…

우리 인간이 셸리가 예찬한 종달새나 로버트 번스[23)]가 노래한

23) 로버트 번스 : Robert Burns, 1759~1796. 영국의 시인. 18세기 잉글랜드 고전 취미의 영향에서 벗어나 스코틀랜드 서민의 소박하고 순수한 감정을 표현했다.

쥐와 결정적으로 다른 점은 우리가 "앞을 보고 뒤를 본다"는 것이다. 우리의 큰 웃음은 언제나 순수하지 않고 큰 웃음소리 뒤에는 인간의 슬픔과 고뇌, 즉 하나의 의식이 감추어져 있다. 이것은 오시마 교수가 '자기의식'을 설명하기 위한 실마리였다. 교수의 언설은 결코 웅변적이지 않았다. 오히려 특징적인 발음 때문에 사람들에게 어눌한 느낌을 주었다. 그렇지만 그 눌변, 그리고 어린아이라고 생각될 정도의 꾸밈없는 태도에 감추어져 있는 순수함이 얼마나 우리의 마음에 다가오고 감동시켰던가. 강의 내용은 쉬우면서도 충실했다. 이기주의, 이타주의 그리고 윤리학의 여러 학설이 진정한 의미에서 '지양'되어 갔다. 일찍이 나를 감동시켰던 '인격'의 권위가 지금은 문학적 표상을 통해서가 아니라 바로 학문이라는 이름으로 강하게 주장되었다.

"자신을 안으로 살펴보는 일이 오랫동안 거듭되면서 내가 점점 두려워하며 존경하는 것이 두 가지가 있었다. 내 위에는 별이 빛나는 밤하늘이 있고 내 안에는 도덕의 대법칙이 있다(Der gestirnte Himmel über mir, das moralische Gesetz in mir)."

교수의 입을 통해 칸트의 말을 들었을 때, 나는 망각의 심연으로 빠져 들고 있던 예전의 그 감각이 맹렬히 되살아났다.

오시마 교수가 급우에게 미친 영향은 반드시 한결같지는 않았다. 1927년 당시 학생들에게 과학적 사회주의의 매력이 점차 강해지고 널리 전파되고 있었다는 사실을 생각해 보면 오시마 교수에게 나만큼 감동받은 학생은 그렇게 많지 않았을 것이다. 그렇지만 그것은 아무래도 좋은 일이었다. 나는 스스로 감격에 가득 차 있었으며 남을 돌아볼 여유가 없었다. 두세 번째 윤리학 강의가 끝난 뒤 내가 오시마 교수에게 윤리학 참고서에 관해 질문했을 때 오시마 교수가 가르쳐 준 것은 단 한 권, 립스의 『윤리학의 근본문제』뿐이었다. 나는 아베 지로[24)]의 번역을 찾아 재빨리 탐독했고 충분하고도 남을 만큼 만족했다. 문장은 웅장하여 낭송할 수 있었다. 논리는 명쾌하여 부족한 점이 없었다. 무엇보다 중요한 것은 내가 오랫동안 암흑 속에서 찾고 있던 광명을 여기에서 학문의 장중함을 통해 얻었다는 점이다. 이 책으로 나는 학문의 위력을 완전히 체험했다. 이에 비해 나는 『산타로의 일기』를 음미하기에는 너무 어렸다. 산타로의 고뇌는 경험이 부족하고 젊은 내가 깊이 이해하기에는 너무 심오했다. 오히려 나이가 든 지금 나는 이런 마음의 고백에 공감하고 시사점을 얻는다. 그렇지만 그때의 나에게 이 책은 인간의 죄업과 고뇌가 놀랄 만큼 깊다는 점을 가르쳐 주었으며 평생 잊을 수 없는 책이었다.

철학 분야로 눈을 돌린 내 눈앞에 『자각에서의 직관과 반성』을 이미 저술하고 『일하는 것에서 보는 것으로』를 막 간행한 니시다 기타로의 철학이 등불처럼 빛나고 있었다. 니시다의 『선의 연구』는 구라타 햐쿠조의 『사랑과 인식의 출발』을 통해 이미 알고 있었

24) 아베 지로 : 阿部次郎, 1883~1959. 철학자이자 미학자. 도쿄제국대학 철학과를 졸업했으며 나쓰메 소세키로부터 배웠다. 그가 1914년에 발표한 『산타로의 일기(三太郎の日記)』는 청춘의 바이블로 유명했으며 학생들의 필독서가 되었다.

다. 젊은이에게 호소력이 컸던 이데 다카시[25]의 저서 『철학 이전』은 니시다 철학에 대한 흥미를 점점 부채질했다. 『선의 연구』의 깊은 내성과 대규모의 체계는 '철학 하는 것'이 무엇인지를 어린 나에게 가르쳐 주었다. 그중에서도 이 책은 철학이 성현과 은일지사의 일이 아니라 '두 영혼을 가슴에 안고 있는' 인간의 환희와 고뇌의 소산이라는 것, 철학은 약동하는 생명과 거리가 먼 죽은 나무나 불 꺼진 재가 아니라 생명 그 자체에 대한 학문적 파악일 뿐이라는 것을 가르쳐 주었다. 『사색과 체험』은 『선의 연구』를 보충한 것으로 후자는 나에게 새로운 감격을 주었다. 그런데 『자각에서의 직관과 반성』을 펼쳤을 때, 나는 당혹감을 느끼고 낭패하여 어쩔 줄 몰랐다. 거기에는 플라톤, 아리스토텔레스, 칸트, 피히테, 헤겔뿐만 아니라 빈델반트, 리케르트, 코엔, 나토르프, 후설, 베르그송 등 현대의 철학자들을 비판적으로 검토하고 있었다. 젊은 나는 이러한 철학자들을 받아들일 준비가 되어 있지 않았기 때문이다. 나는 자신의 무능력에 참기 어려울 정도로 실망하고 낙담했다. 철학은 단순한 지혜가 아니라 그것은 과거의 위대한 역사를 짊어진 학문적 지식이었다.

철학에 대한 자신의 무력함에 상심했지만, 나는 자신의 방향을 바꿀 생각이 전혀 없었다. 전전긍긍하면서 칸트의 『프롤레고메

---

25) 이데 다카시 : 出隆, 1892~1980. 철학자. 도쿄제국대학의 교수를 역임했으며 아리스토텔레스 연구로 유명하다.

나』를 손에 잡은 것이 그 무렵이었다. 그러나 내 고등학교 생활은 점차 3학년 말에 가까워져 갔으며 독서와 사색 등 침착한 기분으로 지내기에는 주위가 너무 소란스러웠다. 고등학교 3학년 학생에게도 대학 3학년생이 장래의 직업 선택에 방황하는 것과 같은 고민이 있었다. 나는 대학에서 무엇을 전공할지 결정해야 했다. 그때까지 내가 가져왔던 관심을 통해 보면 철학 전공이 당연한 추세일 것이다. 나는 철학을, 스스로 고교 3년 동안의 길고도 고통스런 방랑을 거친 뒤 다다른 철학을 도저히 버릴 수 없었다. 그러나 철학은 한 가지 점에서 나를 불안하게 했다. 사나운 물결과 거친 파도가 휘몰아치는 이 사회에 대해, 빈궁과 타락에 신음하는 동포에 대해, 철학은 도대체 무엇을 할 수 있을 것인가? 철학에 대한 이러한 한 가지 불안으로 마르크스주의자의 정열과 힘을 지켜본 나는 철학 전공을 쉽게 결정하지 못했다. 며칠 밤을 주저했고 혼란스러워했다. 그렇지만 여기에서도 마르크스주의로부터 시사를 받았다. 이때 나는 마르크스주의 철학에 대해 이미 막연한 불만을 갖는 정도를 벗어나 유치하나마 이를 학문적으로 비판할 줄 알았다. 그것은 소박한 실재론이며 유물론이었다. 그러나 마르크스주의는 이 밖에도 경제학을 갖고 있다. 경제학이야말로 마르크스주의가 지니는 위력의 원천이 아닐까? 경제학이야말로 죄악과 빈곤을 구하는 유일한 무기가 아닐까? 경제학이라는 미지의 세계가 지닌 매력이 컸다.

뿐만 아니라 여기에 또 하나의 위안이 있었다. 니시다 기타로와 대항할 수 있는 철학자로서 소우다 기이치로[26]라는 이름을 나는 이미 철학 교수를 통해 알고 있었다. 소우다 기이치로는 뛰어난 경제학자이면서 동시에 실천가였다. 경제학과 철학은 연관이 없지 않다. 도쿄대학 경제학부에 철학을 잘 아는 교수가 있다는 것을 소문으로 알고 있었다. 코엔과 나토르프의 제자들 중에도 '신칸트학파'라고 불리는 사회주의자가 있었다. 이를 통해 보면, 철학과 경제학 사이는 밀접하여 떨어질 수 없는 관계가 예상된다. 철학을 통하여 '우울한 과학'에 영혼을 부여하고 경제학을 통하여 '회색 논리'에 생기를 부여하는 것은 얼마나 멋진 일일까, 이렇게 생각하면서 나는 도쿄제국대학의 경제학부에 입학원서를 제출했다.

6

1928년 4월 나는 대학에 입학했으며 내 '회상'은 엄밀하게 말하자면 바로 '대학 생활'의 시작과 함께 끝난다. 대학 생활은 나에게 과거의 생활이면서 과거의 생활이 아니다. 현재의 내가 학문에서 그리고 인생에서 과제로 삼고 있는 문제들은 모두 내 대학 생

26) 소우다 기이치로 : 左右田喜一郎, 1881~1927. 경제철학자. 도쿄고등상업학교(히토쓰바시대학)을 졸업한 후 독일에서 공부했다. 유학 중 독일어로 출판한 『화폐와 가치』와 『경제 법칙의 논리적 성질』은 높이 평가받았으며, 귀국하여 가업인 은행업을 하는 한편 교토대학에서 교편을 잡기도 했다.

활에서 잉태되고 양육되었다. 지금 나는 밤낮으로 이 문제를 애써 생각하고 고민하고 있다. 그래서 대학 생활의 회상, 즉 현재 나의 자기고백은 젊은 나이에 수반되는 마음의 여유가 없고 자신을 아끼는 생각 때문에 내가 가장 어려워하는 자기폭로를 의미한다. 나는 독자의 너그러운 용서를 빌면서 대학 시절의 사상적 순례만 간단히 서술하는 데 그치기로 하겠다.

1928년 4월의 대학은 어수선한 세상을 그대로 반영하여 불안과 동요의 한가운데 있었다. 그해 처음으로 일어난 칠생사사건[27]의 여파가 아직 사라지지 않은 채 3 · 15사건[28]의 격랑이 밀어닥쳤다. 오모리 요시타로[29]의 사직은 갓 입학한 우리에게 대단한 문제를 던졌으며, 좌익 학생의 선동적이고 투쟁적인 언동이 학원의 정적을 깨트리는 일도 한두 번이 아니었다. 학문의 영역에서는 히지카타 세이비(土方成美) 교수와 마이데 조고로(舞出長五郎) 교수를

27) 칠생사사건 : 칠생사(본디는 칠생의단)은 우익 단체로서, 1929년 3월 5일 치안유지법 개정에 반대하던 야마모토 센지(山本宣治)를 칠생사의 구로다 호쿠지(黑田保久二)가 암살한 사건이다.

28) 3 · 15사건 : 1928년 3월 15일 일본 전국에서 공산당원 등 1,568명이 일제히 검거된 사건. 사회주의적 정당의 활동에 위기감을 느낀 정부가 치안유지법 위반 혐의를 내세워 검거에 나선 것으로, 쇼와 초기에 일어난 사회주의자 및 공산주의자에 대한 탄압 사건이다.

29) 오모리 요시타로 : 大森義太郎, 1898~1940. 마르크스 경제학자. 도쿄제국대학 경제학부를 졸업하고 1924년 모교의 조교수가 되었으나 1928년 사직했다. 이후에는 저널리스트로 활약하다 1938년 인민전선사건으로 검거되어 실의에 빠져 생을 마감했다. 저서로는 『유물변증법 독본』 등이 있다.

중심으로 하는 마르크스 학설 논쟁[30]의 여진이 남아 있었다. 학생들은 어디로 돌아갈지 모른 채 방황하고 있었다. 그렇지만 요컨대 시대는 마르크스주의의 전성기였다. 이러한 대세는 내가 대학을 졸업할 때까지 거의 변하지 않고 계속되었다.

이러한 상황의 학원에 던져진 나는 단순한 방랑자가 아니었다. 마르크스주의, 특히 그 경제학적 매력은 컸지만 고등학교에서 점차적으로 획득한 내 관점은 가볍게 마르크스주의로 전향하는 것을 허락하지 않았다. 내가 대학에 입학해서 먼저 시작한 것은 칸트 철학의 체계적 연구였다. 같은 고등학교에서 문학부 철학과에 입학한 친구와 함께 『순수이성비판』을 읽기 시작한 것은 바로 그때였다. 이 공동 학습은 그 뒤로 1년 반 동안 지속되었다. 칸트 철학은 문자 그대로 머리가 깨지는 일이었다. 나는 우시고메의 하숙집에서 고이시카와의 친구 하숙집을 찾아가 그와 개념이라는 한 단어의 해석을 갖고서 토론했지만, 결국 해결을 보지 못하고 깊은 밤에 그의 집을 나선 기억이 있다. 스이도바시에서 갈아타고 고이시카와 쪽을 바라보니 새빨간 인단 광고탑이 늦봄의 희미한 안개 속에 어렴풋이 보였다. 나는 칸트 연구에서 한 걸음 한 걸음이 모두 좌절이라는 것을 알고 자신의 능력에 대한 암울한 실망감을 안고 슬퍼했다.

---

30) 마르크스 학설 논쟁 : 이상주의적 자유주의의 입장에서 인격주의와 의회주의를 토대로 하는 사회주의를 주장하던 자유주의파 가와이 에이지로와 혁신파 히지카타 세이비와 일본주의 마이데 조고로 등 도쿄제국대학 교수 사이에 벌어진 논쟁.

그렇지만 나는 무능력한 자신을, 낭떠러지의 꽃을 잡으려다 도리어 계곡에 떨어져 격류에 휘말린 나를 그대로 단념하고 방치할 수 없었다. 나는 내가 무능한 원인이 지식의 부족에 있다고 생각하고 있는 닥치는 대로 책을 독파하겠다고 결심했다. 실제로 학문은 단순한 단편 지식의 집합이 아니다. 오히려 과거 학자들이 평생 이루어 놓은 노력의 집대성이며, 하나의 체계적 지식인 한 어느 정도의 박학은 학생이 갖추어야 할 요건이다. 나는 칸트 연구를 위해 우선 빈델반트와 리케르트의 저서를 보아야겠다고 생각했다. 내 생각은 틀리지 않았다. 리케르트의 『인식의 대상』은 칸트 철학의 정수를 뽑아 놓았다. 한편으로는 학문적 사색이 무엇인지 철저하게 가르쳐 주었다. 브루노 바우흐[31]의 『칸트』 역시 같은 의미에서 도움이 되었다. 나는 내가 선택한 연구 방향으로 한 걸음씩 착실하게 걸어가야 했다.

그러나 여기에서 나의 방랑벽이 문제가 되었다. 나는 본래 어떤 목적으로 책을 섭렵하고 있는지 언젠가부터 잊어버리고 호기심이 가는 대로 아무런 선택도 없이 책을 읽기 시작했다. 코엔의 『순수인식의 논리학』은 후설이 난해하다고 하고 리케르트가 난삽하다고 개탄한 책이었다. 나는 그것이 어렵다는 이야기를 듣고 도리어 호학의 성격이 발동하여 자신의 수준도 모른 채 독파해 보겠

31) 브루노 바우흐 : Bruno Bauch, 1877~1942. 독일의 철학자. 저서로는 『비판적 윤리학에서의 행복과 인격성』, 『이마누엘 칸트』, 『삶의 철학과 가치의 철학』, 『윤리학 개요』 등이 있다.

다는 야심을 품었다. 고등수학과 자연과학을 체득한 천재적 철학자의 사색은 도저히 내가 이해할 수 있는 것이 아니었다. 나는 첫 장부터 굴복하면서 한없는 실망의 늪에 빠졌다. 얼마 뒤 실망의 늪에서 빠져나왔을 때, 후설의 현상학이 일본의 학계를 풍미하고 있었다. 대학의 강단에서도 그것을 강의하고 있었고 잡지 또한 거의 호마다 이에 관한 논문을 게재하고 있었다. 유행의 조류에 밀려 『이덴』을 집어 든 내가 또다시 땅에 쓰러지고 흙투성이가 되었다. 여기서 나는 또 깊은 안개 속 미로에서 헤매었다. 공연히 좌우고면하면서 아무 보답도 없다는 초조함으로 한없이 지쳐 있을 때, 나를 이러한 미로에서 구출해 줄 광명을 찾았다. 광명은 즉 스승이었다.

도쿄제국대학은 누가 보아도 일본 최고의 학부이다. 원래 석학과 훌륭한 선생으로 가득 차 있다. 그렇지만 그 때문에 누구나 쉽게 스승을 찾을 수 있을 것이라고 생각한다면 착각이다. 각자 자신의 선생을 요구한다. 내가 찾는 선생을 쉽게 만나지 못했다고 하더라도 전혀 이상한 일이 아니다. 2학년 봄, 나는 이전부터 사숙하고 있던 가와이 에이지로 교수의 연습 수업에 참가해도 좋다는 허락을 받았다. 즐겁게 수업에 참석한 내 앞에 예기치 않은 행복이 기다리고 있었다. 나는 경제학부의 학생 중에서는 도저히 친구를 찾을 수 없을 것이라고 생각하고 포기하고 있었지만, 거기에는 나와 같은 문제로 고민하고 같은 방향의 길을 걷고자 하는 친구들이 모여 있었다. 경제학부 안에도 내 동지가 있었다. 그 친구들과의 교류와 대화는 위안이 되고 자극이 되었다. 나는 대학 생활의 행복을 깊이 맛보면서 부지런히 내 '보고서'를 정리했다. 보고 결과는 실로 참담했다. 누에처럼 먹은 잡다한 지식이었기 때문에 그 보고서는 지리멸렬할 수밖에 없었다. 가와이 교수는 무참할 정도로 내 보고서를 비판했다. 반년 동안의 노력이 이러한 결과를 낳은 것에 나는 분한 마음을 금할 수 없었다. 그렇지만 모든 것이 당연한 일이었다. 그때까지 나는 단지 지식을 찾고 있었던 것에 불과했고 지리멸렬한 보고서는 막연한 내 방랑에 기인한 필연적 결과였다. 나는 가와이 교수의 엄숙한 비판 속에서 나를 미로로부터 구출해 줄 스승의 깊은 사랑을 느꼈다. 자애에 가득 찬 교수의 손끝이 어두운 밤에 희미한 불빛을 찾아 방황하는 내가 걸어가야 할 길을 분명하게 가리키고 있지 않은가! 나는 드디어 참된 스승, 내 평생의 스승을 만난 것이다.

나에게 평생의 스승을 만나게 해준 '연습' 수업은 졸업할 때까지 대학 생활의 정수였으며 나에게 '대학'과 '연습' 수업은 동의어였다. 따라서 나는 이 이상 '회상'에 추가할 만한 것을 갖고 있지 않다. 그렇지만 고등학교의 마지막 시기에 나를 그렇게 매료시켰던 경제학은 그후 어떻게 되었는가에 관해 몇 마디 덧붙이고 싶다. 고등학교 3학년인 내가 세계의 죄악과 타락을 구원하기 위한 유일한 무기라고 생각했던 마르크스 경제학은 마침 내가 대학에 입학한 때부터 학계에서 전개되었던 논의의 중심이었다. 강단에서도 평론 잡지에서도 마르크스 경제학에 대한 찬반을 둘러싸고 격렬한 논쟁이 벌어지고 있었다. 그리고 격렬한 논전을 통해 마르크스 경제학은 점차 영토를 확대해 가고 있었다. 그런데 원래 마르크스주의에 대해 조금도 반감을 갖지 않고 오히려 동감을 느끼던 나에게조차 마르크스 경제학은 현재의 모습으로서는 편견 없는 비판을 감당할 수 없을 것 같았다.

이른바 '부르주아' 경제학은 나에게 생기가 없어 보였다. 마르크시즘에 대한 용감하고 과감한 비판자들도 자신의 '경제학'을 적극적으로 주장할 때는 비판적 항쟁에서 발휘했던 열과 힘이 현저히 줄어든 것 같았다. 카셀[32]과 레데러,[33] 아몬[34]의 저서 역시 그것을 읽는 것만으로 젊은 사람들의 마음을 약동시키기에는 너무 재미없었다. 내가 다소간 흥미를 갖고 열심히 공부한 것은 소우다와 아몬 등의 방법론적 저작이었다. 요컨대 경제학에 대한 학문적 흥미는 어느새 사라지고 대학 시절을 통해 나는 이 학문에 대해 중립적 태도를 취했다. 내가 경제학에 정말로 흥미를 갖고 열심히 공부한 것은 대학 졸업 이후의 일이다. 대학 졸업 후 운 좋게 대학의 연구실에 남아 있을 수 있었고 연구실의 엄청난 장서

---

32) 카셀 : Karl Gustav Cassel, 1866~1945. 스웨덴의 경제학자. '희소성의 원리'를 제창했으며 저서로는 『세계의 화폐 문제』, 『이자의 성질과 필요성』 등이 있다.

33) 레데러 : Emile Lederer, 1882~1939. 독일의 경제학자. 저서로는 『이론경제학 개요』, 『경기변동과 공황』 등이 있다.

34) 아몬 : Alfred Amonn, 1883~1962. 오스트리아의 경제학자. 신칸트학파의 인식론에 입각한 이론경제학의 방법론적 연구로 유명하며 저서로는 『정통학파』, 『한계효용학설사』 등이 있다.

를 섭렵해 가면서 경제학이 근대 자연과학의 수준에 접근하고자 하는 신흥 과학이라는 사실을 알게 되었다. 그러나 경제학에 열중하고 있던 중에도 나는 경제학만으로는 도저히 내 내면의 요구를 충족시킬 수 없었다. 고등학교 이래 내가 계속해서 지녀 온 정열은 결코 거품처럼 사라지지는 않았다. 온화한 모습으로 말하던 오시마 교수의 엄숙한 한 구절은 지금도 내 귓전에 울리고 있다.

"내 위에는 별이 빛나는 밤하늘이 있고 내 안에는 도덕의 대법칙이 있다."

1935년 11월 27일 씀

◎ **기무라 다케야스(木村健康, 1909~)**

후쿠오카에서 태어났으며 도쿄대학 경제학과를 졸업하고 도쿄대학 교수를 지냈다. 저서로는 『근대 일본의 특이성』, 『현대사상』 등이 있고 역서로는 『이론경제학의 본질과 주요 내용』, 『자유론』 등이 있다.

알찬 결실의 시절

학교를 떠난 지 아직 얼마 되지 않은 내가 선배인 양 정중한 말투로 고등학교 생활에 대해 말할 자격은 없다. 실제로 사회에 나가 본 뒤의 경험을 거울 삼아 고교생에게 적절한 충고를 주기에는 아직 많은 세월이 필요하다. 그래도 현재 어느 정도 감상을 섞어서 말할 자격이 있다면, 그것은 나 자신의 고교 생활을 서술하여 한 사람의 동년배가 걸어온 길을 있는 그대로 보여 주고 고등학생에게 도움이 되도록 할 수밖에 없다. 그런 의미에서 내 유치한 경험이 어느 정도 유용할지 모르겠다. 어쨌든 고교 생활은 이미 과거의 일이 되었지만, 그 무렵의 감격도 환희도 고뇌도 내 가슴에 여전히 살아 있으며 아직도 학생에서 벗어나지 못한 듯한 기분이 들기 때문이다. 따라서 현재의 고등학생과 정신적인 거리가 그다지 멀지 않기 때문에 고등학생의 생활 감정도 추구하는 대상도 윤곽만은 이해할 수 있다. 내가 걸어온 길은 당시의 사회 정세에 영향을 받아 특수한 점이 많다. 자신을 이야기하는 데 어느 정도 열등감을 느끼지만, 나는 가능한 한 솔직하게 고등학교에서의 정신적 생활의 내적인 발전을 회고하고, 거기에 두세 가지 감상을 덧붙이고자 한다.

1

중학교를 졸업하고 고등학교에 입학했을 때, 나는 갑자기 어른이 된 것처럼 득의양양했다. 수험 공부에서 해방되고 규정만 지킬 뿐이던 중학교와는 달리 우선 비교적 자유가 있고 여가 시간이 많아 기뻤다. 학교 과목도 한 단계 수준이 높아진 것 같고 새로운 분위기에 접하면서 두근거리는 충동을 느꼈고 내 앞에 넓고 넓은 세계가 펼쳐졌다. 메피스토펠레스의 마력으로 청춘으로 돌아온 파우스트가 번잡한 거리로 나왔을 때처럼 모든 것이 신선하고 희망에 가득 차 있었다. 이러한 느낌은 고등학교에서 공부하는 모든 이가 가장 처음 경험하는 것이다. 나는 어린아이처럼 의기양양한 이러한 모습을 경멸해서는 안 된다고 생각한다. 어른이 된 듯한 느낌과 함께 비로소 반성의 눈이 자기에게 향하고 하나의 인격으로서 자각이 생기고, 이윽고 자의식의 강화가 맹렬한 지식에 대한 욕구로 나타나기 때문이다. 이때 나는 숨쉬기도 어려울 정도로 지식에 굶주린 듯한 신음 소리를 느꼈다. 무엇이든 손 닿는 대로 보고 싶었다. 영화, 음악, 문학 등도 접하고 싶었다. 그러나 이것도 하고 싶고 저것도 하고 싶다고 마음만 부풀어 있을 뿐이었다. 중학생에서 벗어난 지 얼마 되지 않은 나에게는 예비지식이 풍부할 리가 없어 무엇부터 시작해야 좋을지 몰라 괜히 초조함만 쌓일 뿐이었다. 나는 내 정신적 생활을 위한 적절한 지도자가 얼마나 그리웠는지 모른다. 이때 내 앞에 홀연히 나타난 것이 마르크시즘이었다.

당시는 학생운동의 전성기이며 사회과학 연구회와 독서회가 교내를 풍미하고 있었다. 좌익 학생은 변론부와 문학부 등에 터를 잡고 모든 모임을 이용하여 동지를 확보하기 위해 열심히 노력하고 있었기 때문에, 지식을 자신의 것으로 만들고 싶다는 충동과 지도자를 가지고 싶다는 욕구에 쫓기고 있던 나는 갑자기 그쪽으로 끌려 들어갔다. 물론 마르크시즘이 무엇인지 전혀 모르고 있었지만 그때 맹목적으로 사회과학 연구로 가게 된 것은 지극히 자연스런 길이었다.

그후 사회과학 연구는 완전히 내 생활의 중심이 되었고, 모래에 물이 스며드는 듯한 형세로 마르크시즘 문헌을 읽어 갔다. 당시 방과 후 교실에서 20명 정도 모여서 연구회를 열 수 있었고 심야에는 기숙사 이층에서 밤이 새도록 열심히 토론회를 가진 일도 있었다. 이런 일은 현재의 고등학교에서는 거의 있을 수 없을 것이다. 연구 대상은 처음에는 유물론과 유물사관, 다음에는 경제학 방면이었고 당시 막 번역된 ×× 표시로 가득 찬부하린[1]의 『사적 유물론』을 한 달 정도 걸려 정성껏 빈 곳을 메워 가면서 학교 도서관 한구석에서 읽었던 일은 지금도 그리운 추억이다. 엥겔스의 『포이어바흐론』과 우리 사이에서 난해하다고 일컫던 데보린[2]의 『레닌의 전투적 유물론』은 한 글자 한 구절 암송하듯이 열독했다. 철학은 '부르주아' 철학에 관한 예비지식이 없었기에 이해하는 데 상당히 어려움이 있었지만, 그래도 읽어 가면서 대충은 알 듯했다. 크노우의 『마르크스의 역사, 사회, 국가관』은 마르크시즘의 넓은 영역을 사상사적으로도 고려하면서 해명한 것이어서 매우 유익했다고 기억하고 있다. 『자본론』은 제1권만 읽고서 경원시했지만 로자 룩셈부르크의 『경제학 입문』, 레닌의 『제국주의론』 등은 알기 싶고 흥미도 깊었고, 힐퍼딩[3]의 『금융자본론』이라는 대저도 그렇게 난해하지 않은 것으로 간주했던 것을 보면, 어느새 경제학 방면의 지식이 쌓였던 것 같다. 이런 기간이 약 1년 동안 계속되었다.

그리고 당시 유포되어 있던 마르크시즘 관련 책은 매우 많은 팸플릿 쪽지에 이르기까지 꽤 읽었으므로 마르크시즘 이론에 관해서는 상당히 자신감 혹은 자만심을 갖게 되었다. 물론 마르크시

1) 부하린 : Nikolai Ivanovich Bukharin, 1888~1938. 러시아의 정치가. 러시아 공산당의 기관지 『프라우다』의 편집장을 역임했다.
2) 데보린 : Abram Moiseyevich Deborin, 1881~1963. 러시아의 마르크스주의 철학자. 잡지 『마르크스주의의 깃발 아래』의 편집책임자로 활약했다.
3) 힐퍼딩 : Rudolf Hilferding, 1877~1941. 독일의 정치가이자 경제학자. 『금융자본론』을 저술하여 마르크스 경제학의 발전에 공헌했다.

즘의 옳고 그름을 논한다는 것은 생각도 하지 않았고 마르크스와 레닌의 문자를 성인의 경전처럼 생각했다. 그것을 비판한다는 것은 꿈에도 상상할 수 없는 일이었다. 당시 철학에서부터 경제학에 이르는 장대한 하나의 체계를 가지고 겨우 1년이 안 되어 모든 문제에 자신의 견해를 가질 수 있게 되었다는 기쁨으로 나는 만족스런 기분이었다. 사회개혁에 대한 정열에 이끌리면서 구차한 현실에 얽매이지 않은 젊은 마음은 점점 마르크시즘에 매료되어 빠져 들어갔다.

2

마르크시즘은 이론과 실천의 통일을 주장한다. 이것이 글자 그대로 수용되어 학생 마르크스주의자도 실천에 가담하여 운동의 제일선에 서게 된 것이 당시 학생운동의 지배적 분위기였다. 그 때문에 내가 실천적으로 어떤 활동을 했는지 의문을 가질지도 모르겠다. 실제로 그 무렵 진보적 학생은 잇따라 학교를 떠나 당 또는 조합의 일에 종사하거나 선거를 지원하기도 했다. 반쪽의 이론 연구에만 몰두하여 실천에 가담하지 않은 경우는 서재파로서 이단자로 취급되는 것이 보통이었다. 솔직히 말해 나는 전형적인 서재파였다. 용감하게 운동에 달려가는 자에게 서재파의 태도는 아마 비겁하게 비쳤을 것이다. 그들이 말하는 것처럼 비겁했더라도 나는 나름대로 상당한 이유가 있다고 믿었고 자신의 태도에 충분한 자신을 갖고 있었다. 아무튼 실천의 개념을 좁게 해석하고 학생에게 곧장 실제의 운동에 참가하도록 요구할 수 있는—요구하지 않았을지도 모르겠지만 당시 학생운동의 분위기가 그랬던 것은 부정할 수 없다—필연적 근거를 이해할 수 없었다. 전단을 붙이고 등사판을 인쇄하는 것이 실천이라면, 이론의 탐구도 운동의 측면에서 적어도 동등한 가치가 있는 행위이며 훌륭한 실천이 아닌가 하는 것이 첫 번째 의문이었다. 또 마르크시즘 이론의 진리성이 실천에 있어서만 파악된다는 것은 자본론의 가치가 실제의 운동과 관련된다 하더라도 원리적으로 특별히 명료해지는 것이 아닌 이상, 결국 상대적인 문제에 불과하다고 생각하지 않을 수 없었다.

게다가 점점 신중하지 않을 수 없었던 것은 사회과학 연구에 침잠하게 되면서 점차 내 작은 시야 속으로 칸트, 피히테, 헤겔 등 독일 관념론의 장대한 모습이 어렴풋이 떠올랐기 때문이다. 마르크시즘에서 간단히 부르주아 철학으로 정리해 버리는 철학들은 마르크시즘 철학의 비판을 통해 간접적으로 접촉할 뿐이었다. 그렇지만 그것은 심원하고 정치한 체계였다. 반드시 마르크시즘이 비판하는 것처럼 간단히 다룰 수 있는 것이 아니라고 막연히 느끼게 되었고, 일단 그것들을 직접 검토해 보지 않고서는 마르크스 '철학'을 전면적으로 받아들이거나 나아가 이른바 '실천'에 착수할 수 없다고 생각했다. 지금의 관점에서 보자면, 계급적 · 정치적 견지를 중심으로 하는 마르크시즘의 사고방식이 점차 답답해지면서 영원한 문화의 세계를 동경하는 정신 작용과 플라톤적 에로스가 움튼 것이다.

2학년 1학기는 이러한 반성과 종래의 사회과학적 신념이 예리하게 서로 충돌하면서 동요하는 가운데 미칠 것 같은 생각에 사로잡힌 나날이 계속되었다. 목표도 없이 철학 책을 펼치거나 기독교에 관심을 가진 것은 그 무렵이었다. 그러는 사이 나 자신이 전적으로 신뢰하고 있던 장대한 체계, 가람이 언제부터인가 붕괴되는 소리가 귓속에서 희미하게 들려오는 듯한 생각이 들었고 쫓기는 듯한 불안에 휩싸였다. 이러한 기분에 처한 나에게 구원의 신이 된 것은 그해 여름방학이었다. 나는 친구를 떠나 40일간 낯선 곳을 여행했다. 이는 나에게 1년여 동안의 생활을 반성해 볼 좋은 기회를 가져다주었다. 사람은 고독하면 자신의 참모습을 알게 된다. 나는 새삼스레 자신의 빈약한 정신적 생활을 분명히 알 수 있었다. 생각해 보면 알 수 없는 일뿐이며 힘이 부족하다는 것을 마음에 사무치게 느꼈다.

지금까지 금과옥조로 여겨 온 마르크시즘에도 불만스러운 점이 많다는 것을 알고, 특히 계급국가론과 유물론적 결정론에 의문을 품게 되었다. 감겨 있던 눈이 순식간에 뜨인 듯한 광활한 기분으로 돌아온 것은 9월도 하순에 가까운 때였지만, 그때 내 마음은 이미 확실히 정해졌다.

'다시 한 번 처음부터 자신을 만들어 보자. 지금까지 알지 못했던 새로운 문화의 세계를 가능한 한 만나 보자.'

3

고교 생활의 중반 무렵 입학 초기에 경험한 것처럼 지식에 대한 욕구와 문화에 대한 동경이 다시 솟아났다. 독단의 미몽에서 깨어나 보니 배워야 할 것이 너무 많아 어느 것부터 시작해야 좋을지 망연했다. 하지만 이 기회에 자진해서 이전부터 좋아했던 문학, 영화, 음악과 친해지도록 노력하면서 줄곧 신교향악단의 정기 연주회를 보러 가고 레코드를 모으고 일본과 세계의 문학 전집, 근대극 전집 등을 탐독했다. 그중에서도 러시아 문학과 독일 낭만파 음악을 좋아했으며 바깥일에 쫓기면서도 즐거운 시간을 가질 수 있어서 정말로 행복했다.

독서 방법은 여러 가지로 고민했지만, 그 무렵 가끔씩 읽었던 『밀의 자전』과 리야자노프[4]의 『마르크스 · 엥겔스 전집』으로부터 암시를 받았다. 그때 운 좋게도 치열한 독서욕으로 읽고 싶다고 생각한 것을 가능한 한 넓은 범위에 걸쳐서 다 읽었고 많은 지식을 흡수했다. 마르크스가 대학 시절의 전공인 법률을 내팽개치고 철학 등의 연구에 몰두했다지만, 리야자노프의 글을 비롯한 광범위한 공부가 뒷날 마르크스 연구에 전부 유용했다고 기억된다. 『밀의 자전』을 보고는 그의 왕성한 지적 생활에 경탄했고 학생으로서 상당히 분발하여 정진하였다.

---

4) 리야자노프 : David Riazanov, 1926~1931. 소련 '마르크스 · 엥겔스 연구소'에서 소장으로 지냈다. 『마르크스 · 엥겔스 전집』은 '리야자노프 판'과 '아도라츠키 판' 등 5개 이본이 있다.

처음으로 달려든 것은 이미 조금씩 손대고 있던 철학이었다. 하타노 세이이치[5]와 오니시 하지메[6]의 철학사, 오스발트 퀼페와 가네코 지쿠스이[7]의 철학개론, 이와나미의 『세계사조』 등은 아주 좋은 입문서였다. 처음에는 다소 어려웠지만 읽어 가면서 조금씩 즐거움을 느꼈다. 3학년 초에 읽은 칸트의 『프롤레고메나』는 모사설(模寫說)의 색채가 강한 마르크스 유물론에 친숙해 있던 나에게 커다란 놀라움이었으며, 『도덕 형이상학의 기초』와 『실천이성비판』으로부터는 독일 관념론의 준엄한 이상주의를 배웠고 잊을 수 없는 감명을 받았다. 아베 지로의 『산타로의 일기』와 『윤리학의 근본 문제』를 읽고 인격의 개념에 공명한 것도 그 무렵이었다. 빈델반트의 『철학개론』은 난해하지만 재미있었고 『서곡』 두 권을 겨울방학에 조금씩 읽었을 때의 안정된 즐거움은 지금도 또렷이

---

5) 하타노 세이이치 : 波多野精一, 1877~1950. 종교철학자. 니시다 기타로, 다나베 하지메와 나란히 교토학파의 대표적 학자이다. 1935년경부터 3부작으로 불리는 대표작 『종교철학』, 『종교철학 서론』, 『시간와 영원』을 차례로 발표했다. 그의 사상은 시간의 세계로부터 영원의 세계에 이르는 상승운동에 역점이 놓여 있다.

6) 오니시 하지메 : 大西祝, 1864~1900. 철학자. '일본 철학의 아버지' 또는 '일본의 칸트'로 평가받는다. 도시샤대학과 도쿄제국대학을 졸업했으며 대학원 수료 후 도쿄전문학교(현 와세다대학)에서 교편을 잡아 많은 뛰어난 제자들을 배출했다. 그의 연구는 후세에 커다란 영향을 미쳐 니시다 기타로의 『선의 연구』는 오니시 하지메의 『윤리학』의 과제를 계승한 것으로 알려져 있다.

7) 가네코 지쿠스이 : 金子築水, 1870?~1938. 철학자이자 평론가. 가네코 우마지(金子馬治)라는 이름도 있다. 『와세다문학』의 중심 멤버로 활약하면서 사회의 동향에 관심을 가져 그에 관한 글을 발표했다. 여러 해 동안 라이프니치대학에서 유학한 후 귀국하여 와세다대학 교수로 철학, 심리학, 미학을 강의했다.

기억하고 있다. 이 밖에 현상학의 해설서와 단편적으로 헤겔과 플라톤 등의 저작을 읽고 흥미를 가졌지만, 이 방면에서 제대로 된 연구는 대학에 들어가 이어졌다.

이처럼 철학에 대한 흥미가 점차 깊어졌고 독일 관념론의 풍부한 내용은 내 사상에 커다란 영향을 끼쳤으며, 고등학교를 마칠 무렵 나는 이윽고 유물론과 완전히 작별을 고하기에 이르렀다. 마침내 형성된 내 인생관과 세계관은 이상주의였으며, 칸트의 묘비에 새겨진 『실천이성비판』의 다음 한 구절이야말로 결론이었다고 할 수 있다.

"내 위에는 별이 빛나는 하늘이 있고 내 안에는 도덕의 대법칙이 있다."

4

철학 공부와 함께 사회과학 연구도 계속했는데, 물론 이제는 마르크시즘만이 아니었다. 마르크스 외의 사회사상으로서 최초로 읽은 것은 19세기 영국의 평론가 러스킨이었다. 『예술경제론』, 『이 최후의 사람에게도』, 『호마와 백합』 등 모두 맑고 향기로운 논조에 끌렸다. 또 그의 전기를 읽고 인간적 매력에 끌렸고 그의 사상적 후계자인 모리스에게도 흥미를 느꼈다. 두 사람의 사상은 공상적이라고 보이는 점이 많지만, 인간미 넘치는 이상사회관에서 마르크시즘에 빠진 것을 발견할 수 있었던 것은 커다란 즐거움이었다. 이 두 사람은 지금도 내가 좋아하는 사람이다.

마르크스와 대비하여 특히 흥미를 불러일으킨 것은 라살레였다. 고이즈미 신조[8)]의 『사회문제 연구』를 통해 처음으로 라살레를 알게 되었다. 당시 번역본이 없었던 『노동자 강령』을 겨우 입수하여 정신없이 읽었다. 이 소책자로부터 공산당 선언과는 또 다른 강렬한 인상을 받았다. 그래서 타센총서 중 그의 언행록 종류를 주문했고, 특이한 성격과 넘치는 정열에 매료되어 단숨에 읽느라 문자 그대로 손에서 책을 뗄 수 없었다. 라살레의 철학에는 헤겔 철학의 정신이 넘치고 있으며 헤겔로부터 출발하여 마침내 헤겔을 떠난 마르크스와는 반대로, 독일 관념론과 노동자계급운동을 결합하고자 한 점에서 특히 의미가 깊다. 그의 이상주의적 국가관이 계급국가론의 막다른 길을 예감하고 있었다면 나머지는 쉽게 예상할 수 있다.

그 밖에 크로포트킨의 『빵의 탈취』·『어느 혁명가의 추억』, 프루동[9)]의 『재산이란 무엇인가』, 터커[10)]의 『개인적 자유』, 슈티르너의 『유일자와 그의 소유』 등 무정부주의의 저서도 읽었지만, 그 목표는 별도로 치더라도 수단과 방법이 마음에 들지 않아 크게 관심

---

8) 고이즈미 신조 : 小泉信三, 1888~1966. 경제학자. 게이오대학의 전신인 게이오기주쿠대학의 교수와 학장을 역임했다.

9) 프루동 : Pierre Joseph Proudhon, 1809~1865. 프랑스 무정부주의 사상가이자 사회주의자. 저서로는 『혁명가의 고백』, 『19세기의 혁명관』 등이 있다.

10) 터커 : Benjamin Tucker, 1854~1939. 개인주의 경향을 띤 미국의 무정부주의 사상가.

을 갖지 못했다. 그러나 무정부주의자의 인품과 이상에는 지금도 친숙해지기 쉽다는 인상을 갖고 있다.

마르크시즘의 연구는 이러한 경향에 따라 점점 '서재파'의 성향을 띠게 되고 칸트 철학의 입장을 수용한 아들러[11]의 『사상가로서의 마르크스』로부터 크게 계몽되었다. 또 유물사관에 신선한 초석을 깔고자 시도한 미키 기요시[12]의 『유물사관과 현대의 의식』을 우리 동지들은 탐욕스러울 정도로 읽었다. 그의 유려한 문장 때문에 많은 추종자가 나왔으며 나도 적잖게 영향을 받았다. 이처럼 여러 방면에서 다소간 비판적이었음에도 마르크스 경제학에 관해서는 여전히 열성적인 신봉자였다. 베른슈타인[13] 같은 수정주의의 책을 읽고도 별로 변하지 않았고 시험 삼아 읽어 본 마셜[14]의 대저 『경제학 원리』와 후쿠다 도쿠조[15]의 『유통 경제 강화』조차 과학성에서 마르크스 경제학에 미치지 못하는 것이라고 생각했다. 물론 그때는 마셜을 잘 이해할 수 없었다. 따라서 정통

---

11) 아들러 : Max Adler, 1873~1937. 오스트리아의 마르크스주의 사상가. 저서로는 『사상가로서의 마르크스』, 『칸트와 마르크스주의』 등이 있다.

12) 미키 기요시 : 三木清, 1897~1945. 마르크주의 사상가. 교토대학 철학과에서 니시다 기타로부터 배웠다. 저서로는 『역사철학』, 『철학입문』 등이 있다.

13) 베른슈타인 : Eduard Bernstein, 1850~1932. 독일의 사회주의자. 마르크스주의의 대표적 이론가이며 수정주의를 제창했다.

14) 마셜 : Alfred Marshall, 1842~1924. 영국의 경제학자. 저서로는 『경제학 원리』, 『산업과 무역』 등이 있다.

15) 후쿠다 도쿠조 : 福田德三, 1874~1930. 경제학자. 일본의 경제학을 개척한 인물로 평가되고 있으며 사회정책학파 · 신역사학파로서 경제 이론과 경제사를 도입했다.

파를 비롯해 역사파와 오스트리아학파 등의 '부르주아 경제학'은 하타노 가나에,[16] 잉그램,[17] 슈판[18] 등의 학설사를 통해 알았어도 별로 문제가 되지 않았다.

그런데 졸업을 앞둔 3학년 가을, 가와카미 하지메의 『자본주의 경제학의 사적 발전』을 읽고 경제학에 대한 종래의 인식이 잘못되었다는 것을 알았다.

나는 이 책 속에서 시를 느꼈다. 스미스 · 맬서스 · 리카도의 학설이 어떻게 생겨나고 사회에 어떻게 영향을 주었으며, 후대의 사람들에게 어떻게 받아들여졌는지를 생각했다. 웅혼한 필치는 부조(浮彫)처럼 그 과정을 그려 냈으며 러스킨이 저주한 '음울한 학문'에도 따듯한 피가 생기 있게 흐르고 있음을 떠올리기에 충분했다. 이것은 나에게 커다란 즐거움이었다. 자본주의 사회의 운동형태를 폭로하는 냉엄한 마르크스 경제학과 더불어 다른 경제학도 시대에 상응한 진리성과 제약성이 있으며 결코 쓸모없는 것이 아니라는 것을 알았다. 그 점의 연구에 많은 흥미를 갖게 되어 경제학의 재미를 겨우 알게 되었다고 할 수 있다. 마르크스 경제학도 그 결과 한층 친숙해졌고 점차 우월성을 이해할 수 있었다. 대

---

16) 하타노 가나에 : 波多野鼎. 경제학자이자 정치가. 규슈대학 교수를 지냈으며 1947년부터 1948년까지 농림대신을 역임하기도 했다. 저서로는 『가치학설사』, 『사회사상사개설』 등이 있다.

17) 잉그램 : J. K. Ingram, 1823~1907. 영국의 경제학자.

18) 슈판 : Othmar Spann, 1878~1950. 오스트리아의 사회학자이자 경제학자.

학에 진학할 때 나는 경제학부를 선택했다. 그 직접적인 동기는 여기에서 배태되었다.

5

정신없이 보낸 내면생활도 지금 돌아보면 많은 감상이 떠오른다. 두서없이 말하자면, 첫째 철학을 공부해서 정말 좋았다고 생각한다.

인간이 삶을 영위해 가는 데 의식하든 하지 않든 어떤 인생관을 가지지 않을 수 없다. 그 내용은 각 개인의 체험과 교양에 따라 다양하겠지만, 자연발생적인 소박한 사유에 명확한 지침을 제공하고 그것을 충실한 신념으로 만들어 가는 데 힘이 되는 것이 철학이다. 유물론을 취할 것인가 이상주의를 취할 것인가 하는 것은 인생관을 문제로 삼는 한 결국 도달하지 않을 수 없는 최후의 문제이다. 여기에 대답해 주는 것이 철학, 특히 윤리학의 중요한 사명이다. 그리고 그것을 배우기에는 고등학교가 가장 적당하지 않을까? 바야흐로 자의식을 각성하고, 그리고 현실의 추악함에 물들지 않았을 때야말로 인생을 이야기하고 자신을 만들어 가는 데 가장 의미가 깊다. 이에 대해 실제 사회의 경험과 지식이 없으면 인생관 따위는 없을 것이라고 말하는 사람이 있을지 모르지만, 나는 그렇게 생각하지 않는다. 현실 사회는 인생관을 형성하기에는 너무 난잡하고 타산적이고 공리적이지 않은가? 그런 것에서 얻는 지식이나 단편적인 교훈은 공연히 사람을 비굴하게 혹은 오만하게 만들 뿐이다. 거기에서 기본적인 인간의 신념이나 행위의 규준은 생겨나지 않는다. 게다가 실제 사회에 나갔을 때는 직접 많은 문제에 부딪히게 되므로 미리 각자의 인생관을 갖고 있지 않으면 늦은 것이요, 그때 가서 경험에 의거한 주의와 체계를 만들 수는 없다. 대학 시절에도 어느 정도까지는 그렇게 말할 수 있지만 동시에 고교 시절과 같은 여가를 도저히 가질 수 없으므로 역시 최적의 시기는 아니다. 나는 이상주의에 도달한 것을 고교 시절의 커다란 수확이라고 진심으로 감사하고 있다.

나아가 철학의 효용은 대학에 진학해서 문화과학, 자연과학을 공부할 때 나타난다. 학문의 기초에는 철학을 필요로 할 뿐만 아니라 방법론과 사상사적 연구에도 철학이 크게 유용하다는 점을 잊어서는 안 된다.

둘째, 고등학교에서 사회사상을 포함한 사회과학을 연구하는 것이 적절한가 하는 문제이다. 사회과학의 연구라 하면 실제로 운동에의 참여를 의미하는 것은 별도로 하고, 이를 통해 사회에 대한 인식이 생겨나고 인생관과 함께 각 개인의 전 인격을 형성하는 것이기 때문에 사회과학의 지식은 반드시 필요하다. 극단적인 보수주의자는 제쳐 두고 누구나 현재 그대로의 사회가 완전하다고는 생각하지 않는다. 여기에 사회개혁을 위한 수많은 체계가 생겨나는 이유가 있는데, 이런 것들을 비판적으로 섭취하여 개혁에 대한 정열을 가지는 것이 청년의 특권이 아닐까? 사회에 나가 어떤 지위나 직업을 가지든 시대의 동향에 대한 정확한 인식을 가지는 것이 중요하다. 다만 언제 사회과학의 연구를 할 것인가 하는 것은 상당히 어려운 문제이다. 문과 계통의 학문에 진학한 학생은 대학에 가서라도 연구할 수 있지만, 그렇지 않은 한 역시 고교 시절밖에 적당한 시간이 없다. 문과 계통에 가더라도 고등학교 시절에 기초 지식을 얻어 두는 것만큼 좋은 일은 없다. 그러나 나의 경우같이 입학하자마자 제일 먼저 부딪히게 된 것은 당시로서는 어쩔 수 없는 일이었지만 너무 빨랐다는 생각이 든다.

사회과학 연구는 실천과 밀접한 관계를 갖기 때문에 상당히 신중한 태도가 필요하다. 실천에 나가는 것의 좋고 나쁨은 또 다른 문제이며, 일단 운동에 참여하고 나서 더구나 잘못을 깨닫고 나서 후퇴하는 것은 너무나 고통스럽고 저주할 만한 낭비이다. 내가 존경하는 고등학교 시절 친구들 중에는 이런 사례가 매우 많다. 연구를 통해 어떠한 결론을 얻는가 하는 것은 각자의 자유이며 지금 여기에 예상할 필요도 없지만, 그 결론의 중대성에 비추어 나중에 후회만은 하지 않을 준비와 마음가짐이 중요하다. 그러기 위해서는 고등학교 상급 학년부터 철학과 경제학 등에 관한 상당한 예비지식을 갖고서 임하는 것이 좋지 않을까? 마르크시즘과 '부르주아 과학'의 비교는 당연히 필요하며 다른 사회사상에 대한 검토도 유익하다. 이는 자칫하면 독단에 빠지기 쉬운 연구에 적당한 반성을 제공하며 시야가 좁아지는 것을 피할 수 있게 해준다.

셋째, 고등학교에서 독서는 어떤 방법이 가장 유익할까? 적당한 지도자가 좋은 책만 가르쳐 주는 것이 이상적이지만, 일반적으로 현재의 고등학교에서는 바라기 어렵다. 나는 어쩔 수 없이 가능한 한 넓게 읽는 원칙을 정했으며, 어떤 점에서는 난독에 치우친 혐의도 있다. 그러나 지도가가 없다면, 지식에 대한 욕구 때문에 어쩔 수 없이 난독할 수밖에 없다. 읽는 책 가운데는 쓸모없는 것도 많겠지만, 그렇게 읽어 가는 중에 선택할 수 있는 눈이 자연스럽게 생겨난다. 그래서 저절로 흥미도 고정될 것이며 나아가 계통적으로 발전할 가능성도 있다. 잡다한 가운데 저절로 통일이 생긴다. 체계적 독서는 그 다음부터이다. 이 경우 처음에는 독서의 영역을 될 수 있으면 넓게 하는 편이 좋다. 쓸모없는 듯이 보이지만, 그것은 반드시 어떠한 형태로든지 남아 있고 이러한 곳에 교양의 기초가 쌓여 간다.

가능하다면 폭넓은 독서를 하는 것이 대학에 지망할 때도 필요하다. 고등학교의 교과목만으로는 대학의 학과를 전부 망라할 수 없다. 따라서 전공을 결정하기 위해서는 스스로 책을 읽고 전공에 대한 적부와 호오를 판단할 필요가 있다. 무엇을 선택할 것인가 하는 것은 누구에게나 어려운 문제이지만, 처음부터 목표를 세워서 돌진해 가는 것은 아니다. 이는 먼저 많은 것에 접촉한 다음의 일이다.

학술뿐만 아니라 취미 생활도 마찬가지르 말할 수 있지 않을까? 나는 어느 정도 문학, 영화, 음악 등에 친숙하다. 시간만 있다면 이런 것을 더 깊이 배우고 나아가 다른 예술까지 이해하고 싶었다. 이 경우 좁고 깊기보다는 얕고 넓은 쪽이 좋지 않을까? 학문과 마찬가지로 나이가 들어 새로 낯선 취미를 시작하는 것은 꽤 어려운 일이다. 뿌린 씨는 성장하지만 뿌리지 않으면 절대로 싹이 트지 않는다. 성장이 빠른 고교 시절에 씨를 뿌리고 기초를 다지는 일은 매우 좋은 일이다. 지적 생활에 정진하는 자는 자칫하면 정서적인 면에서 메마르기 쉬운데, 어쨌든 나는 예술과 인연을 맺게 된 것을 행복하게 생각한다.

나는 고등학교에 들어가서는 거의 운동을 하지 않았다. 무엇보다도 시간이 없었기 때문이다. 그래서 별로 할 이야기가 없지만, 스포츠맨십을 통해 인격을 기른다든가 운동을 통해 고등학교 생활의 감격을 맛본다는 것은 정도의 문제이다. 반드시 지금 하듯이 선수 제도를 중심으로 하는 스포츠를 해야 하는 것은 아니다. 건강을 증진하기 위해 하는 것이겠지만, 역으로 몸을 해치거나 학업을 소홀히 하거나 운동선수에게 보수적 · 반동적 사고방식이나 값싼 영웅주의가 자주 보이는 것을 고려해 보면, 득실이 반반이라고 할 수 있다. 물론 적당한 운동은 좋지만, 선수생활은 자칫하면 거기에 매몰되기 쉬운 법이다.

6

고등학교에서 충실하게 정신생활을 보내기 위해서는 구체적으로 어떤 방법을 택해야 할까? 나는 지금까지 정신생활의 발전을 주로 더듬어 왔는데 어떤 생활 방법을 취할 것인가, 시간을 어떻게 이용할 것인가, 학업을 어떻게 할 것인가 하는 것은 거의 말하지 않았다. 솔직하게 말하자면, 나는 그다지 선량한 학생이 아니었다. 지식에 대한 욕구를 채우기 위해서는 아무래도 학교를 쉬면서 자신의 시간을 가질 필요가 있었다. 시험은 반드시 보았지만, 어학 수업 전부와 그 밖의 좋아하는 두세 과목을 빼고는 공책은 적당히 다른 친구에게 빌려 보고 언제나 대리 출석을 부탁한 채 학교 도서관으로 도망갔다. 신경질적인 선생이 "대리 출석은 죄악이다"라고 말씀하는 것을 듣고서 필요한 죄악이라고 중얼거렸다. 그래도 나 자신이 자발적으로 했던 공부가 학과 수업의 이해에 도움이 되었기 때문에 그나마 사정이 나은 편이었다. 그렇지만 나는 이 방법을 남에게 권하고 싶지는 않다. 1주일에 30여 시간이나 되는 수업에 상당한 속박을 받았지만, 지금 생각해 보면 학과 수업에는 가능한 한 출석하는 것이 좋다. 그 이유는 다음과 같다. 나는 일본어와 한문을 그다지 열심히 공부하지 않았다. 싫었던 것은 아니지만, 자신의 시간 조정을 위해서 암기물과 이 과목의 수업은 빠지기로 했다. 그렇게 한 것은 일본어와 한문은 출석하지 않더라도 안다고 자만하고 있었기 때문이다. 그렇지만 지금은 그때의 자만을 자못 후회하고 있다. 대학을 나온 뒤 자신의 연구와 관련하여 동양사상과 일본 문화를 돌아볼 기회와 필요가 있게 되었다. 좀 더 착실하게 일본어와 한문 공부를 해두었더라면 하는 한탄을 금할 수 없기 때문이다.

이런 일은 일본어와 한문에만 해당하는 것이 아니다. 예를 들어 역사 과목도 모든 학문에 걸친 지식으로서 매우 유용하므로 깊이 있는 교양에 적절하다. 특히 어학에 힘을 쏟는 일은 중요하다. 다른 나라의 언어를 이해하는 것은 그 나라의 문화적 영혼에 접하는 일이다. 외국어를 아는 것의 이점은 더 긴말을 필요로 하지 않는다. 대학의 입학시험에도 대체로 외국어 과목이 있다는 편의주의적 입장을 떠나서라도 고등학교 상급 학년에서 원서를 쉽게 읽을 수 있다면 연구와 사색을 위해 얼마나 편리한 일일까? 영어, 독일어, 프랑스어 3개어 중에서 반드시 하나 정도는 쉽게 읽을 수 있도록 해두기 바란다.

1년에 몇 개월이나 되는 방학은 학생 생활의 특권이다. 방학을 어떻게 보내는가 하는 것은 깊이 생각해야 할 문제이다. 이때야말로 심신을 단련하기에 최적의 시간이다. 나는 해마다 며칠간 여행을 했는데 모두 고교 생활의 그리운 추억이 되었다. 가능하면 여행도 긴 여행이 인상도 강하고 수확도 많다. 좋아하는 책을 끼고 유유히 여행을 떠나는 것은 나중에는 도저히 기대할 수 없는 일이다. 또한 방학은 공부를 가장 많이 할 수 있는 때이다. 방학이 시작될 때 책을 사 모아 큰 계획을 세웠지만 그중 반도 읽지 못하고 방학이 끝났다는 이야기를 자주 듣는데, 그래도 얼마나 유익한 일인가. 모름지기 뜻은 원대해야 하고 평소 학과목에 쫓기던 부담을 여기에서 덜어 버리고 맘껏 책을 읽는 것이 좋다. 그것도 방학이 아니면 읽을 수 없는 대저와 명저가 좋다.

마지막으로 고교 생활을 이야기할 때 잊어서는 안 될 것이 참된 친구의 발견이다. 고교 시절 최대의 수확은 존경할 수 있는 친구들을 발견한 일이다. 중학교 시절의 친구는 지역적 · 환경적으로 우연성과 관련된 경우가 많고, 그 사이에는 정신적인 결합이 극히 적기 때문에 언젠가는 소원해지기 쉽다. 또 자주 하는 말이지만 대학 생활은 친구를 얻기에 어렵지 않을까? 이는 상호간의 교류가 얕기 때문이 아니라 이미 형성된 각자의 틀에 갇혀 있기 때문이다. 이에 반해 고등학교는 인격과 사상이 형성되는 시기이므로 그때 각 개인의 생활 속으로 다가오는 친구란 필연적으로 정신적인 유대를 갖고 있으며 그 유대는 자못 공고하다. 그러한 종류의 친구야말로 평생을 통해 변하지 않는 마음의 친구이다. 거기서부터 얻는 유형 · 무형의 이익은 계산할 수 없다. 고등학교에서 이러한 친구를 찾을 수 있다면 고교 생활 자체의 내용도 자못 풍부해지고 매우 의미가 깊다. 이 때문에 문예부, 변론부, 연구회 등 교내의 각종 문화 단체를 이용하여 접촉을 꾀하는 것이 좋다. 이런 단체는 그 목적만으로도 훌륭한 존재 가치가 있다.

참으로 3년이라는 시간은 꿈처럼 지나간다. 그만큼 고교 생활은 공연한 호언장담으로 보낼 것도, 값싼 감상에 빠져 지낼 것도 아니다. 결실이 많고 충실한 정신생활이야말로 그 목표이며, 젊은이다운 인생관과 지식인에 부응하는 사상과 교양을 획득하는 데 전력을 다해야 한다. 그리고 친한 마음의 친구, 나아가서는 플라토닉 연애라도 찾을 수 있다면 정말로 이상적이겠지만 말이다.

나는 지금까지 연애에 관해서는 전혀 이야기하지 않았지만, 괴테의 「오월의 노래」에 나오는 청순한 열정이야말로 고교 생활의 저류를 이루는 정신적 기조라고 믿고 있다.

이 가슴의 기쁨
대지여 태양이여,
행복이여 환희여!
…
소녀여 소녀여
나는 너를 사랑한다.
오 반짝이는 네 눈동자
나는 너를 사랑한다.

◎ 쓰치야 기요시(土屋清, 1910~)
도쿄대학 경제학과를 졸업했고 『아사히신문』의 논설위원을 지냈다. 저서로는 『일본 경제의 기본 동향』이 있고 역서로는 『계획 경제 이론』, 『공산주의 · 파시즘 · 민주주의』 등이 있다.

| 옮긴이의 글 |

교양을 갖춘 사람을 교양인이라고 한다. 그러면 교양은 무엇인가? 문화교양센터에 다니거나 대학에서 교양 과목을 이수하면 교양인이 될 수 있을까? 문화센터에서 배운 취미 생활과 대학에서 교양으로 학점을 딴 과목이 다 같이 교양의 범주에 속하는 것일까? 실제로 우리 사회에서 교양은 다양한 의미로 사용되고 있다. 그만큼 교양인에 대한 정의도 쉽지 않다. 이 책은 근대 일본의 사례를 통해 우리에게 교양이 무엇이며 어떻게 교양인이 될 수 있는지를 다시 한 번 생각하게 한다.

이 책은 원래 1936년 일본평론사에서 『학생과 교양』이라는 제목으로 간행되었다. 번역의 저본으로서는 사회사상연구회 출판부가 1951년 현대교양문고로 복간한 초판 21쇄(1961)를 이용하였다. 원저의 내력으로 보면, 이 책은 제2차 세계대전을 전후하여 약 30년 동안 일본에서 간행되어 일본인의 사랑을 받았다. 1930년대의 일본은 군국주의를 향해 치닫기 시작한 시대였고, 제2차 세계대전 이후의 일본은 새롭게 민주주의를 실험하는 시대였다. 이러한 시대적 배경 속에서 이 책은 일본 사회에서 교양이라는 개념을 창안하고 선전하는 역할을 담당하였다.

이 책의 편집자는 당시 도쿄제국대학의 경제학과 교수였던 가와이 에이지로(河合栄治郎, 1891~1944)이다. 그는 도쿄제국대학에서 마르크스주의 경제학자들과 대치하던 자유주의자였다. 한편 그는 보수적 자유주의에 안주하지 않고 제국 일본의 파시즘을 맹렬히 비판했다. 1936년 그는 『제국대학신문』에 일본의 파시즘을 비판하는 글을 기고하여 군부에 저항하였다. 결국 그의 저서는 발행금지 처분을 받았다. 출판법 위반으로 기소되고, 이윽고 제국대학의 교수 자리에서도 쫓겨났다. 이후 법정투쟁을 계속하다가 전쟁이 끝나기 전 1944년 유명을 달리했다. 그는 아카데미즘에 만족하는 학자에 그치지 않고 시대와 함께 고뇌하는 사상가였다. 그래서 그의 전기를 다루고 있는 저작들에서는 '싸우는 자유주의자', '전투적 자유주의자', '불요불굴의 사상가'로 평하고 있다.

이 책을 출판한 사회사상연구회 출판부는 1951년에 설립된 사회사상사의 전신이다. 이 단체는 1947년 12월 가와이 에이지로의 제자들로 이루어진 모임이었다. 전쟁 중에 작고한 스승의 사상과 유지를 후세에 널리 알리고자 하는 목적으로 만들어졌고, 주로 리버럴리즘의 고전으로 남길 만한 명저의 출판과 보급에 힘을 썼다. 전쟁이 끝난 뒤 일본과 세계의 이목을 집중시켰던 루스 베네딕트의 『국화와 칼』(하세가와 마쓰지 옮김, 1948)도 여기에서 번역되어

출판되었다. 초대형 베스트셀러의 출판에 힘입어 『학생과 교양』을 비롯한 대규모의 현대교양문고를 발간하기 시작하였다. 문고판 서적을 통해 일본 사회에 교양을 전파하고자 하였다. 그래서 일본에서는 이 출판사의 활동을 '교양주의 노선'이라고 부르기도 한다.

당시 사회사상사가 제창한 교양은 개인적인 취미나 문화 활동 혹은 전문 지식의 습득을 가리키는 것이 아니었다. 현대교양문고의 간행사에서는 교양을 다음과 같이 설명하고 있다.

"개성의 충실과 인격의 도야는 깊이 있는 교양에 의해 이루어진다. 교양을 지닌 개인이 사회생활을 영위할 때, 비로소 민주주의가 원활하게 기능할 수 있다. 교양은 민주주의의 기초이며, 또 민주주의는 현대인의 교양을 지탱해 주는 지주여야 한다."

교양은 여유 있을 때 자신의 전문 분야 이외의 책을 읽거나 미술품과 음악을 감상하는 한가한 일이 아니었다. 이것이 바로 쇼와 시대 초기에 제기되었던 교양주의였다. 가와이 에이지로는 자신의 인격을 스스로 도야하는 것을 교양이라고 규정하였다. 그가 제창한 인격은 진선미를 조화롭게 통일한 주체였다. 즉 진리, 도덕, 예술의 가치를 균형 있게 갖춘 전인(全人)을 의미하는 것이다.

전인의 형성을 목적으로 하는 가와이 에이지로의 교양주의는 인문학, 사회과학, 자연과학 등을 학습함으로써 인격을 도야하고 완성해 가는 태도이다. 인간의 내면적 · 정신적 측면을 강조하고 이를 바탕으로 사회개량의 의지를 실현해 가고자 한, 그의 교양주의는 학생 시절 그가 존경했던 은사인 니토베 이나조(新渡戸稲造, 1862~1922)와 우치무라 간조(内村鑑三, 1861~1930)의 영향이라고 할 수 있다. 그가 제창한 자아의 형성과 실현을 지향하는 교양은 1930년대 암울했던 시대의 청년 학생들에게 열광적으로 받아들여졌지만, 끝내 일본 사회에 정착하지는 못했다.

지금으로부터 약 20여 년 전 가와이 에이지로의 제자들과 그의 사상에 공명하는 사람들이 가와이 에이지로 연구회를 만들었다. 이 연구회는 그동안의 활동을 정리하면서 『교양의 사상』(사회사상사, 2002)을 간행했다. 지난 세기말을 전후로 냉전 구조는 무너지고, 거품 경제가 꺼지고, 대학에서 교양 공부가 경시되고, 사회에서 교양의 의미가 축소되어 가는 현대 일본에서 이 연구회는 지난 세기 가와이 에이지로가 제창했던 자유주의와 교양주의를 새롭게 조명하고자 하였다. 이처럼 가와이 에이지로의 교양은 단순한 교양이 아니라 사상이었으며, 현대 일본을 치료하는 사상으로 다시 부활의 기지개를 펴고자 한다.

『학생과 교양』은 가와이 에이지로의 교양주의 노선에 살을 붙여 주고 있다. 가와이 에이지로는 이 책의 기획자로서 서문을 집필했을 뿐이다. 이 책에서는 먼저 도쿄대학 철학과를 졸업한 철학 청년으로 나중에 경성제국대학교 철학과 교수를 지냈던 아베 요시시게가 학생들에게 교양에 관해 전반적으로 서술하고 있다. 그리고 '무엇이 교양인가?' 하는 물음에 철학, 윤리학, 역사학, 문학, 자연과학, 사회과학 분야로 나누어 각 분야의 전문가가 직접 서술을 담당하고 있다. 일본 신칸트학파의 대표자로서 철학의 계몽 활동에 종사한 도쿄제국대학 철학과 교수 구와키 겐요쿠, 프랑스의 소설가 로망 롤랑으로부터 격찬을 받은 『출가와 그 제자』를 쓴 쇼와 초기의 극작가로서 종교적 인도주의를 제창한 구라타 햐쿠조, 르네상스 시기를 문화사적 관점에서 접근하면서 일본의 서양사 연구에 선도적 역할을 담당했던 역사학자 오루이 노부루, 교토대학의 니시다 기타로에게 철학을 사사하고 철학과 문학 · 예술의 접점을 찾아 문예 평론과 문명 비판에 독자적 영역을 개척한 다니카와 데쓰조, 취리히공과대학에서 아인슈타인에게 물리학을 배운 이론물리학자로서 과학의 계몽에 정열을 쏟았던 이시와라 준, 가와이 에이지로의 퇴직 처분에 대한 항의로 도쿄대학 법학부 교수직을 사임한 로야마 마사미치 등 쇼와 초기의 지도적 지식인들이 이 책의 주요 집필자이다.

이 책이 청년 학생들은 위한 것이었던 만큼 도쿄제국대학의 두 교수와 『아사히신문』의 논설위원의 학창 시절 이야기가 덧붙여져 있다. 여기에서 말하는 청년 학생이란 주로 일본 구제도하의 고등학생과 대학생을 포함한다. 당시 일본의 학제가 소학교 6년, 중학교 5년제였으므로 고등학교 3년간은 거의 지금의 대학 초년생에 해당한다. 따라서 이 책에서 고등학생이라고 언급될 때에는 현재의 대학생을 상대로 하는 이야기로 이해해도 무방할 것이다. 그렇다고 하더라도 문학에 심취하고 철학에 감동했던 순수한 시절을 기억하고 기록한 이들의 회상록은 분명 엘리트를 위한 교양을 말하고 있다. 그리고 그들은 양적으로나 질적으로 넓고 깊게 동서양의 고전을 읽었고, 개인의 정신적 번뇌와 시대의 문제에 가슴을 앓았다. 청춘의 환희와 고통, 좌절을 동시에 느끼면서 인간이 무엇이며 인생을 어떻게 살 것인가를 고민했다. 때로는 군국주의를 거부하고, 마르크스와 레닌의 문자를 성인의 경전처럼 떠받들면서 마르크시즘에 매료되기도 했다. 비판도 해보았다. 그러면서 인격의 도야와 완성을 위한 교양을 갖추어 간 이야기이다.

이 집필자들은 대체로 메이지 시대 후기에 태어난 인물들이다. 그들은 이른바 일고(도쿄대학 교양학부의 전신) 등 명문 고등학교를 졸업하고 제국대학에 입학했다. 남들보다 앞서 유럽에 유학하여 유럽의 근대적 학문을 직접 익힌 시대의 엘리트들이었다. 그리고 대학에서 전문 학문을 가르치거나 문필 활동에 종사하는 자들이었다. 일본에서 근대적 학문의 기초를 세우고, 근대적 일본인을 양성하는 데 중대한 역할을 담당했다. 따라서 이들이 말하는 교양은 주로 문예와 사상을 비롯한 서구의 인문학이었다. 인문학 분야에서 서구의 고전이라고 할 만한 서적들은 대체로 이들의 추천 도서에 포함되어 있다. 이들의 글에는 지적 교육을 통해 근대적 국민을 형성하고자 하는 꿈과 희망이 배어 있다. 그것이 그들이 말하는 교양이었다. 그들은 교양 교육을 통해 근대적 국가와 국민을 창출하고자 하였다. 바로 여기에서 근대 일본의 교양이 태동한 것이다.

이 책에 실린 글들은 대체로 1930년대에 쓰인 것이며, 문장의 호흡과 단락이 비교적 길다. 따라서 번역 과정에서 독자들의 편의를 위해 임의로 문단을 나눈 곳도 있다. 그리고 동서양의 사상가와 과학자들의 인명이나 저서가 많이 등장하기 때문에 간략한 주석을 달았다. 이는 쇼와 초기 일본의 지식인들이 어떤 책에 관심을 가졌고, 학계에서는 어떤 사상가와 서적이 유행했는지를 볼 수 있는 자료이기도 하다. 지금은 거의 우리의 기억에서 멀어진 사상가와 저서들이 적지 않게 보인다. 이러한 주석 작업은 소화출판사의 편집부로부터 많은 도움을 받았다. 뿐만 아니라 읽기 좋은 글이 되도록 정성스레 다듬어 준 편집부에 다시 한 번 고마운 마음을 전한다.

이 책은 단순히 우리의 교양을 위한 서적이 아니다. 근대 일본에서 교양이 탄생하는 과정과 근대 일본 지식인의 인간적 · 학문적 고뇌를 엿볼 수 있는 사료로서의 가치가 더 클 것이다. 이처럼 귀중한 서적을 번역할 수 있도록 지원해 준 한림대학교 일본학연구소에 감사의 말을 드린다. 또한 일찍이 이 책의 가치에 주목하여 번역을 권장하고, 추천사를 기꺼이 보내 주신 한림대학교 일본학연구소의 전 소장 공로명 선생님께 깊은 감사의 마음을 표하고자 한다.

| 후기 |

고 가와이 에이지로 교수가 편찬한 학생총서의 명성을 아는 사람은 결코 적지 않다. 『학생과 교양』, 『학생과 독서』 등 일련의 시리즈는 글자 그대로 낙양의 지가를 올렸으며 학생들에게 얼마나 좋은 지침이 되었는지 알 수 없을 정도이다. 그런데 제2차 세계대전 이후 이 총서는 일부분만 새로 간행되었다. 또 대부분의 책이 대단한 가치가 있는데도 일반인들에게 별로 알려지지 않고 매장되어 유감스럽다. 여기에 사회사상연구회는 제2차 세계대전 이후로 아직 새로 간행되지 않은 학생총서 중에서 주옥같은 글들을 모아 새롭게 편집하여 학생들에게 제공하기로 했다. 이 책이 지난날처럼 찬란한 역할을 또다시 할 수 있기를 간절히 바란다.

* 이 글은 원저의 후기임을 밝혀 둔다

엮은이 가와이 에이지로(河合栄治郎, 1891~1944)

도쿄에서 태어났으며 도쿄제국대학교 법학과를 졸업했다. 도쿄제국대학교 경제학과 교수로 재직하던 중 자유주의를 표방하며 좌우익과 활발한 논전을 펼친 사회사상가이기도 하다. 영국에 유학한 후 귀국하여 일본의 군국주의 체제를 비판하여 교수직을 박탈당했다. 저서로는 『사회사상사 연구』, 『사회정책 원리』, 『토머스 힐 그린의 사상 체계』 등이 있으며 사후 사회사상연구회가 엮은 『가와이 에이지로 전집』(전 24권)이 있다.

옮긴이 양일모

서울대학교 철학과를 졸업하고 동 대학원 박사과정을 수료한 후 도쿄대학교 인문사회계 연구과에서 박사학위를 취득했다. 도쿄대학 문학부 조수를 거쳐 현재 한림대학교 철학과 교수로 재직 중이다. 저서로는 『세계와 인간에 대한 동양인의 사유』(공저), 『21세기의 동양 철학』(공저), 『전통 청바지 5 — 옛것이 낡은 것일까』(공저) 등이 있고 역서로는 『중국 현대미학 사상사』(공역), 『공통감각론』(공역), 『중국 민족주의의 신화』(공역) 등이 있다.

한림신서 일본학총서 발간에 즈음하여

1995년은 제2차 세계대전이 끝나고 우리나라가 일본 식민지에서 해방된 지 50년이 되는 해이며, 한 · 일 간에 국교정상화가 이루어진 지 30년을 헤아리는 해이다. 한 · 일 양국은 이러한 역사를 되돌아보면서 앞으로 크게 변화될 세계사 속에서 동북아시아의 평화와 번영을 추구해야 하리라고 생각한다.

한림대학교 일본학연구소는 이러한 역사의 앞날을 전망하면서 1994년 3월에 출범하였다. 무엇보다도 일본을 바르게 알고 한국과 일본을 비교하면서 학문적 · 문화적 교류를 모색할 생각이다.

본 연구소는 일본학에 관한 자료를 수집하고 제반 과제를 한 · 일 간에 공동으로 조사 · 연구하며 그 결과가 실제로 한 · 일 관계 발전에 이바지할 수 있도록 노력하고자 한다. 그러한 사업의 일환으로 여기에 일본에 관한 기본적인 도서를 엄선하여 번역 출판하기로 했다. 아직 우리나라에는 일본에 관한 양서가 충분히 소개되지 못했다고 느껴지기 때문이다.

본 연구소는 조사와 연구, 기타 사업이 한국 전체를 위해야 한다고 생각하며 한 · 일 양국만이 아니라 다른 여러 나라의 연구자나 연구 기관과 유대를 가지고 세계적인 시야에서 일을 추진해 나갈 것이다. 그러므로 누구나 열린 마음으로 본 연구소가 뜻하는 일에 참여해 주기를 바란다.

한림신서 일본학총서가 우리 문화에 기여하고 21세기를 향한 동북아시아의 상호 이해를 더하며 평화와 번영을 증진시키는 데 보탬이 되기를 바란다. 많은 분의 성원을 기대해 마지않는다.

1995년 5월

한림대학교 일본학연구소

한림신서 일본학총서 88

학생과 교양

초판인쇄 2008년 1월 28일
초판발행 2008년 2월 5일

엮 은 이 가와이 에이지로
옮 긴 이 양일모

펴 낸 이 한림대학교 일본학연구소
펴 낸 곳 도서출판 소화
등 록 제13-412호
주 소 서울시 영등포구 영등포동 7가 94-97
전 화 2677-5890
팩 스 2636-6393
홈페이지 www.sowha.com

ISBN 978-89-8410-323-8 94080
ISBN 978-89-8410-105-0 (세트)

잘못된 책은 언제나 바꾸어 드립니다.

값 7,500원